당신은 당신의 아이에 대해 얼마나 알고 있나요?

육아 고민?
기질 육아가
답이다!

당신은 당신의 아이에 대해 얼마나 알고 있나요?

육아 고민?
기질 육아가
답이다!

최은정 지음

아이를 향한 사랑이
아이의 가슴에 정확하게 향할 수 있는 길

이 책은 부모인 우리가 가슴에 품고 있는 아이를 향한 큰 사랑이 아이의 가슴에 정확하게 향할 수 있는 길을 안내하고 있습니다. 기질에 대한 정확한 이해의 기술이 잘 정리되어 있을뿐더러 기질을 이해한 결과가 아이들을 판단하는 잣대로 쓰이는 것이 아니라 아이들을 있는 그대로 수용하고 이해할 수 있는 자원으로 쓰일 수 있게 알려주고 있지요.

무엇보다 이 책에는 아이들을 사랑하고 존중하는 저자의 마음이 고스란히 담겨 있습니다. 그것은 저자에게 개인적으로는 엄마로서의 경험이, 직업적으로는 수많은 아이의 기질을 분석하며 도와주었던 상담사로서의 경험이, 그리고 저자의 가슴에 사랑이라는 가치에 대한 확신이 있기 때문입니다. 상담 의뢰를 받을 때마다 저자를 믿고 아이들을 보냈던 제 선택이 틀리지 않았음을 다시금 확인할 수 있었습니다.

기질에 대한 이해는 자녀와의 대화에서도 중요한 핵심입니다. 저는 대화를 가르치면서 사람들이 같은 경험을 하면서도 저마다 다른 해석을 하고 다른 관계를 맺는 것을 보면서 자연스럽게 기질에 대해 궁금해했습니다. 그리고 이 책을 통해 드디어 기질에 대해 명확하게 이해하게 되었습니다.

자녀를 사랑하는 수많은 부모는 그 사랑이 부족해서 아이들과 갈등을 경험하는 것이 아닙니다. 오히려 자녀를 너무 사랑해서, 자신보다 더 나은 삶을 살아가기를 바라는 열정이 강해서, 자신만이 알고 경험한 방식으로 사랑을 주고자 한 결과가 자녀와의 갈등을 불러일으킬 때가 많습니다.

그런 이유로 저는 이 책을 많은 부모가 읽으셨으면 합니다. 많은 부모가 아이를 그토록 사랑하면서도 수많은 날을 후회와 자책, 눈물로 보냅니다. 이 책을 통해 아이를 제대로 이해하게 된다면 그런 힘든 감정에서 벗어나 아이에게 좀 더 당당하고 용감하게 다가갈 수 있을 것입니다.

그리고 이 책을 늘 곁에 두고 천천히 되새기며 읽기를 희망합니다. 자녀가 하나인 분들은 부모 자신의 모습을 같이 적용하며 읽어도 좋습니다. 자녀가 둘 이상인 분들은 자녀 각자의 기질을 이해하고, 평화롭게 갈등을 해결하는 방법을 고안하는 데 도움을 줄 것입니다.

사랑하는 우리 아이들은 제각기 독특한 존재입니다. 그 아이들을 모두 같은 방식으로, 또 부모에게 익숙한 방식으로 대한다는 것은 무지를 넘어선 폭력일 수 있습니다. 아이를 아이대로 다르게 대하기 위해서 우리는 기질을 이해해야 합니다. 이 책을 통해 아이의 가슴으로 향하는 길을 바로 걸어갈 수 있는 대한민국의 부모님들이 더 많아지기를 진심으로 바랍니다.

리플러스인간연구소 대표 박재연

강점을 살리고 약점을 보완하는 기질 육아

여러분은 여러분의 아이에 대해 얼마나 잘 알고 있나요? 오랫동안 여러 아동들을 치료하고 부모들에게 육아 상담을 해오면서 깨달은 사실은 누구보다 아이를 가장 잘 이해해야 할 부모가 외려 아이에 대해 잘 모르고 있다는 것입니다. 대부분의 부모는 내 아이의 강점과 약점이 무엇인지, 그것이 어떻게 드러나고 있는지, 앞으로 어떻게 나타날 것인지 모릅니다. 문제 상황을 인지하면서도 문제의 핵심이 무엇인지 모르지요. 그리하여 육아의 모든 순간에 있어 고민을 거듭하고 결정을 주저하며 적절한 대처를 하지 못하는 경우가 많습니다.

불안함을 극복하기 힘든 부모들은 아이의 강점과 약점 마주 보기를 어린이집이나 유치원, 또는 상담 센터에 미룹니다. 게다가 아이를 걱정하는 마음에서 약점부터 서둘러 고치려 합니다. 아이가 약점으로 인해 세상에서 미운털이 박힐까, 손해를 볼까, 해를 입을까 걱정되어 그것부터 빨리 해결해 주고 싶어 하는 것이지요.

아이의 부족한 부분이 부모의 부족한 부분과 비슷하다고 느낄수록 부모는 더욱 약점에 집중합니다. 내 아이의 연약한 부분이 꼭 부모인 내 탓인 것 같아 자책과 죄책감을 덜고 싶은 마음에 아이가 빨리 약점을 해결하도록 강요하는 것입니다. 그래서 걱정은 불안을 낳고, 불안은 화가 되어 결국 아이를 다그치게 됩니다. 그런데 정작 부모도 잘 모르는 내 아이를 교사가 제대로 이해하고 아이의 기질을 발달시킬 수 있을까요? 이 역시 쉽지 않은 일입니다. 아무리 교사나 상담사가 노력하더라도 아이와 가장 많은 시간을 함께하는 양육자의 인식이 변하지 않으면 아이에 대한 이해를 토대로 한 육아는 불가능합니다.

이러한 악순환의 고리를 끊고 부모가 더욱 나은 조력자가 되려면 기질에 대한 이해가 필요합니다. 아이의 기질을 이해하면 강점을 찾을 수 있고, 내 아이만의 강점을 통해 아이의 약점을 보완할 수 있습니다. 육아의 질이 높아지는 것도 당연한 결과입니다.

이 책을 읽다 보면 여러분은 아이의 기질이 16가지 기질 유형 중 어디에 해당하는지, 어떤 기질 요소가 강하고, 어떤 기질 요소가 약한지 알게 될 것입니다. 그때 여러분이 가장 먼저 시선을 두어야 할 곳은 아이의 기질 강점입니다. 바로 그곳에 아이의 즐거움이 있고, 행복이 있고, 자신의 존재 가치를 마음껏 발산하며 세상을 즐길 에너지가 있기 때문입니다. 아이의 타고난 경향성을 발견하는 것, 그것이야말로 기질에 대한 이해에 있어 가장 중요한 핵심입니다.

우리는 모두 부족한 점이 있습니다. 약점에 집중했다가는 성장은커녕 자신을 질책하고, 자신의 존재에 대한 두려움만 키우기 마련입니다. 어른이든 아이이든 그 약점이 드러나는 방식과 상황이 안전할 때 약점을 마주할 힘이 생깁니다. 나를 수용해주는 안전감과 나를 격려해주고 도와주는 협력적인 조력자가 있을 때, 비로소 약점을 들여다보고 도전해볼 마음을 먹을 수 있는 것입니다. 가정은 바로 이런 도전이 가능한 안전한 터전이 되어야 하고, 부모는 협력적인 조력자가 되어야 합니다. 그래야만 아이는 가정이라는 따뜻하고 안전한 보호막 안에서 자신의 탁월함을 충분히 발현하고, 부모와 함께 약점을 보완해가며 자신만의 빛깔을 발할 수 있습니다. 그것이 바로 이 책에서 얘기하는 '기질 육아'를 해야 하는 이유입니다.

아이의 약점을 걱정하는 부모의 마음은 단연코 사랑입니다. 그런데 부모의 사랑은 현재의 아이를 사랑하는 마음보다 아이의 미래를 걱정하는 마음으로 가득합니다. 부모인 우리도 세상이 두렵기 때문입니다. 아이의 몸과 마음이 건강하게 자라길 바라며, 누구와도 서로 존중하는 즐거운 관계를 맺으며 내 눈에 사랑스러운 것처럼 세상에서도 사랑스럽게 여김 받는 아이가 되기를 바라지만, 아이의 약점을 걱정하는 마음이 걱정과 불안이 되어 "그러니까 당장 너의 부족한 것을 계발하고, 너의 문제점을 고쳐!" 하는 다그침과 비난으로 표현되고 맙니다.

혹시 지금, 여러분도 잘 모르는 길을 아이에게 가르치려 하고 있지는 않나요? 아이에게 같은 실수를 반복하고, 미안함에 자책을 계속하고 있지는 않은지 돌이켜보아야 합니다. 부모로서의 깊은 자책감과 죄책감에서 벗어나는 방법은 오로지 내 아이만의 아름다운 빛깔을 발견하고, 믿으며, 함께 낯선 세상을 동행하는 것뿐입니다. 그러려면 과거에 경험한 육아 방식을 답습하지 않고, 새로운 육아의 패러다임을 만들어야 합니다. 내 아이가 어떤 아이인지, 아이의 기질을 이해하고, 아이의 기질을 발현해 줄 건강한 사랑의 육아를 해야 합니다.

지난 15년간, 교육자이자 심리치료사로서 많은 아이와 부모님들을 만나면서 한 아이가 자신의 기질을 이해받고, 그 안에서 자신의 강점을 강화하고, 자신의 약점을 해결하면서 기적과 같은 변화가 일어나는 것을 보았습니다. 저 또한 전문가이기 이전에 부모이기에, 아이를 걱정하는 마음에 아이를 다그치고 비난하는 실수를 반복했지만, 아이의 기질을 이해하고 강점을 주목하기 시작하자 놀랄만한 변화가 생겼습니다.

그 감사한 변화의 증거와 방법들을 이 책에 담았습니다. 부디 한 아이의 어려움이 문제가 아닌 약점으로 인식되고, 자기다움을 존중받고 도움받으며 건강하게 성장하기를, 이 책이 아이의 기질을 이해하는 데 있어 좋은 출발점이 되기를 바랍니다.

WithYou 치료교육연구소 대표 최은정

목차

목차

PART 1

기질 육아란?

왜 기질을 알아야 할까요?

말도 못 하고, 눈도 안 마주치고, 소리에 극도로 예민하고, 편식도 심해 뭔가 마음에 들지 않으면 하루 종일 악을 쓰며 심하게 우는 세 살 남자아이가 있었습니다. 이 아이를 두고 소통이 전혀 되지 않으니 '자폐'라 했지요. 그러나 이 아이는 자폐가 아닙니다. 높은 욕구와 함께 매우 강한 '민감성 기질'을 가지고 있어 자기 마음대로 되지 않는 불만족의 상태에서 느끼는 높은 스트레스를 강렬한 몸짓으로 표현하는 아이였죠. 이 아이는 자신의 높은 욕구를 충족하는 동시에 자극에 대한 민감성을 낮추는 6개월간의 치료 과정을 통해 말문이 터지고 생긋생긋 웃으며 놀이하는 아이가 되었습니다.

울지도 않고, 엄마가 안아주면 밀어내고, 엄마가 사라져도 찾지 않으며, 입을 꾹 다물고 소리도 잘 안내는 세 살 여자아이가 있었습니다. 이 아이를 두고 '애착장애'라고 했지요. 그러나 이 아이는 애착장애가 아닙니다. 정서적으로 매우 민감하나 이를 극도로 억제하는 '억제성 기질'의 아이였습니다. 3개월간 엄마와 함께 치료놀이를 하면서 아이의 억제된 정서를 조금씩 안전하게 열어주는 동시에 엄마가 민감한 정서에 대한 안식처가 되어주자, 아이는 여느 또래 아이처럼 호기심 많고 엄마와 눈을 맞추고 놀이하는 아이가 되었습니다. 아이의 민감한 정서는 안정을 찾았고, 억제했던 정서를 표현하기 시작한 이 아이는 엄마를 졸졸 따라다니며 재잘재잘 거리는 수다쟁이가 되었습니다.

겁이 많고, 혼자서만 놀려하고, 발음도 정확하지 않고, 말도 느리게 하는 다섯 살 남자아이가 있었습니다. 주변의 낯선 작은 소리에도 겁이 나서 울었고, 사람들에게 다가가지 못했습니다. 이 아이를 두고 '발달이 느린 아이'라고 했지요. 그러나 아이의 엄마는 '사회성이 낮은 순응성 기질'의 아이를 이해하고, 아이의 기질에 맞는 말과 반응을 해주며 놀아주었습니다. 엄마와 아이의 말과 반응의 리듬과 박자가 맞아갈수록 아이의 경직된 정서는 이완되었고, 이 아이는 여느 친구들보다 뛰어난 인지능력과 따뜻한 정서공감능력을 보여주었습니다.

이 아이들을 아이의 행동만을 보고 진단 내렸다면 어떠했을까요? 문제의 원인을 부모나 환경에서만 찾다가 적절한 해결 방법을 찾지 못했을 것입니다. 그러나 아이가 가진 기질의 특성을 이해하고, 아이의 기질 특성의 약점을 보완하는 치료와 육아를 한 결과, 단시간 내에 놀라운 변화가 일어날 수 있었습니다. 이처럼 부모들이 호소하는 아이의 문제, 혹은 어려움의 대부분이 아이의 기질로부터 출발합니다. 문제의 원인도, 해결 방법도, 이미 기질에 답이 있습니다.

심리학 용어로 '기질(temperament)'이란 '성격의 타고난 특성과 측면'을 일컫는 말로, '한 개인이 갖는 독특한 특성'을 뜻합니다. 모든 사람들은 자신이 좀 더 편한 쪽이 있습니다. 나도 모르게 자연스럽게 흘러가는 방향, 그것이 바로 '경향성'입니다. 아무리 어린아이들이라 할지라도 제각각 타고난 기질이라는 경향성이 있습니다.

한 개인의 경향성은 쉽게 바뀌거나 사라지지 않습니다. 간혹 노력과 의지를 통해 좋은 습관을 갖출 수도 있고, 부모 혹은 교사와 같은 의미 있는 사람과의 시간 속에서 새로운 학습이 일어날 수도 있지만, 그런다고 기질이 바뀌지는 않습니다. 물이 흐르는 냇가에 돌을 쌓아 댐을 만들면 물을 고이게 할수는 있지만, 위에서 아래로 흐르는 물의 성질을 바꿀 수 없는 것과 같습니다. 그러나 작은 돌들을 차곡차곡 쌓으면 물이 자연스럽게 잘 흘러갈 수 있는 물길을 만들 수 있듯, 부모나 교사가 아이의 기질을 잘 이해하고 그에 따라 적절하게 양육한다면 아이에게 좋은 길을 만들어줄 수 있습니다. 그것이 우리가 아이의 기질을 파악해야 하는 가장 큰 이유입니다.

2

아이를 이해하는 가장 좋은 방법, 기질 파악

개인의 '기질(temperament)', 즉 '타고난 경향성'은 유전과 환경에 큰 영향을 받습니다. 무엇보다 유전적인 성질이 강합니다. 그래서 부모가 모두 내성적이고 조심성이 많은 민감성 기질이라면, 자녀에게 적극적이고 거리낌 없는 모습을 기대할 수 없습니다. 반대로, 부모가 주의가 산만하고 인내심이 부족한 데도 자녀가 주의력과 참을성이 탁월한 아이가 되기를 바라는 것역시 지나친 기대입니다. 비록 많은 부모가 바라지만요.

⬡ 유전되는 기질 – 아이는 부모를 닮는다

놀이치료를 했던 여섯 살 남자아이가 있습니다. 이 아이는 네 살부터 어린이집에 다녔지만 여전히 선생님과 친구들에게 소리 내어 인사를 하지 못했습니다. 친구들이 자신이 가지고 놀던 자동차를 가져가도, 돌려달라는 말은커녕 입도 뻥긋하지 못하고 가만히 있을 뿐이었습니다. 심지어 화장실에 가고 싶어도 선생님께 소리 내어 말하는 것이 어려워 하루 종일 소변을 참 았다가 집에 와서야 화장실에 갈 정도였습니다.

부모는 오후 5시가 되도록 소변을 참으며 힘들어하는 아이의 모습을 보고 서야 문제가 심각하다는 것을 인지하고 상담 센터에 방문하셨습니다. 그동 안 아이의 마음을 읽어주며 타일러도 보고, "어린이집에서 선생님께 큰소리 로 인사하면 선물을 줄게."라고 협상도 해보고, 무섭게 윽박질러도 보고, 해 볼 건 다해봤다고 했습니다. 그러나 아이는 변하지 않았지요.

부모 상담 결과, 그 아이의 아버지는 여전히 자신의 부모 말에 좌지우지되 며, 중요한 결정을 부모님께 맡기는 수동적인 아들이었습니다. 결혼한 후에 도 이사는 물론, 가전이나 가구의 구매도 부모님이 정했으며, 집에 아무 때 나 방문하고 갑작스레 오라 가라 하는 부모님에게 의견을 내지도 못했습니 다. 아이의 엄마는 그런 상황이 매우 스트레스받고 힘들었지만, 힘든 표정 만 지을 뿐, 남편에게조차 '난 이런 상황이 힘들다.'고 이야기하지 못한 채 우울증 약을 드시고 있었습니다. 아이의 부모는 둘 다 재택근무를 하는 직 업이었고, 사람들과의 교류가 적었습니다. 그나마 엄마가 아이의 친구 엄마 들과 어울리며 아이의 사회성을 키워보려고 애쓰고 계셨습니다.

부모와 여섯 살짜리 남자아이에게 같은 기질이 보였습니다. 이 아이의 부모 는 내향적이고, 수줍음이 많은 성격에 자신의 욕구를 표현하기보다는 불편 함과 갈등이 생기는 것을 더 싫어하는 '억제성 기질'이었습니다. 아이가 수줍음이 많고 친구들과의 갈등 상황에서 내 것이라고 주장하기보다는 장난감을 주고 만 것은 아이가 부모와 같은 기질이었기 때문입니다.

부모는 자기주장을 못하는 자신들의 어리숙하고 답답한 모습이 불만족스러웠기에 제발 자기 아들만큼은 그렇게 살지 않기를 간절히 바라며 많은 시도들을 해왔습니다. 그러나 부모가 자신의 닮은꼴 아이에게 투사되느라 미처 보지 못한 것이 있습니다. 바로 아이의 마음, 그리고 부모 본인들의 마음입니다. 아이의 부모는 자신들의 마음과 주장을 잘 이해하고, 명확하게 주장하지 않아도 민감하게 알아차려주고, 편안하게 있는 그대로를 수용해주는 부모를 바랐을 것입니다. 그리고 아마도 처음엔 아이에게 그런 부모가 되려고 노력했을 겁니다.

그러나 자신을 닮은 아이의 기질적 약점을 보는 바람에 정작 자신들과 닮아있는 아이의 마음을 보지 못했죠. 그래서 아이의 기질을 그대로 직시하여 아이의 마음을 민감하게 알아차려주고 수용해주기보다는 문제 해결만 하려고 했던 것입니다.

저는 그 아이가 했던 특별한 놀이를 아직도 기억합니다. 아이는 유독 반짝거리는 비즈 보석들을 쥐고 상자에 넣는 놀이를 반복했습니다. 아이는 내향성이 큰 억제성 기질이지만 특별해 보이고 싶은 마음이 가득했습니다. 아이의 부모는 무의식 중에 아이가 자신들과 안 닮았으면 좋겠다는 생각만 하다가, 특별해지고 싶어 하는 반짝이는 아이의 마음을 놓쳐버렸습니다.

치료를 하다 보니 이 아이만이 가진 기질의 강점이 있었습니다. 아이에겐 언제나 흔쾌히 친구들에게 자신의 것을 나누어주는 따뜻한 마음과, 친구들이 놀자고 하면 언제든 기쁘게 수용해주는 배려심이 있었죠. 이러한 기질은 이미 아이의 부모도 가지고 있었습니다. 다만, 아이의 부모는 자신들이 가진 이러한 따스한 기질이 도리어 자신의 부모에게 무시를 당하거나, 사회적으로 약자가 되게 만들었다고 판단했기 때문에 외면하며 보지 않았던 것이었습니다.

부모가 먼저 자신들에게 내재된 기질을 새롭게 마주하기 시작하니, 아이를 대할 때 늘 눈살을 찌푸리고 억울한 표정을 짓는 대신 편안하고 평화로운 미소가 드러나기 시작했습니다. 그러자 아이의 눈동자는 더 반짝거리기 시작했고, 더 이상 혼자서 비즈를 상자에 넣는 놀이를 하지 않았습니다. 대신 아이는 부모에게 "나, 아빠 엄마랑 놀고 싶어요."라고 말했습니다. 그리고 또 아빠 엄마와 재밌는 놀이시간을 가지면서 이렇게 말했습니다. "엄마, 나 친구네 집에 놀러 가고 싶어요."라고 말입니다.
부모를 닮은 우리 아이, 그 닮음을 어떻게 보는지에 따라 우리는 다른 부모가 될 수 있습니다.

✸ 태내 환경의 영향력 – 아이는 엄마 뱃속에서 일어난 일을 기억하고 있다
아빠의 정자와 엄마의 난자가 만나 수정이 이루어지면, 태아는 엄마의 뱃속에서 빠른 속도로 유전자를 형성해 나갑니다. 이러한 생물학적인 유전자의

형성 과정에 있어서 태내 환경은 큰 영향을 줍니다. 엄마의 기분, 감정, 정서, 스트레스와 같은 정서적 환경과 아빠, 혹은 의미 있는 사람들의 목소리, 주변 소리 등의 환경적 자극은 고스란히 태내의 아이에게 전달됩니다. 엄마가 스트레스를 받으면 뱃속의 아기는 같은 스트레스를 느끼기 때문에 자신을 둘러싼 환경이 위험하다고 느낍니다. 그리고 태어날 세상에 대해 본능적인 방어태세를 갖추기 시작합니다. 이것이 바로 자신을 보호하기 위한 유전자 변형의 시작입니다. 세상을 마주할 준비를 하면서 자극에 대한 민감한 센서를 갖춤으로써 위험으로부터 자신을 보호하려고 하는 것입니다. 이는 후성유전학에서도 증명된 태아의 생존반응입니다.

즉 임신 중의 태내 환경은 아이의 민감성과 직결됩니다. 엄마의 스트레스 반응과 불안정한 정서가 높을수록 아이는 외부 자극으로 인해 자신이 경험하는 위험을 더욱 민감하게 느끼고, 자신을 방어하기 위하여 감각적인 민감성을 더욱 계발시킵니다. 작은 자극에도 민감한 아기가 되는 것입니다. 그래서 상담 센터에서 초기 아동심리평가를 할 때면 임신 전과 임신 중, 출산 후 엄마의 스트레스 정도와 신체적, 정서적인 상태를 살펴봅니다. 현재 문제가 되는 아이의 민감성이 태내에서 자신을 보호하기 위해 민감성을 높인 것인지, 기질적으로 민감성이 높은 것인지를 확인하기 위해서입니다. 다행스러운 것은 이러한 후성유전적 민감성은 다시 변할 수 있다는 것입니다. 그 변화의 원동력은 바로 '애착'입니다.

✧ 애착 – 민감성은 환경에 의해 변화한다

아이가 민감하다고 해서 엄마가 자책할 이유는 없습니다. 이제 우리에게는 '애착'이라는 더욱 강력한 관계의 힘이 있기 때문입니다. 애착은 바로 환경입니다. 양육자의 일관적인 반응과 안정적인 보호는 아기에게 안전감을 주어, 민감해진 방어적 센서 반응들을 차차 안정시켜 나갑니다. 자극에 대한 민감성은 출생 후 12개월까지 가장 민감하게 나타나다가 아기가 안정적인 애착 관계 안에서 성장함에 따라 시·지각을 통한 인지활동, 그리고 기거나 걸으며 겪은 직접적 경험이 쌓이면서 세상에 대한 두려움이 조금씩 줄어듭니다. 그런데 만약, 이때의 환경이 태내 환경처럼 불안하다면 아이는 더욱 민감해질 수밖에 없습니다.

스트레스가 심한 엄마, 임신 중 외상을 겪은 엄마로 인해 아기가 경험한 불안감은 짧은 시간으로 해결되지 않습니다. 힘들었던 만큼 회복의 시간도 길어지는 셈이죠. 그래서 우리는 아기가 민감하다고 마냥 아기 탓을 하며 원망할 수 없습니다. 아기의 그 반응은 살기 위해 강화된 본능적 반응이며, 어쩌면 엄마가 임신 중에 느꼈던 수많은 부정적인 감정으로 인한 것일 수 있기 때문입니다.

✧ 아이의 기질을 파악하려면? – 관찰과 이해의 과정이 필요하다

앞서 설명한 유전과 환경은 기질에 큰 영향을 미치는 요인들입니다. 그러나 한 존재는 유전과 태내 환경, 단순히 이 두 가지로 만들어지는 것이 아닙니다. 모든 아이는 자기만의 독립된 존재입니다. 유전과 환경을 초월한 한 생명으로서, 그 존재만이 가지는 독특성과 개별성을 가지고 태어납니다. 때문에 우리는 한 아이를 이해하기 위해 집중해야 하고, 충분한 노력을 기울여야 합니다. 무엇보다 아이를 있는 그대로 보려면 우선 겸손한 태도로 관찰하는 과정이 필요합니다.

관찰 : 있는 그대로 보기(추측, 해석, 판단을 버리고 그냥 보기)

– 현재 나타나고 있는 아이의 모습을 충분히 꼼꼼히 보기

– 이때 단편적인 행동이 아니라 행동의 흐름과 모습을 계속 따라가며 지켜보기

상담실에 들어오면 항상 뛰는 일곱 살 남자아이가 있었습니다. 아이의 엄마는 상담실 문을 열고 들어올 때부터 인상을 쓰시며 "아우, 정말 미치겠어요. 애가 너무 산만해요. 가만히 있지를 않아요." 하고 하소연했습니다. 엄마가 그렇게 말하는 동안 아이는 신발을 내던지듯 벗자마자 곧장 소파에 앉았다가 올라서더니 또 금세 다른 의자에 올라가 상담실 창밖을 내다보았습니다. 아이 엄마는 "저것 봐요!"라고 한숨을 쉬며 말했습니다.

저는 가만히 아이의 행동을 보았습니다. 아이는 웃고 있었고, 몸은 2초에 한 번씩 들썩들썩 거리며 일어났다 앉았다, 뛰어 올라갔다가 폴짝 뛰어내리고 있었습니다. 하지만 그 모습만을 보고 아이를 판단해서는 안됩니다. 그

냥 보이는 대로 봐야 합니다. '일곱 살이나 되었는데 아직도 소파에 올라가네.', '조절이 안되네.', '계속 움직이는 걸 보니 여전히 규칙을 모르는구나.' 이러한 관찰은 관찰을 가장한 판단입니다. 관찰이란 단지 있는 그대로 보는 것입니다.

| step ❷ |

행동과 정서 : 함께 나타나는 행동과 정서의 패턴 파악하기

- 행동과 정서는 늘 동시에 일어나므로 행동과 정서의 패턴 파악하기
- 때로 정서와 행동이 다르게 보인다면 '방어기제' 또는 '역기능적인 행동'의
  발현으로 이해하기

아이의 모습에 가만히 주의를 기울여 보았더니, 아이의 행동에는 늘 순서가 있었습니다. 아이는 들어오자마자 소파로 뛰어갔고, 몸을 기대듯 누웠다가 일어났다가 앉았다가 일어섰다가 하며 여러 동작을 보였습니다. 그러고는 거실 벽에 있는 기다란 의자에 앉았다가, 중앙에 있는 원탁 의자에 앉았습니다. 그리고 동시에 "물 주세요."라고 요구하고, "언제 들어가요?" 하고 물었습니다.

아이가 뛰는 자리와 동선은 시야에 들어오는 순서였고, 뛰는 동안에는 미소와 약간의 흥분된 즐거움이 보였지만, 원탁 의자에 앉는 상황에서는 즐거움보다는 아무 표정이 없는 정서를 보였습니다.

욕구 해석하기 : 행동 + 정서 패턴과 욕구의 연합된 반응 해석하기

－ 무언가 원하는 마음 알아차리기

－ 욕구를 표현하는 '행동과 정서', 그리고 '말' 연결하기

아이의 이러한 행동은 어떠한 욕구를 표현하고 있었을까요? 이 아이는 놀고 싶은 마음을 온몸으로 표현하고 있었습니다. 아이는 엄마와 함께 이곳에 오는 것 자체가 즐거웠습니다. 엄마와 함께 왔으니 즐거운 정서가 한껏 올라와 놀고 싶다는 욕구를 행동으로 표현했던 것이죠.

그러나 대기실에서 엄마와 10분여를 기다리는 동안 아이가 할 수 있는 것은 눈에 보이지 않았고, 엄마는 조용히 있으라고 하거나 뛰지 말라고 신경질적으로 얘기할 뿐이었습니다. 아이는 내심 엄마와의 특별한 시간을 기대하고 즐거워했지만 이내 지적을 통해 엄마가 자신의 모습을 좋아하지 않는다는 것을 직감하고 조용히 앉아서 물을 달라고 한 것입니다. 엄마가 물은 친절하게 따라 주었으니까요. 그러나 아이의 "언제 들어가요?"라는 말에는 엄마와 놀고 싶다는 욕구가 내포되어 있었습니다.

행동과 정서, 말은 아이의 욕구를 고스란히 보여줍니다. 치료 대기실에서 뛰어다니던 일곱 살 아이와 엄마의 모습을 정리해보면 엄마와 함께하는 시간에 대한 즐거움이 아이에게는 행동으로 발현되었으나, 아이의 행동에 대한 엄마의 스트레스가 역기능적인 상호작용을 일으킨 것입니다.

이해 : 한 아이를 머리로 이해하는 것이 아니라 있는 그대로 알게 되는 것

"네가 ~한 아이로구나."

이제 우리는 알게 되었습니다. 일곱 살 이 아이가 뛰어다니는 행동은 산만해서가 아니라 자신의 즐거움을 표현하고 해결할 수 있는 좋은 방법을 몰라서라는 걸요. 이러한 관찰의 결과, 엄마는 아이가 엄마와 함께하는 시간을 너무나 좋아하는, 엄마를 사랑하는 아들이라는 사실을 깨닫고 이해하게 되었습니다. 그렇다면 아이가 원하는 것과 엄마가 원하는 것을 서로 충족하려면 어떻게 해야 할까요? 대기실에서 기다리는 10분의 시간도 아이가 원하는 엄마와의 즐거운 시간이 될 수 있도록 색종이나 색연필 같은 간단한 놀잇감을 준비해와서 아이와 놀아주면 됩니다. 그러면 아이는 엄마와 함께하는 특별한 즐거움을, 엄마는 얌전한 아이를 통해 편안함을 얻을 수 있게 됩니다.

이후, 이 엄마는 아이의 움직임을 보면 "아이가 엄마와 잠깐이라도 즐거운 시간을 갖고 싶어 해요.", "우리가 함께하는 이 시간을 얘는 일주일 동안 제일 기대해요." 하고 말하게 되었습니다. 그리고 아이와 함께하는 즐거운 시간을 위해 약간의 준비를 더하게 되었습니다. 아이의 행동을 있는 그대로 관찰하고 이해함으로써 긍정적인 육아가 가능해진 것입니다.

기질을 알면 아이의 강점이 강화된다

아이의 기질을 파악한다는 것은 앞에서와 같이 아이의 있는 그대로의 모습을 아는 것입니다. 그리고 아이에게 맞는 해결 방법은 이미 아이가 보여주고 있습니다. 우리는 그저 아이가 자신의 몸짓과 말로 보여주고 있는 힌트를 찾기 위해 주의 깊게 관찰해야 할 뿐입니다.

⊗ 기질과 성격은 다르다

기질이란 '타고난 경향성'이라고 했습니다. 이것은 '성격'과는 다릅니다. 성격이란 '환경과의 상호작용 속에서 만들어지고 형성되는 옷'과 같습니다. 모든 아이는 사춘기를 기점으로 한 자아정체성의 혼란 시기를 지나면서 자신의 타고난 기질과 지금까지의 경험을 토대로 자신에게 필요하다고 생각한 성격의 옷을 입기 시작합니다. 그리고 청소년기가 끝나는 스무 살 정도가 되면 자신만의 성격이 드러납니다. 주변에서 대학생이 되면서 성격이 많이 바뀌었다는 이야기를 흔히 듣게 되는 것도 이때문입니다.

모든 부모는 자신의 아이가 좋은 성격이 되기를 바랍니다. 그래서 유아기 시기 아이의 행동 특성들이 성격이 될까 봐 걱정합니다. 그러나 사실 진짜 걱정해야 할 것은 아이가 도리어 부모가 원하는 성격이 되기를 거부할 수 있다는 것입니다. 아이의 타고난 기질을 무시한 채 아이가 좋은 성격이 되기를 소망하며 채찍질하다 보면, 정작 중요한 성격의 옷을 입어야 할 그때, 부모가 소망해왔던 옷을 벗어던지게 됩니다.

제가 만났던 한 여대생은 어린 시절 내내 소극적이고 부모의 말에 순종하던 아이였습니다. 그러나 초등학교 고학년이 되어 질풍노도의 사춘기를 겪으면서 만날 친구들을 만나러 나가 놀기만 하고, 부모에게 불만을 표현하며 앞으로는 본인이 하고 싶었던 것들을 하겠다고 심하게 말대꾸했다고 합니다. 부모는 일탈과 모험을 하려는 아이의 행동이 사춘기가 가져온 일시적인 변화라고 여겼고, 원래 내 딸의 성격이라고 믿었던 순종적인 모습을 보이며 부모의 말을 잘 따르도록 아이를 억압했습니다. 결국 아이는 중학교, 고등학교 내내 방에만 틀어박혀 있었고, 그렇게 부모가 원하던 유아교육과에 진학했지만, 결국 작곡과 음악을 하고 싶어 부모의 반대를 무릅쓰고 진로를 변경하고자 했습니다. 지금의 삶이 전혀 행복하지 않다면서요.

이 여대생의 기질상 강점은 '정서민감성'이었습니다. 규칙을 잘 지키고 순응적인 모습이 강점이라 여겨 무조건 가르치고 끌어왔지만, 사실 이 아이가 가진 기질상 강점은 민감한 정서를 느끼고 표현하고 경험하는 것이었습니다. 그러니 사춘기 시절의 행동은 돌발 행동이 아니라 자신의 원래 기질이 질풍노도라는 파도를 만나 드러난 것이었을 겁니다.

부모로서 우리는 아이가 행복하기를, 그리고 유능하기를 바랍니다. 아이가 자신의 강점을 발휘하여 하고 싶은 일을 하면서 행복을 느낀다면 부모는 세상을 다 가진 듯 기쁘겠지요. 그러나 진정 아이가 자신이 원하는 일을 찾아서 하는 행복한 아이가 되기를 원한다면 우리는 아이가 타고난 기질적인 강점을 발현할 수 있도록 도와주어야 합니다. 그래야만 아이는 자신이 가진 능력을 발휘하면서도 행복해지는 성격의 옷을 입을 수 있습니다. 그 길을 여는 첫 단추가 '자아신뢰감'입니다.

> **check point**
>
> 자아신뢰감 : 자기 자신의 존재를 충분히 믿고 지지하는 것
>
> "나는 ~하니 충분히 좋은 아이야."

자기 자신의 존재를 스스로 충분히 믿고 지지하는 것이 '자아신뢰감'입니다. 어린 시절 부모, 혹은 애착 대상자와의 애착 패턴은 내면을 작동하는 모델을 만들고 이 시스템으로 자신을 인식합니다. 그래서 이를 '내적 작동 모델'이라고도 말합니다. 그러므로 아이의 어린 시절 양육이 매우 중요합니

다. 아이가 자신의 강점을 발휘하면서 살아나가길 바란다면 부모는 아이가 스스로를 충분히 믿고 지지할 수 있도록, 아이가 자신을 믿을 수 있는 긍정적인 경험을 최대한 많이 할 수 있도록 도와주어야 합니다.

영유아기는 자신의 주요 기질적 특성으로 살아가는 시기입니다. 이 시기에 자신의 기질을 발산하는 동시에 자신이 타고난 기질적 강점을 경험하고, 느끼고, 피드백을 받으며 자신에 대한 긍정적 신뢰감을 형성해야 합니다. 만약 이때 자신의 기질 강점을 충분히 발현하고, 증명하고, 스스로 인정하고, 지지받아보지 못하면 성인이 되어 주변에서 아무리 '당신은 참 괜찮은 사람이야.'라고 말해도 스스로 이를 수용하지 않습니다. 자신을 지지할 수 있는 토대인 '자아신뢰감'이 빈약한 탓입니다.

6학년 남자아이 현우는 큰 키에 얼굴이 하얀, 아주 예의 바르고 잘생긴 남자아이였습니다. 생각하는 것을 좋아하고, 말을 많이 하지는 않았지만 마음을 나누는 대화를 하기 좋아했지요. 그런데 감각도, 정서도, 환경에도 민감하여 남들이 느끼지 못한 불편함을 느끼는 아이였습니다.

활동성이 내향적인 아이들은 사춘기가 다가오면 학교 및 학원 등에서 소진된 에너지를 충전하기 위해 조용한 시간을 가지려고 합니다. 한마디로 방에 틀어박혀 있는 거죠. 현우처럼 내향적 활동성, 즉 '사회성이 낮은 민감성 기질'의 아이들은 그 시간이 매우 긴 편입니다.

현우의 부모는 두 분 모두 외향적이고 경험추구형 양육 유형을 가진 분이었습니다. 아버지는 기질상 '외향적 활동성 기질'이었고, 어머니는 기질상 '민감성 기질'이었으나 외향적인 성격의 옷을 입은 분이었습니다. 이러한 부모의 눈에 아이는 과민하고 소극적이다 못해 자기 뜻대로 말도 못 하는 부족한 아들이었습니다. 그래서 아이가 가만히 앉아 있는 것도, 조용히 책을 보고 있는 모습도 모두 문제가 있다고 생각했습니다. 남자아이라면 밖에 나가 공을 차면서 친구와 노는 것을 좋아하는 것이 정상이라고 생각하는 부모에게는 이 아이의 모습이 모두 문제로 보였던 것입니다. 그러나 그건 그 아이답게 살고 있는 것입니다.

현우와 이야기를 나눌 때면 여러 가지 생각들이 쏟아져 나왔습니다. 자신에 대해 고민하면서 뭔가를 시도해보려 하거나 미래를 생각해보는 이야기들입니다. 자신만의 강점인 내향성과 민감성 덕분에 자신에 대한 생각과 고찰을 끊임없이 하고 있었던 것입니다. 아직은 어려서 답도 없고, 방법도 엉성하지만 그것이 자기답게 자신의 강점으로 치열하게 살아가 보려는 시도입니다. 이러한 모습을 자꾸 문제로 보면 아이는 자신답게 어렵게 내딛던 한 발조차 불안해서 다시 뒤돌아 도망치고 맙니다. 이를 '학습된 무기력'이라 합니다. 어차피 안 될 거라는 강한 신념이 내면의 동기를 꺼버리는 것이지요.

많은 부모들이 아이의 강점보다는 약점에 관심을 기울입니다. 또는 강점을 인정하면서도 지나친 강점이 약점 같다고 말하기도 합니다. 친구들과 어울려 놀기를 좋아하는 사회적 적응성이 유연한 자녀를 보며 "우리 아이가 사회성도 좋고, 친구도 잘 사귀어서 좋다."라고 말하다가도 친구들과 거친 몸놀이를 하다 다치거나, 집에서 하는 학습지를 하기 싫어하면, 아이의 강점이었던 사회성은 온데간데없어지고, 주의집중을 못하는 약점만이 눈에 들어와서 갑자기 아이에 대한 평가가 주의가 산만한 아이로 바뀌어버립니다. 여러분도 혹시 지금 아이의 기질 강점에 시선을 두지 않고 약점을 어린 시절부터 고치려 하고 있지 않은지 냉철하게 판단하셔야 합니다. 아이의 마음 여기저기를 찌른 비난과 지적은 아이가 청소년기가 되어 자신의 정체성을 찾기 위해 적극적인 실험과 도전을 해야 할 때, 스스로 모든 시도를 포기하게 만드는 이유가 될 수 있습니다.

⊗ 성공의 경험으로 자기효능감이 발달된다

왼손에 단추 하나, 오른손에 단추 하나를 쥐고 동시에 끼울 수 있을까요? 이것이 부모가 아이를 키울 때 범하는 실수의 대표적인 예입니다. 부모는 흔히 아이를 잘 키우고 싶은 마음에 주변 아이와 비교하며 아이의 약점을 동시에 해결하려고 합니다. 그러나 단추를 양손에 쥐고선 단추를 끼울 수 없습니다. 반대로 단추 하나를 집중해서 제대로 끼울 수 있는 방법을 알게 되면, 다른 단추는 손쉽게 줄줄 끼울 수 있습니다. 그것이 바로 기질 육아의 원리입니다.

아이가 자신의 기질 강점을 통해 충분한 '자아신뢰감'을 가져야 '자기효능감'이 발달됩니다. 자기효능감은 자신이 무엇을 할 만한 충분한 능력이 있다는 것을 이미 경험하여 알고 있는 것입니다. 그런데 이러한 자기효능감은 직접 겪은 경험으로만 발달합니다.

자기효능감 : 자신이 무엇을 할 만한 능력이 있는지 알고 있는 것

"나는 뭐든지 할 수 있어."

유아기까지는 발달상 '전조작기'에 해당합니다. 직접 경험을 통해서는 어떤 것을 믿고 이해할 수 있지만, 이 일이 어떻게 될 것이라는 사실을 추론하여 얘기해주면 이해하지 못합니다. 이러한 추론적 사고능력은 보통 10세 이상부터 가능합니다. 그래서 그전까지 아이들은 자신의 강점을 직접 체험하고 경험해야만 '내가 할 수 있구나.', '했더니 더 좋구나.' 하고 느낄 수 있습니다. 그렇지 않으면 아이는 자신의 강점과 능력을 믿지 않게 되거나 부정적인 지각이 굳어버리게 됩니다.

수줍음을 많이 타던 여섯 살 여자아이가 있었습니다. 유치원 재롱잔치를 할 때마다 긴장해서 하기 싫어하고, 얼어붙는 아이에게 엄마는 "어이구, 그렇게 숫기가 없어서 어떡할래." 하고 질책했습니다. 그러나 그 아이는 앞에 서는 것을 못하는 아이가 아니라, 앞에서 잘하고 싶었던 아이였습니다. 다만 자신이 잘할 수 있는 것으로 말이죠. 높은 욕구를 가지고 있어 교실에서는 늘 그림을 그리거나 점토로 무엇인가를 만들어 선생님께 보여주었고, 전시를 해달라고 부탁하곤 했지요.
그래서 아이를 미술전시회를 열고 발표하는 미술 학원에 다니게 해 보라고 권했습니다. 그리고 불과 6개월 만에 아이는 많은 어른들 앞에서 자신의 그

림을 설명하는 자신감 넘치는 모습을 보여주었습니다.

이 점을 꼭 기억해두세요. 우리가 아이의 기질 강점을 몰라서, 혹은 아이가 가진 기질의 강점을 발현할 수 있는 장이 없기 때문에 아이가 자기답게 발현하지 못한다는 것을요. 아이가 자신의 기질 강점에 대한 경험을 통해 '자아신뢰감'과 '자기효능감'을 획득하기 시작하면, 자신이 잘 못하는 것도 도전해 보고자 하는 용기와 유연함이 생깁니다. 우리는 바로 이때를 위해 강점을 키워주고 지지해주어야 합니다.

아이가 가장 자기 다운 모습으로 건강한 자존감을 형성하고 있을 때, 천천히 한 단계씩 성취할 수 있는 환경을 만들어주면 아이는 약점을 극복하면서 짜릿한 성취감을 획득합니다. 이러한 경험을 통해 성장하는 자아의 힘을 느끼고, 또다시 도전을 해야 할 때 그동안 자신을 지지해준 부모와 자기 자신을 믿고 도전합니다. 이렇게 강점을 통해 약점을 보완하는 방식으로 성장하는 것이 아이가 가장 안전하고 가장 자존감 높게 자랄 수 있는 방법입니다.

아이들의 기질 강점은 아이마다 가지고 태어난 전구와 같습니다. 부모가 아이의 강점을 알아차려주고 강화시켜주면 전구에 환한 빛이 들어옵니다. 그리고 아이는 자신이 빛나는 존재임을 스스로 확인하게 됩니다. 이것이 모든 부모들이 바라는 '자기다움으로 행복함을 느끼는' 아이의 모습일 것입니다.

기질에 색을 입히는 욕구

'욕구'란 '무엇을 얻거나 무슨 일을 하고자 바라는 마음'입니다. 아이는 내가 원하는 것, 내가 하고 싶은 것, 내가 바라는 것을 통해서 무엇인가를 하려는 동기를 발현합니다. '욕구'라는 자신만의 색을 입고 자신을 드러내기 시작하는 것이지요. 한 아이가 주체적인 존재로 자기답게 살아가기 시작하는 아름다운 순간이 시작되는 것입니다.

아이들의 자아 발달 단계에서 자아를 인식하는 시기를 알아보는 유명한 실험이 있습니다. 아이의 코에 립스틱을 바른 후 아이가 거울에 비친 자신의 모습을 보고 코에 묻은 립스틱을 닦아내는지 관찰하는 실험입니다. 생후 9~24개월 아이들에게 같은 실험을 했는데 생후 18개월 이후가 되면 아이의 대부분이 거울 속 자신의 모습을 바라보며 코에 묻은 립스틱을 닦아냅니다. 거울에 비친 모습이 자신이라는 것을 인식하는 것입니다.

이러한 자아 인식이 분명하게 나타나는 시기는 생후 18~24개월입니다. 이때부터 아이들은 확실한 자기만의 욕구를 보여줍니다. 이 시기의 아이들은 세상에 대한 무서움이 없이 마음먹은 대로 돌진하듯 움직입니다. 아직 무엇을 해야 하는지, 무엇을 하면 안 되는지 생각하지 않고 오로지 동기의 힘으로 앞으로만 나아가는 것입니다.

이때 아이가 어떤 욕구를 갖는지에 따라 아이들의 행동이 모두 다르게 나타납니다. 비로소 자기만의 색이 생겨나기 시작하는 것이지요. 어떤 아이는 자신을 예뻐해주는 어른들에게 접근하여 간식을 받아먹기도 하지만, 어떤 아이는 엄마 품에 안겨서 안전하고 편안한 상태로 주변을 살피려는 행동을 보입니다.

아이가 성장하여 유아기가 되면 아이들의 욕구는 더욱 명확하게 나타납니다. 어떤 아이는 늘 친구랑 놀고 싶어 하여 친구와 놀기 위해 유치원에 갑니다. 어떤 아이는 무엇인가를 보고, 익히고, 스스로 알기를 원하며 배우는 것을 좋아합니다. 어떤 아이는 목과 손가락에 주렁주렁 목걸이와 반지를 끼우고 예쁜 드레스를 입은 자신의 모습을 보여주고 싶어 하고, 어떤 아이는 높은 곳을 오르내리고 점프하면서 자신의 능력을 보여주기를 원합니다. 어떤 아이는 혼자서 놀이를 하면서 혼자만의 시간을 즐깁니다.

이렇게 아이들은 모두 다릅니다. 아이들 역시 우리와 마찬가지로 모두 자신만의 개성과 독특성을 가진 존재입니다. 비슷할 수는 있어도 똑같을 수는 없습니다. 그래서 우리는 아이를 아이답게 살아가게 하는 '욕구'라는 마음을 면밀히 들여다봐야 합니다. 아이의 욕구를 자세히 들여다보려면 가정과 유아교육 기관에서의 모습을 통합적으로 보는 것이 좋습니다. 유아기는 사회성이 발달하는 시기이므로 아이의 사회적 욕구가 두드러집니다. 이러한 욕구는 가정보다는 어린이집이나 유치원의 집단생활에서 보다 선명하게 드러납니다. 그러므로 부모와 교사가 함께 연계하여 관찰과 이해의 과정을 나누는 게 좋습니다.

다음 장에서 설명할 '기질의 9가지 요소' 중에서 '활동성'은 특히 이러한 욕구에 의해 좌우됩니다. 따라서 욕구에 대한 의미와 설명은 활동성 기질에 대한 설명과 'Part 2. 기질 특성으로 발견하는 아이의 진짜 모습' 중 '유아기에 나타나는 4단계 욕구'에서 다시 자세히 살펴보도록 하겠습니다.

기질의 9가지 요소

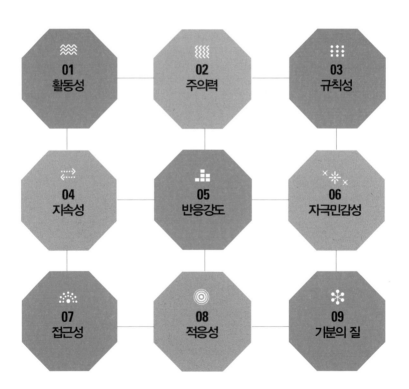

활동성

'활동성'은 아이가 얼마나 움직이는지에 대한 '활동 정도', 외향성인지 내향성인지에 따른 '활동 방향', 그리고 '욕구'를 포괄하는 특성입니다. 다양한 개념을 포괄하고 있기에 기질 요소 중 가장 다각적인 해석이 가능하며, 다른 기질 요소들과의 관계를 잘 분석해야 합니다. 우선 '활동성'에 내포된 세 개념의 정의를 살펴보겠습니다.

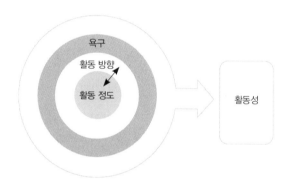

활동 정도(활동 에너지) '활동 정도'는 움직임의 양입니다. 아이의 행동과 아이의 마음을 움직이게 하는 엔진과 같아서 이 엔진이 얼마나 크고, 얼마나 많이 움직이는지에 따라 아이의 활동 에너지 수준이 달라집니다.

활동 방향(외향성 vs 내향성) 어떤 아이는 활동 에너지가 외부 세계로 향하고, 어떤 아이는 활동 에너지가 내면으로 향합니다.

'외향성'은 에너지를 바깥으로 써야 에너지가 얻어지는 것을 말합니다. 힘들수록 밖으로 나가서 사람들을 만나서 얘기하고, 몸을 움직이며 놀아야 에너지가 충전되는 경우입니다. 활동 에너지를 외향성으로 가지고 있는 아이들은 유치원에서 실컷 놀았어도 왠지 자신이 충분히 못 놀았다고 생각하면서 놀이터에 가고 싶어 하고, 친구 집에 놀러 가고 싶다고 말하죠.

'내향성'은 에너지를 안으로 써야 에너지가 얻어지는 것입니다. 힘들수록 혼자 있고, 조용한 곳에서 휴식을 취하며 자신에게 집중할 때 에너지가 충전됩니다. 활동 에너지를 내향성으로 가진 아이들은 유치원에서 여러 또래들과의 놀이 자체가 힘들 수 있습니다. 단짝 친구들과 놀기를 원하죠. 그래서 단짝 친구가 없거나, 자신만의 활동을 주변 상황에 의해 충분히 하지 못했다고 느끼는 내향성 아이들은 얼른 집에 가서 자기가 좋아하는 놀이를 실컷 하고 싶어 합니다. '내향성 활동성'을 가진 아이 중에 '접근성'과 '적응성'을 가진 관계지향적인 아이라면 엄마한테 친구처럼 놀아달라고 할 것이고, '접근성'과 '적응성'이 약한 아이라면 혼자 놀이하는 모습을 보일 것입니다.

욕구 욕구란 원하는 것을 얻으려고 하고, 무슨 일을 하고자 하는 생리적, 심리적인 동기입니다. 무엇이 결핍되면 그것을 채우려고 하는 것이지요. 어린 아이들은 '몸짓(행동+정서)과 말'로 자신의 욕구를 채워달라고 요구하며 드러내기 때문에 관찰을 통해 아이의 욕구를 알아차릴 수 있습니다.

욕구는 욕망과는 다릅니다. 이에 대한 구분을 명확히 해준 프랑스의 정신분석가 자크 라캉(Jacques Lacan)의 정의는 다음과 같습니다.

욕구	생물학적인 충동으로 충족될 수 있다. ex) "엄마가 나를 사랑해줬으면 좋겠어요."
요구	욕구를 알리기 위해 발생되는 표현이다. ex) "엄마, 와주세요.", "엄마, 봐주세요."
욕망	끊임없이 요구하게 하는 무의식적 소망이다. ex) "무조건 나만 사랑해줘."

인간의 욕구를 중심으로 한 동기를 연구한 미국의 심리학자 에이브러햄 매슬로(Abraham Maslow)는 "인간은 출생하면서 본능적으로 욕구를 발현시킨다." 라고 말했습니다. 그리고 그는 이러한 욕구가 생리적 욕구부터 시작하여 자아실현을 하려는 욕구까지 위계적으로 이루어져 있으며, 하위 욕구를 충족할 때 상위 욕구를 충족하려는 동기가 발현된다고 하였습니다.

꼭 아래 단계의 욕구를 완벽하게 충족해야 다음 단계의 욕구를 획득할 수

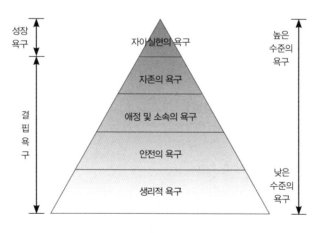

매슬로의 5단계 욕구 위계

있는 것은 아니지만 하위 욕구가 충족된 후 그다음 욕구를 충족하는 것이 안정적이라는 것입니다. 또한 욕구는 한 번에 하나의 욕구가 우세하게 나타나므로 동시다발적으로 여러 욕구가 똑같은 정도로 나타나지는 않으며, 기본적인 욕구를 충족하지 못한다면 결핍으로 인한 어려움이 나타난다고 말했습니다. 그러므로 부모가 아이들의 기본적인 욕구가 충분히 충족되도록 도와줄 때 아이들은 자신의 강점을 발현하고 약점을 보완하며 자신의 성장을 위한 상위 욕구인 자아실현의 단계에 도달할 수 있습니다.

이 책에서는 매슬로의 총 5단계 욕구 중에서 유아기에 드러나는 '생리적 욕구, 안전의 욕구, 애정 및 소속의 욕구, 자존의 욕구'에 집중할 예정입니다.

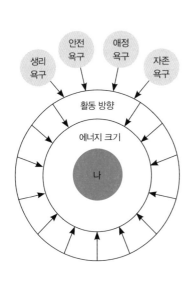

내향적 방향성을 가진 활동성

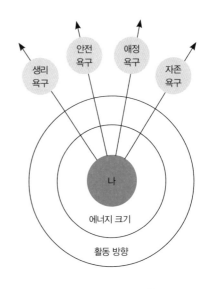

외향적 방향성을 가진 활동성

'활동성'은 아이의 기질 유형을 가늠하는 두 가지 척도의 하나로, 아이의 기질을 판단할 때 매우 큰 역할을 하기 때문에 그만큼 분석에 신중을 기해야 합니다. 아이가 가진 활동 에너지의 크기가 어느 정도인지, 그 에너지가 외향과 내향 중 어느 방향으로 흐르는지, 그리고 아이가 어떠한 욕구를 가지는지를 종합적으로 판단해야 아이의 활동성이 어떻게 드러나는지 알 수 있습니다.

☑ Check Point

외향적인 활동성이 높은 아이의 특징	☐ 걸음마를 일찍 떼는 편이다.
	☐ 걸음마를 뗀 뒤 계속 걸으려고 하고, 움직임이 많다.
	☐ 무엇인가를 보면 즉시 만지고 직접 해보려고 한다.
	☐ 올라가고, 뛰고, 도전해보는 것을 좋아한다.
	☐ 겁이 없다.
내향적인 활동성이 높은 아이의 특징	☐ 걸음마를 늦게 떼는 편이다.
	☐ 가만히 앉아 있긴 하지만, 뭔가를 하면서 논다.
	☐ 만들기, 그리기 등을 하는 것을 좋아한다.
	☐ 적은 사람들 속에서는 주도적인 모습을 보인다.
	☐ 사람이 많을 때는 수줍음을 보인다.

높은 수준의 욕구를 가진 외향적 아이(자존의 욕구)

일곱 살 민수는 집에만 들어오면 답답해하며 놀이터에 나가자고 하고, 잠깐 집에서 놀 때도 가만히 앉아서 놀이하기보다는 소파에 올라가서 뛰고 점프하면서 쉴 새 없이 엄마에게 말을 걸며 자신이 잘 뛰는 것을 보라고 얘기합니다.

민수는 활동 에너지가 크고, 외향적 방향성을 가지고 있기에 이러한 에너지가 움직이는 행동으로 드러납니다. 또한 자존의 욕구를 가지고 있기 때문에 엄마에게 계속 자신의 능력에 대해 인정해달라고 요구합니다.

보통 수준의 욕구를 가진 내향적 아이(안전의 욕구)

다섯 살 민지는 오빠가 밖에 나가서 놀자고 해도 좋아하지 않습니다. 대신 방에서 인형놀이하는 것을 좋아합니다. 여러 인형들을 꺼내어 중얼중얼 얘기하면서 놀이하다가 심심해지면 색종이나 클레이를 꺼내어 이것저것을 만들며 혼자서도 즐겁게 놀이합니다. 이때 동생들이 인형을 만지거나 오빠가 끼어들어 훼방 놓는 것을 가장 싫어합니다. 그래서 방에 들어가서 놀려고 합니다. 편안한 자기 놀이를 하지 못할 상황에서는 그냥 동생들과 놀이하며 지내기도 하지만요.

민지는 바깥보다는 안에서 혼자서 조용히 놀이하는 것을 좋아하는 내향적인 아이입니다. 민지에게 가장 중요한 욕구는 안전하고 편안하게 노는 것이지만 활동성이 보통 수준이기에 적당히 동생들과도 놀이를 합니다. 만약 민지가 활동성이 높다면, 형제자매가 자신의 놀이를 방해할 때마다 갈등이 생겨도 자신만의 놀이를 고집할 것입니다.

낮은 욕구를 가진 내향적 아이(생리적 욕구)

네 살 민채는 밖에 나가서 놀이하는 것에 흥미가 없습니다. 엄마나 오빠, 언니에게 놀아 달라고 보채거나 관심을 보이지 않고 혼자 놀이하는 편으로 집에서 TV를 보거나 그림 그리는 걸 좋아합니다. 그런데 매번 같은 걸 그리거나 같은 장난감을 가지고 놀이합니다. 한 번 클레이를 만들거나 좋아하는 색칠공부를 시작하면 1시간도 가만히 앉아 놀지만 배가 고프면 칭얼거리기 시작합니다. 냉장고를 열어보기도 하고, 엄마 곁으로 와서 밥을 달라고 합니다.

민채는 활동 에너지가 낮은 편이며 내향적이기에 이러한 에너지가 말수가 적고 움직임이 적은 활동 모습으로 나타납니다. 그리고 생리적 욕구가 가장 민감하기에 다른 것에는 다소 둔감하나, 배가 고픈 것에 가장 민감하게 반응합니다.

높은 욕구를 가진 외향적 아이(애정 및 소속의 욕구)

24개월 민형이는 특별히 좋아하는 놀이가 정해져 있는 것은 아니지만, 놀이하는 걸 매우 좋아합니다. 그래서 형이 블록놀이를 하고 있으면 옆에 가서 블록을 만지고 따라 하려고 하며 곁에 있으려고 합니다. 형이 싫어하면, 곧장 누나에게 가서 색연필을 잡아들고 자기도 하겠다고 색칠을 합니다.

민형이는 활동 에너지가 크고 외향적이기에 혼자서 가만히 있지 않고 무엇이라도 만지고 해보려고 합니다. 그리고 애정 및 소속의 욕구를 가지고 있어 이러한 활동성이 관심을 끌면서 함께 있으려고 하는 행동과 정서로 나타납니다.

◈ 주의력

'주의력'은 개념에 대한 명확한 이해가 필요합니다. 기질 분석에 있어 '주의력'은 '아이가 좋아하고 선호하는 것'이 아니라, '좋아하지 않거나 딱히 선호하지 않은 자극'에 대해 얼마나 주의를 지속할 수 있는지를 의미합니다. 따라서 아이가 좋아하는 레고 만들기나 TV 보기 등에 집중하는 것은 '주의력'이 아니라 '지속성'에 해당합니다. 아이가 그림 그리기에 별로 관심이 없다면, 어려운 그림 그리기 과제를 얼마나 집중하여 끝까지 해보려고 시도하는지가 바로 '주의력'입니다. 그래서 이를 '주의지속력'이라고도 합니다.

영아기의 발달은 아기의 모방 능력이 큰 영향을 끼칩니다. 아기가 엄마 손끝의 움직임과 얼굴 표정을 얼마나 주의 깊게 보고 모방하는지에 따라 발달 정도가 달라지기 때문입니다. '주의력'이 높은 아기는 엄마가 새로운 장난감을 보여주고 흔들며 소리를 들려줄 때 관심이 많지 않더라도 이를 잘 쳐다보고 만져보며 주의를 기울입니다. 그러나 '주의력'이 약한 아이들은 엄마가 새로운 장난감을 보여주고 소리를 내주어도 잠깐 눈길을 주었다가 금세 관심을 돌립니다.

유아기에 '주의력'이 높은 아이는 수업시간에 관심이 많지 않아도 선생님의 말씀과 수업자료를 잘 쳐다보고 귀 기울여 듣습니다. 또, 학습지를 풀거나 어려운 퍼즐을 맞추거나 블록으로 모양을 완성하는 과제들을 할 때 끝까지 앉아서 과제를 끝내려는 모습을 보입니다. 반면 '주의력'이 약한 아이는 관심이 없는 것에 주의를 기울이는 것이 어려워 과제를 쉽게 포기하거나, 한 가지를 진득하게 놀이하기보다는 이것저것을 꺼내어 만져보고 굴려보고 살펴보는 탐색 정도의 놀이만 하는 경우가 많습니다.

앞에서 살펴본 '활동성'은 높은데 '주의력'은 약한 아이라면 관심이 없는 것에 주의를 기울여 앉아있어야 하는 대그룹 이야기 나누기 시간이나 수업 설명을 듣는 시간, 혹은 부모가 선호하지 않는 책을 읽어주거나 훈육을 할 때 고개를 돌리거나 도망가거나 가만히 있기 어려워할 것입니다. '활동성'이 약한데 '주의력'도 약하다면 가만히는 앉아있지만 멍하게 있거나 주의 깊게 보지 않고 딴 곳을 보거나 다른 상상을 하며 그냥 앉아 있기도 합니다.

☑ Check Point

주의력이 높은 아이의 특징	☐ 상대의 눈을 잘 본다.
	☐ 상대의 말을 유심히 듣고 기억한다.
	☐ 다른 사람의 행동과 말을 듣고 잘 배우고 따라 한다.
	☐ 좋아하지 않는 활동이나 과제라도 끝까지 한다.
	☐ 한 번 시작하면 무엇이든 완성한다.
	☐ 흥미가 있든 없든 활동과 과제에 오래 집중한다.

주의력이 빈약한 아이

일곱 살 민수는 자신이 좋아하는 레고는 오래 앉아서 몰입해서 만듭니다. 그러나 학습지를 하자고 하면 불평부터 시작합니다. 하루에 두 페이지를 푸는 데도 주의를 기울이지 않아서 시간이 오래 걸립니다. 유치원에서도 흥미 있는 주제 활동은 곧잘 하지만, 흥미가 없는 활동을 하면 친구와 다른 이야기를 하거나, 엉뚱한 말을 한다고 합니다. 특히 유치원이나 가정에서 놀이 후 장난감 정리를 하는 것과, 부르면 즉각 듣고 하던 행동을 멈추게 하는 것이 가장 어렵습니다. 민수는 늘 안 들렸다고 말합니다.

민수는 일상생활에서 호명이나 지시에 대한 청각적인 주의력이 빈약합니다. 사회적인 상황에서는 흥미가 없는 것에 주의를 지속하는 것이 어렵습니다.

주의력이 보통인 아이

다섯 살 민지는 좋아하지 않는 활동에는 금세 흥미를 잃는 편입니다. 그래서 친구들과 같이 인형으로 엄마 아빠 놀이를 하다가 친구들이 블록놀이를 하러 가면, 블록놀이에 관심을 갖지 않고 그냥 혼자서 인형놀이를 합니다. 익숙한 놀이가 아니면 주의를 기울이지 않기 때문입니다. 집에서 간단한 심부름 정도는 듣고 따르는 데 어려움이 없지만 사회적인 상황에서 무엇을 잘 보고 들으며 주의를 기울이는 것은 어려워합니다. 그래서 종종 유치원의 이야기 나누기 시간에도 선생님의 질문을 잘 기억하지 못해 지목을 받으면 당황하여 경직되기도 합니다. 민지는 내향적이고 안전에 대한 욕구가 있는 아이이기 때문에 또래들의 놀이가 역동적이거나 많은 친구들이 있다면 주의를 기울이는 것이 더 어렵습니다.

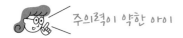
주의력이 약한 아이

네 살 민채는 얌전한 것은 좋은데, 간혹 긴급하게 행동하거나 이동해야 할 때 엄마가 말한 것을 듣고 즉각 반응하는 게 어렵습니다. 잘 씻고, 잘 자는 아이이지만 뭔가를 하고 있을 때 부르면 잘 안 들리는 듯, 하고 있던 것을 계속합니다. 가까이 가서 말하면 금세 대답하고 정리하지만요. 다소 걱정스러운 점은 새로운 장난감 사용 방법을 알려줘도 별로 주의를 기울이지 않고 보지 않는 것입니다. 여러 번 보라고 해야만 보고 따라 합니다.

민채는 자신이 좋아하는 것만 하려고 하는 편입니다. 규칙성은 높지만, 일상생활과 사회적 상황을 관찰하고 모방해보는 주의력이 약한 아이입니다.

주의력이 높은 아이

24개월 민형이는 욕심 많은 따라쟁이입니다. 형이나 누나가 하는 놀이를 옆에서 보고 바로 따라 합니다. 블록 만들기도 형이 만드는 것을 보고 금세 똑같이 만듭니다. 심심하면 돌아다니지만, 뭐라도 가르쳐준다고 하거나, 재미있는 이야기를 해주거나, 놀이하면 찰싹 다가와 듣고 배웁니다. 엄마가 말한 말도 금세 기억해서 따라 하는 아이입니다. 딱히 좋아하는 것이 아니더라도 어떤 활동을 시작하면 그것에 집중하여 처음부터 끝까지 주의를 지속합니다.

민형이는 명확하게 규칙을 알려주고, 무엇을 해야 할지 활동을 가르쳐주면 주의를 기울이고 배웁니다. 활동성이 높고 주의력을 갖고 있어서 무언가를 배우고 익히는 것을 좋아합니다.

⊞ 규칙성

'규칙성'은 아이가 생리적인 규칙성을 얼마나 가지고 있는지, 그리고 사회적 상황에서의 규칙에 대해 순응성을 얼마나 가지고 있는지를 가늠하는 특성입니다.

생리적인 규칙성은 '생리적 리듬성'이라고도 하는데, 이는 아기가 태어나서부터 돌 때까지 확연히 드러납니다. 생리적 리듬성을 가진 아이들은 엄마가 대단한 노력을 기울이지 않아도 정해진 시간에 젖을 찾고, 잘 먹고 잘 자고 잘 일어나서 생체 리듬이 자연스럽게 잡히지요.

이렇게 '규칙성'을 가진 아이들의 특성은 '순응적'이라는 것입니다. 돌이 지나 걸음마를 시작할 때도 부모의 손을 잡고 걸어가는 것을 싫어하지 않고, 이유식을 먹기 위해 아기 의자에 앉혀놔도 곧잘 앉아서 밥을 먹습니다. 책을 읽어주다가 이만 자자고 해도 별로 떼쓰지 않고 잠을 청합니다.

이러한 순응적인 특성은 부모로서는 감사함을 느끼게 하는 아이의 기질적 특성입니다. 어쩌면 내가 아이를 잘 양육했기보다는 아이가 부모의 말에 순응하는 기본적인 기질 특성인 '규칙성'을 갖추고 있기 때문입니다.

높은 규칙성 높은 규칙성을 가진 아이들은 생리적 리듬성을 가지고 있어 영아기의 보육이 쉽고, 4~5세 이후에는 어린이집이나 유치원에서 교실의 규칙을 받아들이고 내면화하는 것을 그리 어렵지 않아 합니다.

낮은 규칙성 반면 규칙성이 약한 아이들은 가정에서의 규칙뿐만 아니라 놀이 상황과 집단생활에서의 모든 규칙을 지키기 싫어하고 불편해합니다. 규칙성이 낮은 아이에게는 일상생활에서 간단한 장난감 정리와 같은 사소한 규칙이나 씻고 밥을 먹는 것조차 불편하고 짜증 나는 일이 됩니다. 그래서 규칙성이 낮은 아이들은 교육기관에서 규칙이 늘어나는 5세부터 어려움이 두드러지는 편입니다.

타율적 도덕성 3~7세는 의미 있는 성인인 부모, 혹은 교사를 통해 도덕성을 내면화하는 '타율적 도덕성'의 시기입니다. 이 시기는 내가 좋아하고 믿는 부모와 교사가 말한 규칙은 무조건적으로 받아들이면서 자신의 규칙으로 내재화하는, 즉 타인에 의해 도덕성의 기초가 마련되는 시기입니다.

'세 살 버릇 여든 간다'는 속담은 바로 여기에서 기인합니다. 3세부터 도덕성의 기초, 즉 인성과 예의, 자기 조절 등에 대한 기준의 초석이 세워지기 때문입니다. 그래서 이 시기의 훈육이 중요합니다. 3~7세에 훈육을 통해 도덕성의 기초가 다져지지 않은 아이들은 학령기에도 남들이 다 옳다고 말하는 기본적인 예의를 쉽게 이해하지 못하거나 받아들이기 어려워합니다. 즉, 8세 이후 자기 나름대로의 주관적인 인식을 통해 자율적으로 도덕성을 발달시키는 '자율적 도덕성' 시기에 제멋대로의 기준을 가지고 집단생활을 하게 됩니다.

모든 유치원과 어린이집에서는 5세부터 '누리과정'이라는 교육과정 안에서 사회관계와 사회적 의사소통을 배웁니다. 집단에서 질서를 지키기 위해 타율적 도덕성이 요구되기 때문입니다. 또한 교사 대 아동의 비율이 4세 때보다 급격히 늘어나 20명 이상의 대집단이 함께 생활하기 때문에, 안전과 교육을 위한 규칙과 규율이 많아집니다. 매일 교실 매트에 옹기종기 모여 앉아서 하루의 일과 규칙과 시간을 듣고, 놀이를 할 때도 적당한 규율과 순서에 맞게 놀이하고 이동해야 합니다. 이렇게 많은 규칙과 규율을 따르는 것은 '규칙성'이 약한 아이들에게 매우 힘든 일입니다. 그래서 '규칙성'이 약한 아이들은 5세가 되면 어린이집이나 유치원에 가기 싫어하기도 합니다.

최근 정서 · 행동적 어려움을 갖는 아이들이 점점 늘어나고 있는 문제의 원인도 이러한 '규칙성'에 근거할 때가 많습니다. 그러므로 유아기에는 9가지 기질 요소 중 무엇보다 '규칙성'에 신경 써야 합니다. 혹 아이가 기질적으로 '규칙성'을 약하게 지니고 있다면 이를 보완할 수 있도록 가정에서 깊은 관심과 노력을 기울여야 합니다.

이때, 규율과 규칙을 구분해야 합니다. 규율은 지킬 수 있도록 조율해가는 것이고, 규칙은 명확한 제한 설정입니다. 즉, 규율은 상황에 따라 탄력적으로 조정해도 되지만, 규칙은 반드시 지키도록 훈육해야 합니다.

규칙	절대 바꾸지 않는 원칙, 명확한 제한 설정 필요
규율	지켜갈 수 있도록 안내하고 조율. 상황에 따라 탄력적으로 조정

앞서 상담실에 들어오자마자 뛰어다녔던 일곱 살 아이를 예로 들어본다면, 규칙은 '소파에 올라가서 뛰면 안 돼. 소파에서는 앉거나 쉴 수 있어.'입니

다. 규율은 '소파에 가만히 앉아있는 것이 힘들구나. 엄마와 놀이하면서 스스로 너의 행동을 조절해보자.'입니다.

부모의 규칙과 규율이 명확하게 구분되어 있지 않으면 아이들은 혼란스럽습니다. 특히 '규칙성'이 낮은 아이들은 부모가 규칙과 규율을 명확히 하지 않을 경우 꼭 지켜야 하는 질서를 인식하지 못하고 부모가 마음 내키는 대로 규칙을 만들어서 자신을 통제하려 한다고 느낄 수 있습니다.

그러므로 부모는 먼저 질서에 대한 자신의 기준을 정립하고, 아이에게 가르쳐야 할 기본적인 규칙과 아이의 상태와 욕구에 따라 탄력적으로 조율해 줄 수 있는 규율의 경계를 분명하게 정리해야 합니다. 아이의 욕구를 살피며 규율을 조율하는 열린 마음과 유연성을 갖되, 한 번 정한 규칙은 일관적으로 가르치며 지키도록 해야 합니다. 주변의 눈치를 보거나 감정에 흔들려 규칙을 어겼을 때도 그냥 넘어가다 보면 혼란스러워진 아이는 규칙을 인지하지 못하게 됩니다.

☑ Check Point

규칙성이 높은 아이의 특징	☐ 생활 리듬(기상/취침 시간, 식사 시간 등)이 일정하다.
	☐ 안 된다고 제한하면 바로 받아들인다.
	☐ 부모가 말하면 즉각 대답하고 움직인다.
	☐ 한 번 정한 규칙과 방식을 스스로 유지한다.
	☐ 규칙이 정해지면 따라야 한다고 생각한다.
	☐ 놀이가 끝나면 바로 놀잇감을 정리한다.

규칙성이 빈약한 아이

일곱 살 민수는 집에 들어오자마자 신발을 벗고 장난감을 꺼내기 바쁩니다. 손부터 씻으라고 늘 얘기하지만 어르고 달래도, 큰소리로 야단을 쳐도 무조건 장난감으로 돌진하는 아이입니다. 활동성이 높기에 밥을 먹을 때도 제대로 앉아있지 않고 계속 몸을 움직이다가 결국은 야단맞기 일쑤입니다. 하루 시간표를 정해놓고 정해진 시간을 지키자고 얘기하지만, 매일 늦지 않게 유치원에 보내고, 저녁에 씻기고 재우는 게 늘 힘이 듭니다.

민수는 활동성이 높으면서 규칙성이 빈약하기 때문에 질서를 따르지 않는 모습이 확연히 행동으로 드러납니다. 제멋대로 행동하고 싶어 하는 아이를 질서 안으로 끌어들이려면 민수가 질서를 꼭 지켜야 하는 규칙으로 인식하고 있는지, 부모는 일관적으로 질서를 규칙으로 가르치고 있는지 점검해야 합니다.

규칙성이 보통인 아이

다섯 살 민지는 엄마가 이야기하면 대부분 잘 듣고 순응하는 편입니다. 놀이할 때만 빼고 말이죠. 놀이할 때는 조금이라도 더 놀고 싶어서 엄마의 말을 못 들은 척하기도 하고, 정리한다고 하고서는 계속 더 놀고 싶어서 징징거리기도 합니다. 가끔은 결국 울음을 터뜨리기도 합니다. 그래서 편안히 넘어가는 날도 있고, 힘들게 지나가는 날도 있습니다.

규칙성이 보통인 민지의 경우, 스스로 장난감을 곧장 정리해야 하는 때와 엄마에게 욕구를 표현해서 조율할 수 있는 상황을 구분하지 못할 수 있습니다. 그러므로 장난감 정리에도 상황에 따라 규칙과 규율이 있음을 부모와 아이가 둘 다 분명하게 인식하고 있어야 합니다.

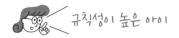 규칙성이 높은 아이

네 살 민채는 순딩이라 어딜 가도 엄마 손을 잘 잡고 다니고, 길을 가다가 동네 친구 엄마를 만나서 엄마끼리 얘기를 나눠도 옆에서 얌전히 기다려줍니다. 병원에 가서도 대기실에서 엄마가 책을 읽어주면 옆에 앉아서 곧잘 듣고 있지요. 아침에도 잘 일어나고 어린이집에도 수월하게 가는 아이입니다.

민채와 같은 아이들은 대부분의 질서와 지시에 곧바로 순응합니다. 이럴 때 부모가 주의를 기울일 부분은 아이의 욕구입니다. 길에서 엄마가 이야기를 나눌 동안 아이는 뭘 하면서 기다리고 싶은지, 병원에서 책 읽는 것 말고 뭘 하면서 기다리고 싶은지 물어보세요. 규칙성이 높은 아이는 무조건 순응하며 조율을 요구하지 않으니 아이의 욕구에 관심을 가지고 물어보며 규율을 세심하게 만들어가는 것이 좋습니다.

규칙성이 약한 아이

24개월 민형이는 늘 돌아다닙니다. 엄마가 식탁에 밥을 차려놓아도 앉아서 밥 먹기를 싫어합니다. 재미있는 얘기를 해주면서 인형 밥 먹이는 시늉을 하면 웃으며 앉아있는 날도 있습니다. 어린이집에서도 재미있게 친구들과 잘 놀지만, 다 같이 둥글게 앉아 기다리는 시간에는 몸을 비비 꼬다가 일어나 돌아다닌다고 합니다. 그래도 선생님이 앉으라고 얘기하면 다시 와서 활동에 참여한다고 합니다.

민형이의 빈약한 규칙성은 관계적 욕구가 충족되면 보완될 수 있습니다. 영유아기 동안 관심을 쏟고 애정 및 소속의 욕구를 충족해주면서 규칙에 대한 순응성을 가르치고 칭찬한다면 아이의 약한 규칙성이 점차 보완될 것입니다.

지속성

'지속성'은 아이가 좋아하고, 하고자 하는 것을 지속하려고 하는 특성입니다. '주의력'이 '아이가 좋아하지 않는 것에 대한 지속력'이었다면, '지속성'은 '아이가 하고자 하는 것을 계속하려고 하는 특성'입니다. 예를 들어 자신이 좋아하는 인형놀이만 계속하려고 하고, 자신이 선호하는 책만 반복해서 읽으려고 하고, 자신이 좋아하는 것만 먹으려고 하는 모습이 그것입니다. 그래서 '지속성'을 가진 아이들은 어딘가에 몰입되어 있거나 몰두하고 있다는 느낌을 줍니다.

'정서적 지속성'이 높은 아이들은 부모에게 야단을 맞거나 또래와의 갈등으로 불편한 감정을 느꼈다면 이러한 감정을 마음에 오래 품습니다. 영아기에 '지속성'이 높은 아이들은 자신을 안아달라고 울기 시작하면 안아줄 때까지 아주 오래 웁니다. 자신이 원하는 것을 계속 요구하는 마음을 지속하기 때문이죠. 또는 간식이 없다고 빈 통을 보여줘도, 원하는 간식을 줄 때까지 떼를 쓰며 쫓아다닙니다. 놀이할 때도 유난히 같은 놀이를 계속 반복합니다. 같은 스토리의 인형놀이를 계속하거나, 기차놀이를 계속하면서도 좋아합니다.

유아기의 남자아이들 중 '지속성'이 높은 아이들은 종종 공룡에 꽂혀서 공룡의 이름을 줄줄 외우고, 마트에 가서도 오로지 공룡 장난감만 보고, 다른 장난감을 사자고 해도 관심을 두지 않고 공룡만 사달라고 합니다. 여자

아이들 중에는 여러 공주들 중 한 공주에 꽂혀서 그 공주 책이 너덜너덜해 질 때까지 읽어달라고 하거나, 같은 엄마놀이를 매일 하자고 조르는 경우도 있습니다.

'지속성'과 '주의력'이 함께 높다면 자신이 좋아하는 것과 선호하지 않은 것 모두에 주의를 기울여 지속할 수 있는 특성을 갖추고 있기에 교육 상황에서 훌륭한 능력을 보여줍니다. 따라서 '규칙성'과 '주의력', '지속성' 기질 특성을 모두 높게 가진 아이라면 공부를 잘할 수 있는 기본적인 자원을 갖춘 셈이죠. 반면, '주의력'은 약하지만 '지속성'이 높은 아이라면 자신이 좋아하는 것만 하려는 경향이 강하게 나타나서 고집스럽다는 인상을 주고, '지속성'이 낮으면서 '규칙성'이 높다면 부모의 말에 순종하고 쉽게 단념하는 순한 기질의 아이로 느껴집니다.

☑ Check Point

지속성이 높은 아이의 특징	☐ 자신이 하고 싶은 것을 끝까지 하려고 한다.
	☐ 자신이 좋아하는 것을 계속 반복해서 하려고 한다.
	☐ 자신이 원하는 것을 해줄 때까지 말한다.
	☐ 궁금한 건 해결될 때까지 물어본다.
	☐ 마음에 품은 것을 오래 가지고 있다.
	☐ 한 번 울면 오래 운다.

지속성이 높은 아이

일곱 살 민수는 자신이 좋아하는 레고나 팽이를 할 때면 몇 시간이고 가지고 놀이합니다. 같은 것을 반복하는 데도 얼마나 좋아하는지 모릅니다. 특히 친구와 팽이놀이를 할 때면 하루 종일 팽이만 가지고 놀아도 좋아합니다. 레고를 만들 때도 마찬가지입니다. 완성이 될 때까지 매우 몰입합니다. 또한, 뭔가를 사달라고 조를 때도 원하는 대답을 들을 때까지 지속적으로 쫓아다니며 말합니다.

민수는 자신이 원하는 것에 확실한 호불호를 나타내며, 원하는 것을 지속하려고 하는 아이입니다. 특히 자신이 원하는 욕구에 강한 지속성을 가지고 있습니다.

지속성이 빈약한 아이

다섯 살 민지는 좋아하는 역할놀이가 있지만, 혼자서 놀다가 지겨우면 이것저것 다른 놀이를 합니다. 자신이 좋아하는 것으로 놀이할 때 엄마가 곁에서 같이 놀면 한 가지 역할놀이를 가지고도 30분 정도 놀지만, 혼자서는 길면 5분 정도 놀다가 금방 주제를 바꾸어 다른 걸 꺼내 와서 놀이합니다. 때때로 놀이를 끝내라고 하면 징징거리기도 하지만, 속상한 마음을 보이는 것이지, 그것을 하겠다고 고집부리지는 않습니다. 마트에서 간식을 사달라고 조를 때도 엄마가 다른 걸로 주의를 전환하면 금세 진정됩니다. 민지는 자신의 욕구에 대해서 분명한 지속성을 보이지 않기 때문입니다.

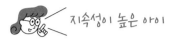 **지속성이 높은 아이**

네 살 민채는 한 가지를 하면 오래 합니다. 그림을 그려도 혼자 스케치북을 가득 채울 정도로 계속 그립니다. 간식을 먹어도 자기가 좋아하는 것이 정해져 있어서 꼭 그 과자를 먹으려고 합니다. 자신이 좋아하는 만화를 틀어주면 아무것도 들리지 않는 듯 TV에 몰두하지만 다른 만화가 나오면 본체만체합니다.

민채는 앞서 살펴본 대로 활동성이 낮고, 규칙성이 높은 순응적인 아이이지만 자신이 선호하는 것을 반복해서 하려는 지속성이 분명한 아이입니다.

지속성이 약한 아이

24개월 민형이는 다양한 것에 관심이 많지, 하나를 반복해서 하는 것을 싫어합니다. 옆에서 누군가 함께 놀이하면 반복해서도 재미있게 놀지만 혼자서는 결코 똑같은 것을 하는 법이 없습니다. 민형이는 활동성이 높고, 애정 및 소속의 욕구가 있는 아이로, 무엇을 다른 사람과 함께하는 것에 높은 욕구를 보입니다. 그러나 지속성은 약한 수준이어서 꼭 자신이 원하는 대로 놀기보다는 다른 사람과 함께 놀이할 수 있는 것이 더 중요한 아이입니다. 만약 민형이가 지속성이 높은 아이였다면 반드시 자신이 원하는 놀이와 방식으로 놀아달라고 떼를 많이 썼을 것입니다.

🎲 반응강도

'반응강도'는 다음에 설명할 '자극민감성'과 함께 고려해야 하는 특성입니다. '자극민감성'에서의 '신체적 자극, 환경적 자극, 정서적 자극에 대한 반응의 강도'를 뜻하기 때문입니다.

'자극민감성'이 높더라도 '반응강도'가 낮은 아이는 불편하더라도 참거나, 인상을 찌푸리거나 자리를 피하는 식의 비언어적인 표현이나 회피적 행동으로 불편함을 다룹니다. 그러나 '자극민감성'과 함께 '반응강도'도 높은 아이는 자신이 느낀 불편감을 강한 정서와 적극적인 행동으로 표출합니다. 예를 들어 아이가 집짓기 블록놀이를 하면서 계단을 만들기 위해 블록을 끼우다가 만들던 집이 부서진 상황을 가정해 보겠습니다. '자극민감성'이 높지 않은 아이는 블록이 부서진 환경적 자극과 이로 인한 좌절감이라는 정서적 자극에 크게 동요하지 않고 다시 만들 수 있습니다. 반면 '자극민감성'이 높은 아이들은 스트레스와 좌절을 깊이 경험합니다.

이때 같은 '자극민감성'을 가진 아이더라도 '반응강도'가 낮은 아이는 부서진 블록을 보며 "에이, 정말!" 하고 잠시 툴툴거리더라도 부정적인 감정을 억제하고 다시 시도할 수 있지만, '반응강도'가 높은 아이라면 성질을 내며 블록을 내던지거나, "앞으로 이딴 것은 절대 안 해!" 하며 거칠게 말할 수 있습니다. 같은 자극에도 '반응강도'가 높은 아이들은 높은 강도의 정서와 행동을 표출하는 것입니다.

그래서 아이가 높은 '자극민감성'과 더불어 높은 '반응강도'를 가지고 있다면, 생활 속 소소한 자극에 대해 크고 강렬한 정서와 행동으로 반응하기 때문에 육아가 여간 힘든 게 아닙니다. 혹 '규칙성'까지 약하다면 씻고, 먹고, 자는 습관적인 일상생활에서도 하나하나 불편하고 부정적인 정서를 강렬하게 표출하기에 하루 일과가 전쟁이 되기 일쑤입니다.

반대로 '자극민감성'은 높은데 '반응강도'가 낮은 아이의 경우 자신의 민감성을 억제하고 누르며 부정적인 감정들이 켜켜이 쌓인 상태가 유지되다가 부모가 보기에는 별거 아닌 작은 사건에서 감정이 폭발하며 터지는 경우가 있습니다. 이러한 기질적 특성들로 인한 어려움에 대처하는 방법은 'Part 3'에서 자세히 다룰 것입니다. 이 장에서의 중요한 핵심은 앞 상황에서 '아이가 감정을 조절하지 못해서 큰일이네.'라는 시각보다는 아이가 '자극민감성'과 '반응강도'가 높다는 것을 인지하고, 이로 인해 표현과 해결이 미숙하다는 것을 이해하는 것입니다. 이렇게 아이 기질의 특성을 이해한다면 부모역시 효과적인 방법으로 개입하여 도와줄 수 있습니다.

☑ Check Point

반응강도가 높은 아이의 특징	☐ 강렬한 정서를 나타낸다.
	☐ 스트레스 상황에서 쉽게 흥분한다.
	☐ 작은 자극에도 강한 정서적 반응을 보인다.
	☐ 갑작스러운 각성 상태를 보이며 흥분하기도 한다.
	☐ 친구들과 놀면서 즐거울 때나 화날 때 모두 강한 정서적 반응을 보인다.

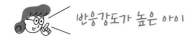 **반응강도가 높은 아이**

외향적인 활동성이 높은 일곱 살 민수는 자극민감성과 반응강도가 동시에 높기 때문에 쉽게 불편해하고, 그 불편감을 강렬하게 드러냅니다. 그래서 때때로 부모를 멘붕에 빠뜨립니다. 민수의 경우 높은 욕구도 가지고 있어 자기가 하고 싶은 것을 요구하다가 되지 않으면 금세 짜증을 내거나 바닥에 드러눕기 일쑤였습니다. 지금은 일곱 살이어서 바닥에 드러눕지는 않지만, 어디서든 원하는 대로 되지 않거나, 친구들과 조금만 불편한 상황이 생기면 버럭 화를 내고, 물건을 던지기도 합니다. 민수와는 반대로 내향적인 활동성이 높고 자극민감성과 반응강도가 높은 아이들은 자신의 불편함을 앉아서 몸에 힘을 주고, 다리를 때리거나, 옷을 잡아당기는 등 자신을 향해 몸부림을 치는 경향이 있습니다.

반응강도가 낮은 아이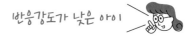

다섯 살 민지는 내향적이고 적응성이 낮은 아이입니다. 그런데 자극민감성이 높은 반면 반응강도가 낮습니다. 즉, 자신의 정서적 민감성을 내면의 감정으로 느끼지만 이를 표현하지 못하는 것입니다. 그래서 이 기질을 '억제하는 기질'이라고 합니다. 정서를 억제하기 때문에 즐거워도 소리 내어 웃는 게 편하지 않습니다. 또한 어린이집에서 적응에 어려움이 있을 때도 선생님이나 엄마에게 적극적으로 자신의 정서를 전달하고 도움을 청하는 것이 어려울 것입니다. 이렇게 정서를 억제하는 아이는 잠들기 전, 억제된 정서가 이완되면 그제야 슬슬 이야기를 하기 시작합니다.

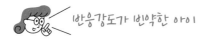 반응강도가 빈약한 아이

네 살 민채는 외현적으로 드러나는 행동의 대부분이 느리고 조용합니다. 자극에 대한 민감성도 낮고, 반응강도도 낮기 때문입니다. 민채는 전반적인 기질 특성 중 자신이 하고 싶은 것을 지속하려는 지속성 외의 모든 기질 특성이 보통이거나 낮게 나타납니다. 사회적인 상황에 대해 유연하고 순응적인 적응성과 규칙성을 가지고는 있지만, 이를 뒷받침할 주의력이 낮고, 동시에 자극에 대해 둔감하므로 발달에 취약한 편입니다. 발달은 자극에 대한 인식과 반응으로 일어나기 때문이죠. 따라서 신체, 정서, 환경적 자극에 대한 자극민감성과 반응강도가 모두 낮을 경우에는 발달에 문제가 없는지 주의 깊은 관찰을 해야 합니다.

반응강도가 보통인 아이

24개월 민형이는 자극민감성과 반응강도가 보통입니다. 그래도 사회적 상황에 대한 환경적 민감성을 가진 아이이므로 여러 사람들이 함께 있을 때 상황에 따라 자신의 욕구와 정서를 보다 강하게 드러내기도 합니다. 욕구가 높은 아이라서 친구들과 놀이하다가 너무 신나면 흥분하여 소리도 지르고, 친구에게 블록을 뺏기면 자기 블록을 달라고 발을 구르면서 울기도 합니다. 그러나 반응강도가 보통이기 때문에 이러한 외현적인 정서 표현이 제어가 불가능한 막무가내의 흥분상태로 나타나지는 않습니다.

✳ 자극민감성

'자극민감성'은 '신체적, 환경적, 정서적 자극에 대한 민감성의 정도'를 뜻합니다. 영아기 시기에 '신체적 민감성'이 높은 아이는 '시각, 청각, 후각, 촉각, 미각'에 모두 예민합니다.

예를 들어 시각적 민감성을 가진 아이는 밝은 빛에 눈을 많이 부셔하고 햇빛에 눈을 잘 못 뜨거나 불편해합니다. 물건들의 작은 차이를 시각적으로 알아차리기도 하고, 장난감을 하나 보다가도 곧 다른 것으로 관심이 이동합니다. 새로운 음식이나 간식을 주었을 때 시각적으로 혐오감을 주거나 낯선 자극을 느끼면 먹으려고 시도하지 않습니다. '주의력'이 약한데 시각 민감성이 높은 아이라면 장난감이 너무 많이 늘어져 있는 환경에서는 놀이에 집중하기가 어렵습니다.

청각적 민감성이 높은 아이들은 작은 문 닫는 소리에도 잠이 깨고, 시끄러운 곳에서 예민해져 울거나, 불편감을 느낍니다. 대화를 하거나 놀이를 하다가도 밖에서 무슨 소리가 나면 무슨 소리냐고 물으며 긴장하기도 하고, 자신이 놀면서 흘려들었던 말이나 TV의 광고 멘트, 노래를 쉽게 익히기도 합니다. 청각적 민감성이 높은 유아들 중에는 무엇을 배울 때 시각적인 자료보다는 청각적으로 들을 수 있는 부모나 선생님의 이야기를 통해 더욱 효과적이고 즐겁게 학습하는 경향을 가집니다.

후각적 민감성이 있는 아이들은 냄새에 대한 민감성이 있는 아이라서 냄새가 조금만 안 좋으면 음식을 거부하거나 어떤 장소에 있기를 거북해하고 비

위를 상해합니다. 특히 젖 냄새로 엄마를 인식하는 생후 3개월 정도의 시기에는 유독 엄마의 품과 다른 사람의 차이를 구분하고 거부합니다.

촉각적 민감성이 높은 아이들은 흔히 옷의 라벨에 극히 예민하게 반응하고, 옷이나 이불의 소재에 따라 호불호가 분명하게 나타납니다. 부드러운 카펫이나 이불, 인형을 부비부비 하거나 엄마 살을 만지는 것을 좋아하고 젖가슴을 오래 만지기도 합니다. 반대로 촉각에 예민하다 보니 엄마나 친구, 혹은 타인과의 작은 접촉에도 민감하게 불편감을 느낍니다. 이러한 특성으로 인해 유아기에는 친구들 간의 마찰이 잦을 수 있습니다. 좁은 교실이나 장소에서 서로 부대끼며 놀이할 때 살짝 어깨가 맞닿아도 밀었다고 느끼고, 친구가 지나가거나 뛰어가다가 살짝 팔을 건들어도 쳤다고 느끼기도 합니다.

미각이 민감한 아이들은 이유식을 시작할 때 새로운 재료를 하나라도 넣으면 귀신같이 뱉는 아이들입니다. 야채나 고기를 곱게 갈아 넣어도 예민하게 맛을 느끼지요. 그래서 미각적 민감성이 높은 아이들은 편식이 심한 편입니다.

반면, 이러한 '신체적 민감성'이 약한 아이들은 둔감합니다. 놀다가 넘어지거나 벽에 부딪혀도 웬만해서는 울거나 내색을 안 하고 바로 태연히 놉니다. 누가 옆에서 부르거나 큰 소리가 나도 잘 자고, 자신이 하던 것을 합니다. 그래서 영유아기 아이들 중 이러한 '신체적 민감성'이 둔한 아이들은 부모가 부르거나 접촉해도 바로 반응하지 않는 경향이 있습니다.

'환경적 민감성'은 사회적인 상황에서의 민감성입니다. '환경적 민감성'이 높은 아이는 사회적인 상황인 낯선 장소, 다른 사람들과 있는 상황에서 전반적인 상황과 타인의 행동, 분위기를 예민하게 살피며 직관적인 감각을 느낍니다. 그래서 눈치가 빠르거나 눈치를 많이 보는 경향이 있습니다.

이런 상황에서는 '주의력'이 매우 중요합니다. '주의력'이 높으면서 '환경적 민감성'이 높다면 외부 상황의 여러 상황적 단서들을 잘 보고 맥락을 느끼기에 상황을 이해하고 적응하려 하지만 '주의력'이 낮다면 명확한 정황적인 단서는 못 보면서 환경적으로 민감하기 때문에 막연하게 눈치만 보는 경우가 많습니다.

예를 들어 '주의력'과 '환경적 민감성'이 함께 높은 아이는 엄마가 개수대에 그릇이 쌓여 있는 상황에서 식탁을 치우면서 힘들다고 말하면 엄마가 치울 것이 많아서 힘들어한다는 사회적인 맥락을 인지적으로 읽어냅니다. 그렇지만 '주의력'은 약한데 '환경적 민감성'이 높은 아이라면 이러한 단서를 보지 못하기 때문에 엄마가 바삐 움직이는 것만 보여 왜 그러냐고 묻거나 막연한 불편감을 느끼고 눈치를 보게 되는 것이죠.

'정서적 민감성'은 이와 같은 상황에서 분위기를 만드는 정서적 느낌과 엄마가 내뿜는 에너지, 얼굴 표정에서의 감정을 민감하게 느끼는 아이입니다. 엄마의 싸한 느낌과 표정만 보고도 엄마가 기분이 안 좋다는 것을 직관적으로 알아차립니다. 그래서 "엄마 화났어?" 하고 자주 묻습니다. 이렇게 '정서적 민감성'이 높은 아이들은 특히 낯가림 시기에 사람의 느낌과 정서적 분위기에 따라 낯가림의 정도에 굉장한 차이를 보입니다. 낯선 사람이 갑자기 친근하게 다가오거나, 거칠고 화통한 목소리로 말하면서 다가오거나, 차갑고 냉담한 정서적인 느낌을 준다거나, 알 수 없는 경직된 기분을 느끼게 한다면 아이는 매우 심한 반감을 표하며 가까이 오는 것을 거부하고 멀리할 것입니다. 또는 어떤 장소에 들어가는데 장소에서 느껴지는 분위기가 딱딱하고 무겁거나 두려운 느낌이 든다면 절대 그곳에 들어가지 않으려고 할 것입니다. 가정에서도 엄마가 아이에게 친절하게 이야기를 건네더라도 그 말에 내포하고 있는 정서가 담담하거나 무뚝뚝하다면, '정서적 민감성'이 높은 아이들은 엄마가 나에게 친절하거나 잘해주었다고 느끼지 않습니다. 때문에 '정서적 민감성'이 높은 아이들에게는 부모의 말투와 말속에 담긴 감정, 그리고 표정이 무엇보다 중요합니다.

☑ Check Point

자극민감성이 높은 아이의 특징	□ 오감이 예민하다.
	□ 자다가도 잘 깨거나 칭얼거림이 많다.
	□ 엄마의 말투가 조금만 달라져도 눈치를 본다.
	□ 정서적인 기류에 민감하게 반응한다.
	□ 친구들과 놀 때 갈등이 생기거나 어울려 놀기 힘든 상황이 되면 매우 힘들어한다.

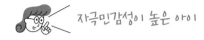

자극민감성이 높은 아이

일곱 살 민수는 어딜 가도 신나고 즐겁게 놉니다. 그러나 그렇게 잘 놀다가도 갈등이 자주 생깁니다. 친구들과의 작은 신체적 부딪힘이나 친구의 말투에 민감하게 반응하기 때문입니다. 민수는 친구가 잡기놀이를 하다가 실수로 발을 밟거나, 엄마가 인상만 찌푸리고 다가와도 더 소리를 지르고 화를 냅니다. 민수는 12개월 때까지 잘 자지 않고 오래도록 울었고, 조금만 불편해도 몸을 계속 움직이며 뻗대는 바람에 엄마가 안아줄 때 힘들어했었습니다. 민수는 신체적, 환경적, 정서적 자극민감성이 모두 높은 아이입니다. 이러한 민감성 기질의 아이들은 모든 접촉(눈 맞춤, 정서적 접촉, 신체적 접촉)에 민감합니다.

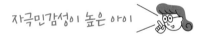

자극민감성이 높은 아이

다섯 살 민지는 어릴 때부터 뭐가 뜻대로 되지 않아 짜증이 나면 '몸이 어디가 아프다, 옷이 따갑다.'라고 불편함을 토로하는 아이였습니다. 적응성이 빈약하다 보니 새로운 상황에 적응을 해야 하는 경우, 이러한 민감성이 더욱 높아졌습니다. 정서적, 환경적 민감성도 높아서 작은 변화에도 긴장하고, 조금만 불편한 정서가 올라오면 경직되는 아이입니다.

민지는 내향적인 활동성이 높고 안전한 욕구를 가진 아이입니다. 게다가 자극민감성이 높아서 바뀌는 환경으로 인한 스트레스에 취약합니다. 그래서 민지는 편안하고 안전한 환경에서 자신의 욕구를 발현하고자 하는 안전의 욕구가 높았던 것입니다.

 자극민감성이 빈약한 아이

네 살 민채는 영아기부터 조용한 아이였습니다. 젖을 좀 늦게 주고, 기저귀가 소변으로 묵직해져도 울거나 칭얼거리는 일이 거의 없었습니다. 민채는 내향적인 활동성 방향을 가졌고, 활동성이 낮은 아이였습니다. 자극민감성도 낮으니 순해도 너무 순한 조용한 아기였을 것입니다. 그래서 지금도 넘어지거나 속상한 일이 있어도 표현이 별로 없습니다. 툭툭 털고 일어나 잠깐 엄마에게 와서 알아달라고 말하곤 금세 괜찮아집니다. 오빠와 언니가 같이 놀아주지 않으면 종종 섭섭해서 엄마에게 이르지만 안아주면 금세 수그러집니다. 이런 면에서 민채는 감각과 자극에 둔감한 아이입니다.

자극민감성이 보통인 아이

24개월 민형이는 자극민감성 중 특히 환경적 민감성이 높은 아이입니다. 그래서 분위기를 파악하고 어떻게 행동해야 할지에 두드러지게 촉각을 드러냅니다. 형과 누나, 엄마를 살피며 눈치 빠르게 행동하는 것이지요. 민형이는 적당히 애교를 부리며, 하고 싶은 것을 더 하고자 상황을 조정하려고도 합니다. 또한 뭔가 하고 싶은 걸 못하는 분위기도 민감하게 알아차려 미리 떼를 쓰기도 합니다. 민형이는 자극민감성 중 환경적 민감성이 높을 뿐더러 이렇게 사회적 상황에 민감하고, 적응성까지 가지고 있기에 주변 동태를 민감하게 살피며 행동합니다.

접근성

새로운 것에 유독 관심이 많고, 호기심이 생기면 돌진하는 아이들이 있습니다. 무엇이든 해보려고 하는 아이들이지요. 이렇게 '새로운 것이나 낯선 것에 대한 호기심과 접근하려는 경향성'이 바로 '접근성'입니다. 특히 높은 '활동성'과 높은 '접근성'을 같이 가지고 있다면 그 아이는 뭐든 직접 만져보고 움직여보고 행동해보려고 할 것입니다. '내향적인 활동성'이 높으면서 '접근성'이 높다면 새로운 사실이나 지식에 대한 호기심을 많이 보일 것입니다. '지속성'을 같이 가지고 있다면 호기심이 생기는 대상이나 혼자서 할 수 있는 내적 활동인 그림 그리기, 과학적 탐구, 만들기 등에 몰두하는 경향을 보일 것입니다.

반면 '접근성'이 약하다면 새로운 것에 대한 경계심과 관심이 저조한 모습을 보입니다. '적응성'과 '접근성'이 모두 빈약한 아이라면 교육기관이나 새로운 체험과 활동에 대한 경계심이 많아서 무언가를 시도해보려는 도전을 거의 하지 않을 것입니다.

영아기에 '접근성'이 높은 아이들은 눈에 보이는 것이 궁금해서라도 기고, 걸으려고 합니다. 그것을 만지고 싶고, 해보고 싶기 때문이죠. 그러나 '접근성'과 '활동성'이 낮은 아이는 걸음마를 그리 일찍 하려고 하지 않습니다. 좋아하는 미니 자동차 하나만 있어도 만족하기 때문에 움직이려는 도전을 더디 하는 것입니다.

키즈카페와 같은 공간에 가서도 마찬가지입니다. 낯선 상황이 긴장되고 두려워서 엄마 품에 안겨있고 싶어 하고, 새로운 놀잇감이나 사람들에게 관심이 적기 때문에, 호기심을 가지고 주변을 둘러보기보다는 엄마 얼굴과 가방에 있는 간식을 바라보고 있을 수 있습니다.

그래서 '접근성'이 낮으면서 '주의력이' 빈약하다면 놀잇감에 대한 사용방법을 스스로 익히기 어렵고, 새로운 것에 대한 학습이 더딜 수 있습니다. 또한 반년이 지나도 같은 반 친구들의 이름을 모르거나 친구들이 무슨 놀이를 하는지 모를 수도 있습니다.

'접근성'의 반대 개념은 '회피'입니다. 새로운 것에 접근하지 않는 아이들은 새로운 것이 낯설거나 불편하여 회피합니다. 그래서 영유아기에 '접근성'이 낮다면 새로운 것을 배우고 익히는 것을 회피하기 때문에 발달이 늦어지거나 정체하게 됩니다.

☑ Check Point

접근성이 높은 아이의 특징	☐ 호기심이 많다.
	☐ 새로운 것은 뭐든 좋아한다.
	☐ 새로운 것에 흥미가 많고, 적극적으로 탐색한다.
	☐ 모르는 사람에게도 다가가서 말을 건다.
	☐ 다양한 친구를 만나고, 다양하게 노는 것을 좋아한다.

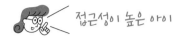

접근성이 높은 아이

일곱 살 민수는 새로운 것이면 마냥 좋아합니다. 새 장난감도, 새로 만난 친구도, 새로운 장소를 놀러 가는 것도 모두 좋아합니다. 어디에 가든, 그곳에 있는 또래 친구들에게 먼저 다가가서 말을 거는 아이입니다. 그래서 간혹 어떤 친구는 당황하기도 하지만 어떤 친구와는 바로 친구가 되어 어울려 놀지요. 민수는 박물관이나 체험전에 가면 얼른 둘러보면서 한 번씩 다 만지고 타보고 싶어 합니다.

민수는 외향적인 활동성이 높고, 적응성과 접근성까지 높게 가지고 있습니다. 그래서 새로운 사회적 상황에서 무엇이든 도전해보려고 하는 겁 없는 모습을 보이는 것입니다.

접근성이 보통인 아이

다섯 살 민지는 내향적이고 적응력이 약해 새로운 환경을 접하는 외출을 할 때면 늘 긴장합니다. 새로운 것에 대한 흥미가 크지 않아 스스로 무엇을 탐색하거나 시도하려고 하지 않습니다. 그래도 옆에서 관심을 가질 수 있도록 이야기를 해주거나 편안한 상황을 만들어주면 한 번 해보기는 하지요. 동물체험전에 가서도 먼저 동물들을 만져보려고 하지는 않지만 오빠가 동물을 만져보고 신나 하면 작은 거북이나 불가사리 같은 것은 조심스럽게 만져보려고 시도하는 아이입니다. 민지는 적응성이 약하고 접근성은 보통입니다. 새로운 변화에 적응하는 것은 어렵지만, 안전에 대한 욕구가 충족된다면 보통 수준의 접근성을 발휘하여 새로운 것을 시도해볼 수 있습니다.

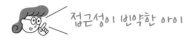 접근성이 빈약한 아이

네 살 민채는 새로운 것에 관심이 거의 없습니다. 순응적이고 적응성이 있어 어린이집에서 잘 적응하지만 자신이 좋아하는 것 말고는 선생님이나 친구들이 뭔가를 할 때 그것을 보는 주의력이 약하기 때문에 새로운 학습과 자극에 둔감해서 염려가 되는 아이입니다.

민채는 말이 늦습니다. 언어 발달은 말을 하려는 활동 에너지 수준과 주의력, 즉 말을 하는 사람의 입모양을 시각적으로 보고 소리를 청각적으로 듣는 것에 영향을 받습니다. 그런데 이 두 가지 기질 특성이 모두 빈약할 뿐더러 새로운 것에 대한 흥미와 환경적인 자극에 대한 반응성도 빈약하기 때문에 발달이 더뎌질 수 있습니다.

접근성이 높은 아이

24개월 민형이는 접근성이 높아 새로운 것을 좋아합니다. 주의력도 좋은 아이라 선생님이 지도하는 것도 곧잘 배우고, 접근성도 높아 새로운 것을 배우고 직접 해보는 것을 좋아합니다. 그래서 어떤 상황에서든 "내가!" 하고 말하며 직접 나서서 하려고 하고, 보거나 들은 것은 꼭 해보려고 하는 아이입니다.

접근성이 높으면서 활동성, 주의력도 높은 민형이는 새 장난감을 사면 어떻게 하는지 궁금해하고 이런저런 방법을 시도해봅니다. 놀이터에서도 친구들에게 먼저 다가가 인사를 하고, 친구들이 하는 놀이 행동을 따라 하면서 먼저 친구들에게 같이 놀아도 되는지 묻기도 합니다.

◎ 적응성

'적응성'은 '적응'이라는 단어의 뜻 그대로 '사회적인 상황에 얼마나 유연하고 편안하게 적응하는지'를 의미합니다.

'적응성'이 높은 아이들은 새로운 것에 대한 경계심과 긴장감이 적고, 잦은 변화에도 쉽게 동화되어 흘러갑니다. 영아기에 '적응성'이 높은 아이들은 낯가림을 하지 않거나 약하게 나타납니다. 유아기에 '적응성'이 높은 아이들은 어떤 친구와도 금방 친해져 함께 어울립니다. 새로운 어린이집이나 유치원에 적응할 때도 '적응성'이 높은 아이들은 새로운 친구를 만나고 놀잇감이 있는 곳을 간다고 생각하며 즐거워합니다. 친구 집에 놀러 가서도 금세 편하게 놀고, 낯선 친구와도 전부터 친했던 친구인 것처럼 하하호호 웃으며 놀이하는 모습을 보이죠. 그래서 사람들로부터 긍정적인 관심을 받으며 성격이 둥글둥글하다는 이야기를 듣곤 합니다.

'규칙성'과 '적응성'이 둘 다 높다면 순응성 기질의 두 가지 특성을 갖춘 것입니다. 이러한 순응성 기질에 '주의력'과 '지속성'까지 갖추고 있다면 순응적이면서도 학습도 성실하게 잘하는 유능한 아이의 모습을 보입니다. 사회적으로 기대하는 기질적 특성을 모두 가졌기에 어른들과 또래들에게 유능한 아이로 인정받곤 합니다.

반면 '적응성'이 약한 아이는 많은 사람들이 있거나 상황이 이리저리 변하는 집단 상황에서 불편함을 느낍니다. 그래도 '규칙성'이 높으면서 '적응성'

이 약한 아이들은 규칙을 지키는 상황에서 힘들어하지 않고 순응하지만, 여럿이 어울려 놀이를 해야 하거나 자유롭게 표현해야 하는 상황, 놀이터에서 이걸 놀다가 저걸 놀다가 하는 역동적인 또래 놀이 상황을 불편해합니다.

혹 아이가 '내향적인 활동성'을 가진 아이라면 이런 역동적인 활동보다는 혼자 놀이하는 것을 선택하며 슬쩍 상황을 피하기도 합니다. 만약 내향적이면서 '활동성'이 낮다면 이런 활동이 불편하고 관심도 낮기 때문에 아예 관심을 갖지 않을 수도 있습니다. 이런 기질의 아이들은 교육기관에서 그룹 활동이나 역동적인 활동시간에 슬슬 뒤로 움직여 누워 있으려고 하거나 참여하기 싫어하며 머뭇거리는 모습을 보입니다.

☑ Check Point

적응성이 높은 아이의 특징	☐ 어디를 가도 바로 적응한다.
	☐ 낯가림이 없거나 약하게 나타난다.
	☐ 어린이집의 첫 등원과 적응을 수월하게 한다.
	☐ 친구들을 금방 사귄다.
	☐ 누군가와 함께 놀이하는 것을 가장 좋아한다.

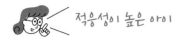

적응성이 높은 아이

일곱 살 민수는 어렸을 때 어린이집 첫 등원에 별 문제가 없었고, 다섯 살에 유치원으로 옮기면서도 적응에 어려움이 없었습니다. 새로운 환경이지만 금방 적응했고, 친구들과 어울리며 노는 것을 워낙 좋아했습니다. 엄마들 모임에 민수를 데리고 나가면 이모들에게 인사도 잘하고, 질문도 하면서 분위기에 바로 적응하는 아이입니다.

민수는 외향적인 활동성이 높은 아이로, 자존의 욕구가 있습니다. 게다가 높은 적응성을 가지고 있어, 아이의 외향적 활동 에너지가 사회적 환경에서 더욱 적극적인 모습으로 두드러지는 것입니다.

적응성이 빈약한 아이

다섯 살 민지는 네 살에 다녔던 어린이집 적응 기간을 가장 힘들어했습니다. 6개월이 지날 때까지 아침마다 가기 싫다고 울었지요. 체험전시회를 가면 오빠 민수가 혼자서 체험에 참여하는 동안 민지는 늘 엄마 옆에 붙어있습니다. 엄마와 같이 해보고 좀 익숙하다 싶으면 혼자 도전해보긴 하지만, 그래도 이내 다시 엄마 옆으로 다가옵니다.

민지는 내향적인 활동성을 가진 아이로, 지속성이 빈약한 아이입니다. 따라서 새로운 상황에 대한 적응성과 무언가를 오래 지속하려는 지속성이 빈약하기에 어린이집 교실과 체험전 같은 사회 환경 속에서는 불편감이 높아서 혼자서 몰입하여 주도적인 활동을 하기 어려웠을 것입니다.

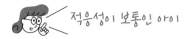
적응성이 보통인 아이

네 살 민채는 처음 어린이집에 등원할 때는 엄마에게 붙어 있으려고 손을 잡아끌었지만, 교실에 들어가면 금세 잘 놀았습니다. 조용히 자기가 하고 싶은 걸 하는 아이인지라, 특별히 보채지도 않고 적응에도 큰 무리가 없었습니다. 그래서 늘 어린이집에서 잘한다는 이야기를 듣지만 이 말이 특별히 튀지 않는 무던한 아이라는 느낌입니다.

민채는 적응성은 보통, 활동성은 낮은 편이고, 지속성이 높은 편입니다. 그래서 어린이집과 같은 사회 환경 적응 상황에서 크게 두드러져 보이지 않고 조용히 자신이 하고 싶은 것을 교실 한쪽에서 하는 아이였을 것입니다.

적응성이 높은 아이

24개월 민형이는 집에서든 어린이집에서든 즐거운 아이입니다. 누나가 다니는 어린이집에 같이 가서도 선생님을 졸졸 쫓아다니며 잘 노는 아이입니다. 그래서 어딜 가도 사랑받는 아이이지요. 민형이는 높은 적응성을 가졌고, 활동성과 주의력이 모두 높습니다. 그래서 어린이집이라는 사회 집단은 함께 놀고 싶어 하고, 하고 싶은 것이 많은 민형이에게는 무료한 집보다 더 재미있는 상황입니다. 단지 지속성이 낮으니, 반복하는 것은 지루해하고 싫어할 뿐입니다.

민형이는 적응성과 활동성이 모두 높은 아이입니다. 이러한 아이들은 사회 환경에서 뛰어난 적극성을 보입니다. 주의력도 가지고 있으니, 수업에 참여하는 것도 좋아할 것입니다.

✳ 기분의 질

'기분의 질'은 기질 특성 중 가장 기본적인 특성으로 '기본적으로 아이가 가지고 있는 정서적인 분위기'를 말합니다. 늘 해맑게 웃으며 편안한 기분을 유지하고 있는지, 불편하고 까다로운 기분을 유지하고 있는지, 좋거나 싫거나가 분명하지 않은 덤덤한 기분을 유지하고 있는지, 그리고 정서를 표정이나 말로 드러내는지, 외현적으로 드러내지 않는지 등으로 '기분의 질'을 평가합니다.

'기분의 질'이 높은 아이들은 자신의 감정과 생각이 표정과 행동으로 드러나므로 아이가 무슨 생각과 감정을 갖고 있는지를 바로 알 수 있습니다. 반면, '기분의 질'이 낮은 아이들은 자신이 생각하고 있는 것과 느낌, 감정이 겉으로 드러나지 않습니다. 표정도 크게 달라지지 않고, 행동도 기분에 크게 영향을 받지 않아서 아이가 애어른 같다고 느껴지거나 너무 퉁명스럽거나 멍하다는 느낌을 받기도 합니다.

'기분의 질'이 낮은 아이들은 친구들과 놀 때 종종 오해를 받기도 합니다. 친구가 "나랑 놀래?" 하며 다가오는데, 친구의 그런 호의와 제안이 반갑지만 겉으로 드러나는 표정에 별다른 변화가 없고, "그래."라는 대답에서 느껴지는 말의 느낌이 무미건조하여, 친구로 하여금 '얘는 나랑 놀고 싶지 않은가 봐.', '나를 안 좋아하나 봐.'라는 느낌을 가지게 하기 때문이죠.

만약 부모가 '기분의 질'이 낮다면, 아이와의 정서적인 관계에 있어 문제가 생길 수도 있습니다. 특히 '정서적인 민감성'이 높은 아이의 부모가 '기분의 질'이 낮다면 아무리 부모가 아이를 사랑하더라도 아이는 부모가 날 좋아하지 않거나 나와 이야기하고 싶지 않아 한다고 느끼게 됩니다. 그래서 아이의 정서적 불안이 높아질 수 있습니다.

반대로 아이의 '기분의 질'이 낮은 반면 부모의 '정서적 민감성'이 높다면 아이의 뚜렷하지 않은 정서적 반응에 부모는 괜히 아이가 불만이 있는 것은 아닌지 불안해할 수 있습니다. 따라서 부모와 아이가 서로의 '기분의 질'의 차이를 알고 있어야 서로의 몸짓과 표현을 올바로 이해할 수 있습니다.

☑ Check Point

기분의 질이 높은 아이의 특징	☐ 미소를 띤 표정을 지닌다.
	☐ 감정 기복이 갑작스럽게 나타나지 않는다.
	☐ 즐거운 정서를 유지하면서 하루를 보낸다.
	☐ 부정적 정서가 나타나는 상황에서도 주의 전환이 빠르다.
	☐ 친구들과 놀이할 때 즐거움, 기쁨, 만족스러움 등의 긍정적 정서를 보인다.

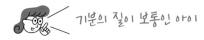

기분의 질이 보통인 아이

일곱 살 민수는 하루의 전반적인 기분이 신나고 좋은 편이나, 기분의 질은 보통에 속합니다. 왜냐하면 높은 자극민감성과 반응강도로 인해 작은 자극에 대한 부정적인 정서적 표출이 잦기 때문입니다.

민수처럼 자극민감성과 반응강도가 높은 아이들은 불편한 자극이 느껴질 때마다 요동치는 감정 변화가 기분으로 바로 드러나고 표현됩니다. 그래서 전반적인 기분의 질이 평온하거나 안정되지 않고 기분의 좋고 나쁨의 변화가 잦고 각성 수준의 높낮이도 큽니다.

기분의 질이 낮은 아이

다섯 살 민지는 어린이집에서는 크게 떼쓰지 않고 잘 지낸다고 하지만, 사실 기분의 질이 낮습니다. 억제하는 기질의 아이들이 사회적인 상황에서 이완되면 잘 놀고, 잘 웃으며 지냅니다. 그러나 민감성이 높은 억제하는 기질의 아이들은 소소한 상황에서 긴장감과 경직을 경험하기 때문에 기분의 질이 일관적으로 유지되기보다는 잦은 출렁거림을 느낍니다.

또한 억제하는 기질의 아이들은 대부분 사회적 상황에서는 자신의 민감성이나 높은 욕구를 잘 표현하지 못하다가 집으로 돌아와서 자신의 욕구를 드러내는 경향이 있습니다. 그래서 엄마에게 많은 요구를 하거나 짜증을 자주 내고 불만을 가집니다.

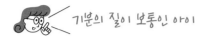
기분의 질이 보통인 아이

네 살 민채는 기분의 변화가 크지 않고 대체로 긍정적인 기분을 유지하고 있습니다. 기분이란 기본적인 정서적 분위기로 어떠한 사건과 상황이 없더라도 한 아이가 기본적으로 가지고 있는 정서적 바탕입니다. 민채는 이러한 정서가 안정적이며 일상에서 긍정적 정서를 더 많이 보이고 유지합니다.

그러나 민채의 경우 활동성, 주의력 및 접근성이 낮아 단순한 활동에 정체되어 있거나, 에너지의 수준이 낮아 감정의 변화가 빈약할 수 있습니다. 따라서 기분의 질이 보통이거나 낮은 데다가 활동 에너지 수준이 낮고 자극민감성이 둔감하다면 전반적인 발달 자극에 둔감할 수 있으므로 주의해서 관찰할 필요가 있습니다.

기분의 질이 높은 아이

24개월 민형이는 늘 웃는 얼굴입니다. 어느 곳에서도 미소를 짓거나 활짝 웃습니다. 높은 욕구를 가지고 있으며 적응성이 높고 관계지향적인 애정 및 소속의 욕구가 많은 아이입니다. 그래서 민형이의 높은 기분의 질은 관계를 맺는 데 더욱 큰 강점으로 발휘됩니다. 웃는 얼굴에 침 못 뱉는다는 말처럼 긍정적인 기분을 가진 민형이에게는 누구와의 관계에서도 편안함을 주는 기분의 질이 강점이 됩니다.

PART 2

기질 특성으로 발견하는
아이의 진짜 모습

기질 요소 조합에 따른 4가지 기질 유형

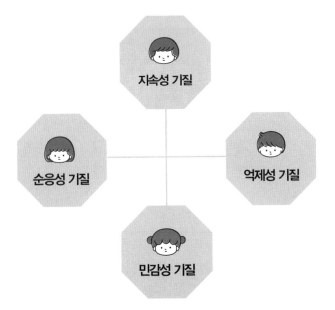

아이들은 앞서 설명한 기질 요소 9가지를 모두 가지고 있습니다. 어떤 요소는 있고 어떤 요소는 없는 것이 아니라, 9가지 기질 요소 간에 강하고 약한 차이가 있는 것뿐입니다. 따라서 아이가 가진 기질 요소 중에서 어떤 특성들이 더욱 선명하게 드러나는지에 따라 '순응성, 억제성, 지속성, 민감성', 이렇게 크게 네 가지 기질 유형으로 나눌 수 있습니다.

3세부터 7세까지 영유아를 대상으로 기질 검사를 했을 때 순응성 기질의 아이들이 가장 많으며, 다음으로 억제성 기질과 지속성 기질의 아이들이 많습니다. 민감성 기질의 아이들은 가장 적게 나타납니다.

보통 아이가 까다로우면 민감한 기질이라는 통념을 가지고 있으나, 아이의 기질을 자세히 살펴 진단하면 실제로는 자신의 욕구와 정서를 충족하는 것이 어려운 억제성 기질이거나, 원하는 것이 뜻대로 되지 않는 것으로 인해 감정 조절이 어려운 지속성 기질일 경우가 많습니다.

각각의 기질 유형에 따라 아이가 떼를 쓰는 이유와 해결 방법이 달라지기 때문에 정확한 기질 유형을 분별하는 것이 매우 중요합니다.

⬡ 순응성 기질 유형

순응성 기질은 '활동성'이 높은 아이들과 '사회성'이 높은 아이들이 많습니다. 영유아기는 자아를 인식하며 자신의 욕구를 발산하고 자율성을 획득하는 시기입니다. '활동성'과 '사회성'이 높은 아이들은 이러한 발달심리적 욕구를 해결하는 데 어려움이 없습니다. 그러나 순응성 기질 중에서 '사회성'이 낮은 유형에서는 주의력 문제가 자주 나타납니다. 이런 경우 발달지연의 어려움이 예측될 수 있습니다.

⬡ 억제성 기질 유형

억제성 기질에서는 특히 자발적 욕구 충족을 회피하는 욕구 억제성 기질의 아이들이 많습니다. 그다음으로 정서 표현을 억제하고 회피하는 정서 억제성 기질 아이들이 많습니다. 정서 표현을 억제하는 경우 사회불안을 쉽게 경험할 수 있으므로 부모의 세심한 관심과 애정이 필요합니다.

⬡ 지속성 기질 유형

지속성 기질은 자신이 원하는 것을 지속해서 원하는 '활동성'이 높은 아이들이 압도적으로 많습니다. 또한 사회적인 욕구는 빈약하면서도 자신의 욕구를 지속하려는 아이들이 많습니다. 지속성 기질 유형에서 사회성이 낮은 아이들의 경우 자폐적 성향을 조기에 진단하고 자세히 관찰하는 것이 중요합니다. 이 기질 유형의 아이들이 '주의력'이 낮다면 자폐, 혹은 발달 불균형의 위험군에 있기 때문입니다. 자신의 욕구를 지속해서 하려는 기질이기에 활동성이 낮은 경우는 드물게 나타납니다.

⬡ 민감성 기질 유형

민감성 기질은 '자극민감성'과 '반응강도'가 높아 매우 예민한 기질입니다. 전체 기질 유형 중 가장 낮은 빈도로 나타납니다. 그중에서 '활동성'이 높은 아이들이 가장 많고, '활동성'이 낮은 민감성 기질은 거의 나타나지 않습니다. 영유아기는 자아의 인식 및 자율성의 획득 시기로 가장 적극적인 욕구 활동을 나타내는 발달 시기이기 때문입니다. 그러나 사춘기 시기가 되면 민감성 기질 아이들 중에서도 활동성이 낮은 민감성 기질의 아이들이 많이 나타납니다.

① 순응성 기질 유형

순응성 기질은 9가지 기질 요소 중에서 '규칙성'과 '적응성'이 높은 반면 '자극민감성'과 '반응강도'가 낮은 것이 특징입니다. 그래서 아이의 기질을 원형 그래프로 표시하면 위아래로 길고 옆으로는 통통한 모양이 나타납니다. 또한 '규칙성'과 '적응성' 중에서는 '규칙성'이 더 높은 편입니다.

순응성 기질 그래프의 대표적인 모양 : 높은 규칙성과 적응성

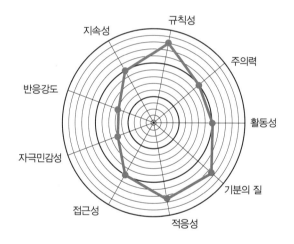

순응성 기질은 욕구의 수준을 나타내는 '활동성'의 높고 낮음과 '접근성'의 높고 낮음에 따라 다시 네 가지 유형으로 세분화됩니다. 그 외에도 '주의력', '지속성', '접근성'과 '기분의 질'의 높고 낮음의 정도 차이에 따라 행동 양상이 저마다 조금씩 다르게 나타납니다.

⬡ 순응성 기질의 특징

아이가 스스로 규칙과 생활 리듬을 유지할 수 있는 '규칙성'이 높고, 사회적 상황이나 규칙에 적응할 수 있는 유연한 '적응성'을 가졌다면 우리 아이의 기질은 순응성 기질입니다.

순응성 기질 아이들은 적당한 욕구 수준을 가지고 있고, 이를 주장하려는 '지속성'이 높지 않기 때문에 대부분의 상황에서 적당히 자신의 욕구를 표현하고 조절할 수 있습니다. 또한 자신의 욕구가 사회적 상황에 반하거나, 수용되기 어려운 상황일 때는 원하는 것을 미루거나 다른 곳으로 관심을 돌릴 수 있습니다.

⬡ 순응성 기질의 강점

순응성 기질의 강점은 무언가를 배우고 익히는 사회적 상황에 대한 적응이 빠르고, 수용력이 높다는 것입니다. 일상에서 어른의 지도를 받거나, 어린이집이나 유치원의 학습 상황에서 규칙적인 패턴에 잘 적응하여, 배워야 할 것에 주의를 기울이는 사회적인 모방학습에 강점을 보입니다. 따라서 부모의 가치관을 잘 수용하여 내면화하고, 바람직한 기준과 태도에 대한 지도도 수월하게 이해하고 따릅니다.

순응성 기질의 아이들은 착하고 순하며, 일상과 사회적인 어느 상황에서도 순응적으로 자신의 상태를 유연하게 조절하면서 적응합니다. 그래서 순응성 기질 아이의 부모는 어느 곳을 아이와 동행하더라도 별다른 걱정이 없을 것입니다. 아이가 어떤 상황에서도 부모와의 약속이나 규칙에 어긋나지 않고, 새로운 상황에도 금세 편안히 적응하기 때문입니다.

그러나 아이가 순응성 기질일 때 좀 더 세밀하게 들여다봐야 할 부분도 있습니다. 바로 순한 인상 뒤에 둔감함이 있는지입니다. 엄마 친구들 모임에서 아이가 가만히 앉아서 잘 기다리고 있다면 사람들의 이야기를 듣고 느끼고 이해하며 잘 기다리는 건지, 아무것도 신경 쓰지 않거나 잘 모르면서 그냥 얌전히 앉아있는 건지를 분별해야 합니다. 겉으로 드러나는 착하고 순한 아이의 모습은 똑같아 보이더라도, 아이가 상황을 인지하고 나름의 자기 활동을 하면서 순응하고 있는 것과 막연히 가만히 있는 것과는 다르기 때문입니다. 이것이 바로 '순응성'과 '둔감함'의 차이입니다.

👆 주의해야 하는 순응성 기질 – 순한 것과 둔감한 것은 다르다

순응성 기질의 아이에게서 '활동성', '자극민감성', '반응강도'가 낮게 나타나면 둔감할 수 있습니다. 그런데 이 세 가지 기질 특성은 아이의 주체적인 발달을 이끄는 기질 특성입니다.

아동발달 단계에서 '순응성'과 '둔감함'을 가늠할 수 있는 중요한 시기는 3세입니다. 아이가 3세가 되면 '나'라는 자아가 형성되면서 내가 좋아하는 것과 싫어하는 것, 또는 내가 하고 싶은 것과 하기 싫은 것을 분별하여 표현합니다. 이러한 발달과정을 통해 초기 자아를 발달시키는 것입니다. 그런데

만약 이 과정에서 수동적이고, 자극에 대해 반응을 하지 않으면 자아 인식 발달을 해야 하는 영유아기에 발달 촉진의 핵심인 감각발달과 인지발달이 더딜 수 있습니다. 또한, 3세는 자신의 몸을 이용해서 세상을 자유롭게 탐색하기 원하는 시기이기도 합니다. 이때 잘 걷고 보려고 하지 않는다면 주의를 기울여야 합니다.

주도성이 발달하는 5세 역시 중요합니다. 이때 적극적으로 "내가 할 거야!", 또는 "난 이걸 하고 싶어요!"라고 말하지 않고, 소소한 떼를 부리지도 않으며, 수동적으로 '그냥 그렇게 하겠다'는 입장만 보인다면, 아이에게 발달 단계상 꼭 필요한 자율성과 주도성이 잘 발달하고 있는지에 대해 발달적 체크가 필요합니다.

순응성 기질의 아이와 둔감한 양육자의 만남 : 느린 발달

아이가 순응성 기질인데, 양육자가 둔감하다면 어떨까요? 순응성 기질의 아이는 영아기에도 특별히 보채거나 울지 않습니다. 잘 자고, 잘 먹고, 혼자서도 잘 있습니다. 그래서 부모는 아이가 무엇을 하고 있는지 상대적으로 덜 살피게 됩니다.

그런 데다가 부모가 둔감한 양육자라면 부모는 아이가 끙끙거림이나 울음소리로 적극적인 신호를 보내지 않기 때문에 아이의 의미 있는 몸짓을 알아차리지 못합니다. 그래서 아이에게 주어야 할 자극과 아이의 행동에 대한 반응을 거의 해주지 못합니다. 그렇게 되면 아이는 스스로도, 환경 속에서도, 자극을 거의 경험하지 못하게 됩니다. 발달은 자극에 반응하며 일어나는 것이기 때문에 충분한 발달적 자극을 경험하지 못하면, 발달의 지연이 초래될 수 있는 것입니다.

6세가 되었는데도 말을 잘 안 하고 유치원에서도 잘 놀지 않는다는 이유로 상담 센터를 내원한 남자아이가 있었습니다. 부모 모두 키가 컸는데, 아이 역시 또래 아이들보다 머리 하나는 더 컸습니다. 그런데 아이에게는 아이다운 생기가 없고 덩치만 클 뿐, 어리숙했습니다. 어릴 적에는 어린이집에서 종일 거의 누워있거나 가만히 앉아있었고, 현재는 유치원에서도 거의 활동에 참여하지 않는다고 했습니다.

아이의 발달사를 살펴보니 걸음마를 시작한 것은 생후 15개월, 혼자 걷기 시작한 시기는 생후 16개월이었습니다. 정상적으로 생후 12~15개월이면 걸음마를 시작하여 혼자 걷게 되는데, 15개월 이후 걸음마를 시작하는 아이들은 발달적으로 위험군에 있다고 봅니다. 따라서 이 아이의 걸음마가 늦은 것이 신체발달기능상의 문제인지 환경적인 문제인지를 신중하게 진단해야 했습니다.

아이의 엄마는 아이가 생후 12개월 무렵 손을 잡고 걸음마를 시켜보려고 했지만, 다리에 힘을 주지 않고 걸으려는 의지가 없어 보였다고 했습니다. 그래서 억지로 걷게 하기보다는 걷고 싶어 할 때 가르쳐야겠다고 생각하고 기다렸다고 합니다. 15개월이 지나자 다리에 힘을 주고 걸으려고 시도했고, 그

때부터 걸음마를 본격적으로 해서 한 달 안에 걷기 시작했기 때문에 발달에 별문제가 없다고 여겼다고 했습니다.

생후 15개월은 세상을 탐색해보고 싶은 시기이자 신체적 기능에 문제가 없는 한 걸을 수 있는 시기입니다. 때문에 걸음마를 쉽게 배우는 것은 당연한 일입니다. 그러나 이렇게 걸음마를 늦게 시작하여 바로 걸은 아이들은 걷기를 시도하는 과정에서 충분히 근육이 단련되지 못해서 잘 넘어집니다. 또한 걸음마가 늦었거나 네발로 기기를 하지 않고 건너뛴 아이들은 이후 균형감이 부족하고, 손발과 시지각의 협응이 필요한 두 발 자전거 타기를 습득하는 데 어려움을 경험하게 되기도 합니다. 이후 운동능력의 발달에 영향을 끼치게 되는 것입니다.

순응성 기질의 아이 중에는 영유아기에 크게 울거나 자기표현을 적극적으로 하지 않아서, 혼자 가만히 있거나 TV를 보는 것 외에는 별다른 교감을 하지 못했던, 일종의 방임을 경험했던 아이들이 있습니다. 이렇게 아이가 표현을 하지 않는다고 해서 별다른 자극을 주지 않는다면, 아이는 외부의 자극에 능동적인 반응과 행동을 하는 데 정말 둔감하게 될 수 있습니다. 발달지연이 의심되는 아이를 살펴보면 과도하게 민감하거나, 과도하게 둔감한 특성이 있는 경우가 많습니다. 그래서 순응성 기질의 아이가 지나치게 조용하다면 영아기에 있어서 '반응'과 관련된 몇 가지 특징들을 유심히 떠올려봐야 합니다.

- 생후 6~8개월에 낯가림이 없었다.
- 생후 12개월 이후에 걸음마를 시작하였다.
- 잘 울지 않았고, 옹알이 혹은 소리를 별로 내지 않았다.
- 얼러주고 안아주며 자극을 해도 표정과 반응이 별로 없었다.
- 오감 자극(시각, 청각, 미각, 촉각, 후각)에 반응이 둔감했다.
- 장난감에 별다른 관심을 두지 않았다.

위와 같은 발달 행동은 발달을 촉진하는 자극에 대한 반응성이 현저히 낮을 때 나타나는 발달적 특성입니다. '규칙성'과 '적응성' 외의 모든 기질적 특성이 약하고, 특히 '활동성'과 '자극민감성', '반응강도'가 낮은 것이 특징입니다.

그러나 현재 보이는 기질 특성이 '규칙성'과 '적응성' 외에 모두 낮은 상태로 나타나지만 발달을 진단하는 과정에서 다음과 같은 발달적 행동이 있었다면 둔감한 양육 환경에 의한 기질 상태의 변화 정도 여부를 살펴봅니다.

- 생후 6~8개월 사이에 엄마 품에 있으려는 행동을 보였다.
- 엄마에게서 떨어질 때 울먹거리는 표정을 짓는 미세한 낯가림이 있었다.
- 생후 12개월에 정상적으로 걸음마를 했고, 부모가 놀아주거나 얼러주면 긍정적인 정서를 보였다.

이와 같은 특징들이 있었으나, 양육자가 둔감했을 경우에는 아이의 환경에 문제가 있었다고 판단합니다. 아이가 가진 순응성 기질에 더불어 적극적인 양육과 자극이 부족해서 발달이 지연되고 자극에 대한 반응이 촉진되지 않은 것으로 판단하는 것입니다.

이때 환경이란 가정과 교육 기관을 모두 포함합니다. 그러므로 부모의 적극적인 개입과 동시에 어린이집이나 유치원에서의 적극적 발달 자극과 개입이 필요합니다. '활동성'과 '반응성'이 약한 순응성 기질 아이의 경우, 교육 기관에서 조용히 혼자 놀이하며 무의미한 시간을 보내고 있을 수도 있습니다. 자칫 발달 자극이 없는 방임을 경험할 수도 있으므로 교사의 주의 깊은 관찰과 부지런한 개입이 필요한 것입니다.

이렇게 환경적인 자극의 빈약함이나 방임으로 인한 발달적 지연을 보이는 아이의 경우, 치료와 교육적 개입을 통해 적극적으로 환경적인 자극을 주고, 사회·정서적 발달을 촉진하면 6개월 이내에 확연하게 행동과 정서적 반응의 변화가 나타납니다.

❷ 억제성 기질 유형

'억제'란 단어는 사전적으로 '감정이나 욕망, 충동적 행동을 억눌러 그치게 하다.'라는 뜻을 가지고 있습니다. 그런데 심리학적으로 보면 억제는 '양심적인 자아의 기능이 높은 것'으로 해석합니다. 충동적인 마음이나 행동이 올라올 때 도덕적인 자아를 통해 이를 조절하기 때문입니다. 그래서 '억제'는 단어의 어감과는 달리 아이의 발달에서 긍정적인 역할을 하는 경우가 많습니다.

억제성 기질의 아이들은 위험한 행위나 반사회적인 행동과는 거리가 멉니다. 스스로 이러한 행동과 충동으로부터 자신을 의식적이고 의지적으로 피하고 조절하기 때문입니다.

욕구 억제성 기질 그래프의 대표적인 모양 : 높은 활동성 ↔ 낮은 적응성

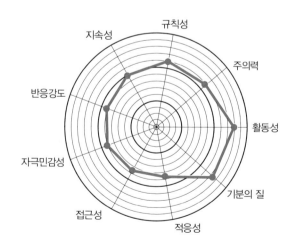

욕구 억제성 기질의 아이들은 어떤 상황에서 자신이 하고 싶은 것을 하려는 욕구는 있지만 의식적으로 그것에 접근하지 않고 회피하며 조절합니다. 그래서 욕구 억제성 기질은 '활동성'과 '적응성'의 차이가 크게 나타납니다.

정서 억제성 기질 그래프의 대표적인 모양 : 높은 자극민감성 ↔ 낮은 반응강도

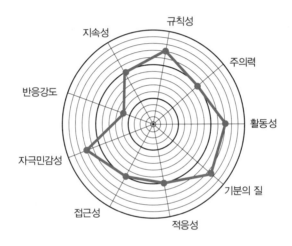

정서 억제성 기질의 아이들은 정서적으로 민감하고, 자신의 마음을 자유롭게 표현하고 싶지만 기분이나 감정을 겉으로 표현하지 않고 숨기거나 회피합니다. 그래서 '자극민감성'과 '반응강도'의 차이가 크게 나타납니다.

위와 같이 억제성 기질의 그래프에서는 서로 연결되어야 하는 두 가지 기질 요소 간의 차이가 크게 나타납니다. 억제하기 때문이지요. 그래서 '활동성'과 '적응성', '자극민감성'과 '반응강도' 간의 차이를 살펴봄으로써 억제성 기질 여부를 파악할 수 있습니다. 그 외에도 '주의력', '접근성', '지속성'과 '기분의 질'의 높고 낮음의 정도 차이에 따라 행동 양상이 저마다 조금씩 다르게 나타납니다.

✳ 억제성 기질의 강점

억제성 기질의 아이를 겁이 많거나, 용기가 없고, 대담하지 않다고 여기곤 하는데, 이것은 '아이는 뭐든 적극적이어야 좋다'는 선입견을 가지고 보기 때문입니다. 억제성 기질의 아이들은 어떤 것에 접근할 때 돌다리를 충분히 두드려보고 건너는 기질이기 때문에 조심성이 있습니다. 따라서 아무것에나 쉽게 접근하거나 맹목적인 시도를 해서 실수하지 않습니다. 그래서 친구들이 새로운 장난감 놀이를 할 때도 친구들이 놀이하는 것을 충분히 관찰하며 탐색하고, 어떻게 가지고 놀아야 하는지, 무엇을 할 수 있고, 어떤 시행착오를 겪는지를 살펴봅니다. 이는 곧 억제성 기질의 아이들이 실패하지 않고 성공할 수 있는 신중함을 가지고 있다는 뜻입니다.

✳ 억제(inhibition)와 억압(repression)의 구별

억제와 억압은 엄연히 다릅니다. '억제'가 아이 스스로 자신의 마음과 행동을 의식한 다음 의지를 가지고 피하는 거라면, '억압'은 부모 혹은 환경에서의 경험으로 인해 자신의 욕구 혹은 정서가 느껴지지 않도록 억지로 누르는 것입니다. '억압'이란 힘으로 누른다는 뜻으로, '의식하기 전에 막는 것'이라고도 말할 수 있습니다. 자신의 행동이나 충동이 올라올 때 의식하기도 전에 무의식적이고 자동으로 일어나는 작용인 것입니다. 이렇게 자신의 행동이나 감정을 억압하는 이유는 충동적으로 올라오는 마음과 행동을 의식하거나 드러내면 오히려 불쾌할 것임을 경험적으로 알고 있기 때문입니다. 예를 들어 아이가 만든 레고가 실수로 부서졌을 때 너무 속상해서 눈물이 터져 나왔는데, 이때 운다고 혼이 난 경험이 있었다면 이후 아이는 눈물이 나오려고 하는 것을 억압할 것입니다. 눈물이 나오는 순간 더 불쾌한 일이 일어나는 것을 경험했기 때문입니다.

억압의 가장 큰 문제는 이러한 억압이 지속되면 아이가 자신의 감정을 부적절하게 오인하게 된다는 것입니다. 다시 말해 아이가 속상했던 이유는 애써서 만든 것이 부서졌기 때문이지만, 이에 대한 감정을 지속해서 억압하다 보면 아이는 자신이 속상한 이유를 기억하지 못합니다. 그리고 오히려 이를 억압하기 위해 애써서 만든 것이 부서졌을 때 그것을 흐트러뜨리며 신나게 놀이하는, 정반대의 감정을 표현하기도 합니다.

👆 주의해야 하는 억제성 기질 – 감정을 억압하는 아이들

억제성 기질은 자극을 느끼는 '자극민감성'은 높지만 이를 표현하는 '반응강도'는 낮게 나타납니다. 그래서 억제성 기질 아이들은 자신의 감정과 생각을 의식하지만 내면의 욕구나 갈등, 또는 스트레스를 외부로 표현하지 않으려는 경향성을 보이는 것입니다.

억제성 기질의 아이들은 자신의 기분과 마음을 굳이 말하고 싶어 하지 않고 대신 다른 것으로 주의를 전환하며 회피하려고 합니다. 그런데 억압하는 아이들은 자신의 혼란스러운 생각이나 감정들을 대처하는 방식으로 그것을 잊어버리려 하고 생각하지 않으려고 합니다. 그래서 갈등과 스트레스를 억압하는 아이들은 어떤 상황을 물어봤을 때 그 기억을 떠올려 이야기하는 게 어렵습니다. 자신의 이야기를 하라고 하면 횡설수설하거나, 앞뒤가 맞지 않는 이야기를 늘어놓거나, 자신도 모르게 이야기를 꾸며내기도 합니다. 자기 생각과 감정을 억압했다가 꺼내면 인지적인 인출 과정에서 기억이 나지 않기 때문입니다. 따라서 우리는 억제성 기질의 아이와 경험적 환경으로 인해 억압하고 있는 아이를 구별할 필요가 있습니다.

⬡ 욕구 억제성 기질의 특징

욕구 억제성 기질의 특성은 '활동성'과 '적응성'의 관계입니다. 이 둘은 함께 연결되어 상호 영향을 주는 특성입니다. 높은 '활동성'이 있는데 이를 발현해야 하는 사회적인 환경에서 '적응성'이 약하여 발현을 방해하는 경우가 '욕구 억제성 기질'입니다. 두 가지 기질 요소의 간극이 클수록 억제성의 정도가 높습니다.

높은 욕구 수준을 가지고 있는 아이는 무언가를 도전해야 하는 상황에서 과도하게 긴장하거나 걱정합니다. 예를 들어 친구들이 축구를 하고 있을 때, 자기도 공을 잘 차고 싶고, 골을 넣고 싶고, 멋지게 하고 싶은 욕구가 있는데 축구의 역동적인 상황에 대한 '적응성'이 약하다면, 잘하고 싶다는 마음을 억제하고 벤치에 있으려고 할 것입니다. 골을 넣고 싶거나 친구들보다 잘하고 싶은 마음이 커질수록 축구장에 들어가 공을 찼을 때 따라올 결과에 대한 부담감이 커지기 때문입니다. 그래서 결국 이로 인한 걱정 때문에 축구를 하려는 욕구를 억제하고 친구들이 하는 것을 지켜보기만 합니다.

부모가 이런 아이의 모습을 보면 안쓰러우면서도 답답해서 아이를 다그치게 되는 경우가 많습니다. 그러나 우리가 꼭 기억해야 할 것은 아이 자신도 그러고 싶어서 그러는 게 아니라는 겁니다. 아이가 억제하는 것은 자신의 욕구를 있는 그대로 발산했을 때 따라올 실패로부터 자신을 안전하게 지키는 방법이기도 하며, 안전하게 자신의 능력을 발휘할 수 있는 편안한 상태를 의식적으로 찾는 과정일 수도 있습니다. 그렇다면 부모나 교사로서 우리가 할 일은 아이에게 안전하고 즐거운 환경을 조성해주어 실수와 좌절에 대한 부담보다는 욕구를 발현해도 된다는 느낌을 전해주는 것입니다.
그런데 만약 높은 활동성을 가진 억제성 기질 아이들의 부모가 허용적인 양육 태도를 가졌다면, 이 아이들은 가정에서 만큼은 왕 노릇을 하며 자신이 원하는 것을 마음대로 해보려고 하는 경향이 있으므로 주의해야 합니다.

⊗ 정서 억제성 기질의 특징

정서 억제성 기질의 특성은 '자극민감성'과 '반응강도'의 관계입니다. 신체적, 환경적, 정서적 자극에 민감하지만 자신이 느끼는 민감한 정도를 표현하지 않고 억제하는 것이 특징입니다. 따라서 환경의 변화나 감정적인 동요로 인한 민감성이 높은데 이를 외현적으로 드러내는 '반응강도'가 낮아 자신이 느끼는 것만큼 겉으로 표현하지 못하는 아이들이 '정서 억제성 기질'입니다.

정서 억제성 기질의 아이들은 불편한 것을 잘 드러내지 않기 때문에 세밀하게 관찰하지 않으면 아이의 감정을 알아차리기 어렵습니다. 그래서 일상생활에서 자신의 불편감이나 정서들을 잘 표현하지 못하고 켜켜이 쌓아둔 상태에서 어떤 사건이나 자극이 되어 갑자기 한 번에 빵 터지는 경향이 있습니다. 평상시 아이가 규칙도 꽤 잘 지키고, 뭘 하고 싶다는 요구도 곧잘 하는 편이었던지라 부모와 교사는 아이가 마냥 잘 지내는 줄로만 알고 있다가 당황하게 됩니다.

예를 들어 집에서 엄마가 큰아이, 작은 아이와 함께 노는데 작은 아이가 하던 블록놀이를 큰아이가 같이 앉아서 하기에 둘 다 좋아하는 줄로만 알고 엄마도 함께 한참 동안 블록놀이를 합니다. 그리고 인제 그만 정리하고 밥을 먹자고 했더니 큰아이가 갑자기 울음을 터뜨립니다.

엄마는 큰아이가 이것저것 만들었다가 부수고 다시 만들기를 반복하기에 블록놀이를 재밌어한다고 생각했습니다. 그러나 정서적으로 억제하는 기질이 강한 큰아이는 사실 블록놀이를 별로 좋아하지 않지만 블록이 잘 만들어지지 않는 것이 불편해서 계속 다시 시도했던 것입니다. 그런데 엄마가 인제 그만 놀자고 하니, 그 말이 참아왔던 불편감을 꺼내는 방아쇠가 되어 갑자기 서럽게 울기 시작한 것입니다.

어쩌면 큰 아이는 어린이집이나 유치원에서 오늘 하루를 잘 지내기는 했지만, 조금씩 불편함을 주던 친구의 거절이나, 내가 만든 것은 쳐다봐주지 않았던 친구에 대한 서운함, 신발을 늦게 신어서 놀이터에 늦게 나갔던 소소한 순간들의 불편감들이 쌓여 있었는지도 모릅니다. 블록만큼은 엄마 옆에서 재밌게 잘 만들고 싶었는데, 그것조차 잘 안 되어서 다시 밀려오는 불편한 마음들을 참으려고 노력했을 수도 있습니다. 아이도 자신의 마음은 알았을 것입니다. 그러나 이를 표현하기보다는 주의를 환기하며 회피하거나 슬며시 감추고 태연한 척 스스로 해결해보고 싶었을 것입니다.

그런 아이에게 '참는 건 미련한 것'이라며 야단치지 마세요. 아이는 내 마음과 환경과의 조화와 평화를 원할 뿐입니다. 자기주장을 못 하는 것이 아니라 다른 사람과 자신이 있는 상황을 불편하게 만들기 싫고, 혹 불편해진다면 그것이 더 큰 스트레스가 되기 때문입니다.

간혹 외향적인 정서 억제성 기질의 아이들은 산만하다는 오해를 받기도 합니다. 실제로 주의를 기울이지 못해 산만한 것이 아니라 불편한 자극을 처리하기 위한 방법으로 억제를 하다 보니 이러한 힘이 바깥으로 드러나기 때문에 진정하지 못하는 불안정한 모습으로 보이는 것입니다.

③ 지속성 기질 유형

지속성 기질은 말 그대로 9가지 기질 요소 중 '지속성'이 가장 높은 기질 유형입니다. 이 기질의 아이들은 자신이 하고자 하는 것을 지속하려는 의지가 유독 강합니다. 자신이 선호하는 것에 강한 몰입을 하는 아이들이지요.

지속성 기질 그래프의 대표적인 모양 : 높은 지속성

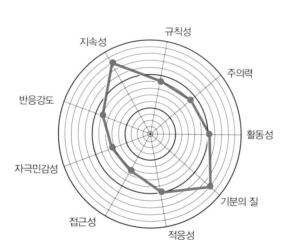

지속성 기질은 '지속성' 외에 어떤 기질이 두드러지느냐에 따라 행동 양상이 확연히 다르게 나타납니다. '활동성', '적응성', '주의력'의 정도에 따라 차이가 있으며, 그 외에도 '접근성', '자극민감성'의 정도에 따라 다양한 기질 모습이 나타납니다.

⬡ 지속성 기질의 특징

자신이 하고 싶은 욕구 수준을 나타내는 '활동성'이 높고, 이것을 지속하려고 하는 '지속성'이 가장 높게 나타납니다. 자신의 욕구를 지속하려는 경향이 분명한 기질 유형이기 때문에 호불호가 분명하며, 이를 끝까지 주장하는 고집스러움을 보이는 기질 유형입니다. 이 유형은 다른 사람의 정서나 상황, 환경에 의해 민감해지는 게 아니라 대부분 자신이 원하는 것을 할 수 없을 때 불편감이나 부정적인 정서가 나타납니다. 그러므로 자신이 하고 싶은 것이 거절되면 부정적인 정서를 강렬하게 드러내는 경향이 있습니다.

⬡ 지속성 기질의 강점

지속성 기질의 강점은 선호하는 것이 명확하다는 것입니다. 자신이 선호하는 것에 몰입하여 지속하거나, 자신의 주관적인 감정을 오랫동안 보유하는 경향이 높습니다. 지속성 기질은 이렇게 자신이 몰입하고 있는 것을 끝까지 해결하려고 하는 끈질긴 집념을 가지는 것이 되려 강점입니다.

어떤 하나에 몰입하여 이를 지속하다 보면 반복되는 경험을 통한 학습과 해결이 일어나게 됩니다. 그 결과 자신이 몰입하고 있는 대상에 높은 수준의 능력을 갖게 됩니다. 따라서 자신의 관심에 몰입하여 능력을 획득하는 아이들은 자존감의 구성 요소 중 하나인 '자신에 대한 객관적인 평가'가 높습니다. 스스로 경험하면서 얻은 성취 수준이 높기 때문에 흔들리지 않는 단단한 자존감이 발달할 수 있는 것입니다.

주의해서 지켜봐야 할 지속성 기질의 조합

지속성 기질의 아이들은 어떤 기질 특성과 연결되는지에 따라 행동이 확연히 다르게 나타납니다.

◆ 높은 활동성, 접근성 + 높은 지속성
내향적인 '활동성'이 높고, 새로운 인지적 자극에 대한 '접근성'이 높으면서 '지속성'이 높으면, 책이나 지식을 탐구하는 몰두 행동을 보이는 경향이 강하게 나타납니다.

◆ 낮은 접근성, 주의력 + 높은 지속성
관심이 없는 것에 대한 '접근성'과 '주의력'은 낮고, '지속성'이 높으면 관심 여부에 따라 호불호가 매우 분명하게 나뉘고, 제한된 관심사에만 몰입하기 때문에 자폐로 발달할 가능성이 큽니다.

◆ 낮은 적응성, 자극민감성 + 높은 지속성
'적응성'과 정서적인 '자극민감성'은 낮은데 '지속성'이 높으면, 자신의 의사를 강하게 주장할 뿐 주변의 반응을 살피며 조율하는 데 취약하게 됩니다. 또한 자신뿐만 아니라 타인의 의견이나 감정을 공감하는 능력이 약하기 때문에 자기중심적인 성향이 강하다는 느낌을 줄 것입니다. 상대적으로 이 기질의 아이들은 자신의 이야기를 다른 사람들이 들어주지 않는다는 생각에 늘 억울함을 토로하기도 합니다.

◆ 높은 자극민감성 + 높은 지속성

'자극민감성'이 높으면서 '지속성'이 높으면 상대에게 속상하거나 섭섭했던 감정을 오랫동안 보유하기 때문에 상대가 자신의 마음을 알아줄 때까지 자신이 지금 화가 났다는 표시를 하는 모습을 보일 것입니다. 계속 엄마 곁에 머물면서도 툭툭 거리는 말투, 째려보는 눈초리, 옆에 앉지 말라는 토라짐 등이 자신의 마음을 알아달라는 신호입니다. 이것이 바로 자신의 정서를 지속해서 알리려는 아이들의 특징이기도 합니다. 합리적인 사고를 하는 부모에게는 이렇게 정서적으로 민감한 지속성 기질의 아이들이 지치고 힘들 수 있습니다.

공룡을 좋아하는 다섯 살 남자아이들이 있습니다. 민수는 공룡이 나오는 TV 프로그램과 책을 반복해서 보기를 좋아하고, 모든 공룡의 특성을 파악하여 공룡의 이름을 줄줄 꿰고 있습니다. 매일 공룡 장난감만 가지고 놀고, 다른 것으로 놀자고 해도 별 반응이 없습니다. 놀이할 때도 다른 사람과 대화를 하면서 놀이하기보다는 혼자 만지고 탐색하면서 공룡 이름이나 정보를 이야기하는 모습을 보입니다. 몇 개월째, 혹은 몇 년째 공룡에게만 매료되어 있지만, 아이는 부모가 새로운 것을 제시하기 전에는 같은 책, 같은 공룡 놀잇감, 같은 공룡 이야기를 반복하는 편입니다.

진명이는 네 살부터 공룡에 몰입하여 종일 공룡 책을 들고 있더니만 알아서 한글을 터득했습니다. 공룡에 대해 더 알고 싶어서 한글을 터득한 셈입니다. 공룡이 살던 시대와 지구의 온난화까지 궁금해하며 물어보고 책을 읽어달라고 요구하기 시작하더니, 공룡의 시대적 구분과 자연현상의 변화가 동물들의 생태계와 연결됨을 터득했습니다. 그래서 늘 그 이야기를 부모나 타인에게 말하고 싶어 하고, 교감하고 싶어 합니다.

민수와 진명이의 큰 차이는 두 가지입니다. 사고의 확장 능력과 사회성이 그것입니다.

👆 지속성 기질이 보이면 정확한 판단이 필요합니다

지속성 기질은 아이들의 발달 과정을 잘 살펴봐야 하는 기질 특성입니다. 지속성 기질은 영재성의 특성 중 하나인 동시에 자폐 스펙트럼이 가지는 특성 중 하나이기 때문입니다. 따라서 영재성의 과몰입과 자폐성의 과몰입의 구분이 중요합니다.

무엇인가에 몰입하고 지속하려는 경향성은 자아의 욕구와 주체적인 의지가 강한 특성이기에 이는 자아의 발달과 연관됩니다. 영재들은 자신이 결정하고, 통제하고, 주체적으로 해결하고자 하는 자율성이 유독 강한 것이 특징입니다. 그리고 이러한 자율성 안에서 자신이 주도적으로 관심을 두는 부분을 인지적으로 확장해나갈 수 있는 능력을 가지고 있습니다. 즉 인지적인 확장을 할 수 있는 높은 수준의 지능을 갖추고 있다는 것입니다.

반대로 자폐성 아이가 가진 '지속성'은 제한된 관심사, 즉 특정 장난감이나 움직이는 것, 불빛, 반복되는 움직임이 있는 것 등에 몰입하여 이를 반복할 뿐 이에 대한 사고나 놀이의 방법들이 높은 수준으로 확장되지는 않습니다. 지속성 기질이 뚜렷하게 나타난다면 아이가 보이는 모습이 영재성인지, 혹은 편향성이나 기질 특성의 불균형으로 인한 어려움인지 파악해야 합니다. 만약 후자의 경우가 의심된다면, 만 3세가 되기 전에 전문가의 소견을 받아보기를 적극적으로 권합니다. 지적 기능의 손상이 없는 지속성 기질의 아이인 경우, 자폐와 유사한 특성들이 있더라도 발달 단계상 생후 18~36개월에 해당하는 걸음마기에 이러한 특성이 강화된 환경을 교정해주고, 적절한 인지적 자극과 사회·정서적 자극을 촉진해준다면 충분히 긍정적인 방향으로 이끌어 줄 수 있기 때문입니다.

❹ 민감성 기질 유형

민감성 기질은 '자극민감성'과 '반응강도'가 두드러진 기질 유형입니다. 부모와 교사가 가장 어려워하는 아이들이기도 합니다. 민감성 기질의 아이는 여러 자극에 대한 민감성이 높고 이를 강렬하게 표출합니다. 쉽게 조율되거나 타협되지 않으므로 아이의 저항과 불편한 정서를 진정시키려면 부모와 교사의 인내심과 지혜를 필요로 합니다.

민감성 기질 그래프의 대표적인 모양 : 높은 자극민감성과 반응강도

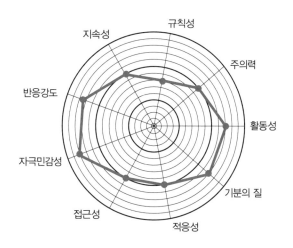

민감성 기질은 '자극민감성'과 '반응강도'가 가장 높으며 그 외에 '활동성', '적응성', '접근성', '규칙성'의 정도에 따라 다양한 유형을 나타냅니다.

✳ 민감성 기질의 특징

민감성 기질의 특징은 '자극민감성'과 '반응강도'가 둘 다 높다는 것입니다. 그다음으로 자신이 하고 싶은 욕구 수준인 '활동성'이 높습니다. 반면 순응성 기질과 관련된 '규칙성'과 '적응성'이 낮습니다.

이러한 민감성 기질의 아이들은 욕구가 결핍되는 순간에 '민감성'이 강하게 올라옵니다. 주관적인 욕구 수준이 높고 욕구가 뜻대로 충족되지 않으면 쉽게 예민해지고 이러한 자신의 감정 상태를 강렬하게 표현합니다.

그렇기에 아이가 '생리적 욕구, 안전의 욕구, 애정 및 소속의 욕구, 자존의 욕구' 중 어떤 욕구가 결핍되었을 때 불편해하는지를 알아차리고 조절해 주느냐가 중요합니다. 민감성 기질의 아이들을 훈육할 때는, 부모가 합리적으로 아이 욕구의 핵심을 파악하는 동시에 정서적으로 아이의 욕구를 조율하고 진정시켜야 합니다.

✳ 민감성 기질의 강점

민감성 기질 유형의 아이들은 자신의 감각과 환경 및 정서에 대한 민감한 자각 능력이 있는 것이 강점입니다. 민감성 기질의 아이들은 자신의 감정을 살피고 부모와의 문제를 해결하는 과정을 거치면서 자신의 감각과 감정을 분명하게 인식하고 표현할 수 있는 능력을 갖게 됩니다. 자신에게 민감할수록 자신의 욕구와 자신의 감정에 대해 솔직하고, 경험 속에서 자신을 더욱 잘 이해할 수 있기 때문입니다. 나에 대한 자각과 자신의 생각 및 정서에 대한 인식은 자아의 발달에 긍정적인 영향을 미칩니다. 그러므로 높은 '자극민감성'과 '반응강도'를 부정적인 측면이 아니라 긍정적인 강점으로 볼 필요가 있습니다.

👆 높은 자극민감성, 반응강도 + 높은 활동성, 지속성 : 객관적 관찰 필요

민감성 기질의 아이에게 욕구 수준을 나타내는 '활동성'과 자신의 욕구를 지속해서 주장하는 '지속성'이 함께 높으면 '반응강도'가 더욱 강렬하게 드러납니다. 만약 우리 아이가 이 네 가지의 기질 특성(지속성, 활동성, 자극민감성, 반응강도)을 주 기질로 가지고 있다면 객관적으로 아이를 들여다볼 필요가 있습니다. 왜냐하면 높은 '자극민감성'과 '지속성'은 앞에서 말한 영재성 및 자폐성과 관련된 기질 특성이기 때문입니다.

'과몰입'과 더불어 영재성과 자폐성 아이들의 공통점은 바로 '과흥분성'입니다. 자신이 원하는 것이 너무 강하고, 원하는 것이 뜻대로 안 될 때 쉽게 민감해져 금세 흥분하게 되는 것입니다. 그래서 '영재와 양극성장애는 종이한 장 차이'라는 말이 있을 정도입니다.

제가 만났던 높은 지능을 가진 영재들 중에서도 이러한 민감성 기질로 인해 유치원을 여러 차례 옮겨 다닌 경우가 많았습니다. 대집단 활동이나 자신이 하기 싫은 집단 활동을 할 때 이러한 민감성 기질이 극도로 강하게 나타나면서 또래와의 갈등이나 집단 활동에 대한 부적응으로 퇴소하게 된 것입니

다. 아직까지는 이 아이들의 민감성을 다뤄줄 사회적 환경이 열악하고, 교사의 전문성이 약한 것이 안타까운 현실입니다.

👆 높은 자극민감성, 반응강도 + 낮은 적응성 : 공격성

민감성 기질의 아이가 '적응성'이 떨어진다면, 약한 사회 적응력이 불안이 되어 공격적인 행동으로 나타나는 경우도 많습니다. 주변의 소리로 인한 자극, 주변 자극에 대한 불편함, 자신이 원하는 것을 말하는데 들어주지 않는 상황, 하기 싫은 것을 해야 한다는 불편감 등의 자극에 저항하게 되고, 이내 저항감이 불안으로 바뀌며 공격적인 행동이 나타나기 쉽습니다. '불안'은 위축으로 나타나기도 하지만, 생쥐도 궁지에 몰리면 고양이를 공격하듯, 높은 불안은 본능적으로 자신을 방어하기 위해 공격적 반응을 발동시킵니다. 장난감을 던져 부수고, 친구를 때리고, 비명을 지르는 것은 이 때문입니다. 이것은 뇌가 생존을 위해 선택한 방어적인 반응이지만, 이러한 행동으로 인해 또래에게 상처와 상해를 남길 수 있으므로 각별한 주의가 필요합니다. 현실적으로 교사 혼자 20명이 넘는 아이들을 돌봐야 하는 어린이집이나 유치원 교실에서는 교사가 한 명의 아이에게 늘 붙어있을 수도 없기에 아이의 퇴소가 결정되기도 합니다. 가장 슬프고 안타까운 일입니다.

그래서 민감성 기질의 아이는 높은 '자극민감성'으로 인해 어떤 상황에서 불안을 경험하고 있는지 살펴봐야 합니다. 사실 상담 센터에 분리불안이 심하다고 찾아오는 많은 아이 중에는 실제 순수한 '분리불안'으로 진단되는 아이들보다는 '적응성'은 낮고 '자극민감성'은 높은 것으로 인한 '사회불안'을 경험하고 있는 아이들이 더 많습니다.

그러므로 아이가 민감하고 불안한 정서를 보인다면, 어떤 '자극민감성'을 높게 가지고 있는지 살펴보고, 이러한 기질적 어려움이 오래 반복되어서 불안을 경험하고 있는 것은 아닌지 들여다봐야 합니다.

[분리불안의 예]

- 엄마가 없거나 사라지면 불안해한다.
- 엄마가 없어지면 무슨 일이 일어나리라 생각하며 불안해한다.
- 엄마가 사라지거나 안 좋은 일이 생기는 악몽을 꾼다.
- 상황이나 환경에 상관없이 엄마가 없으면 불안해한다.

[사회불안의 예]

- 엄마가 없거나 사라지면 불안해하나, 대신 좋아하는 사람이 있으면 진정된다.
- 익숙한 사람들과 있을 때는 엄마를 찾지 않고 놀지만, 낯선 곳에 가면 엄마에게서 떨어지지 않는다.
- 재미있는 놀잇감이 있을 때는 간혹 엄마와 떨어져 놀기도 한다.
- 하기 싫은 것을 해야 하거나 불편한 곳에서 유독 심하게 불안해한다.
- 심하게 울다가도 시간이 지나서 익숙해지면 또 언제 그랬냐는 듯이 잘 논다.

⊗ 정서성에 대한 이해

'자극민감성'이 '감각, 환경, 정서에 대해서 얼마나 민감한 정도의 센서를 가졌는지'를 말하는 것이라면, '정서성'은 이러한 센서를 '얼마나 많이, 혹은 적게 가졌는지'를 의미하는 말입니다. 그래서 '정서성'은 '자극민감성'과 '반응강도'가 주축으로 작동하는 민감성 기질과 억제성 기질에서 같이 살펴봐야 하는 특성입니다.

정서성은 스프링에 비유할 수 있습니다. 스프링은 그 두께와 길이에 따라 외부의 자극에 의해 요동치듯 움직이고, 멈추는 시간이 달라집니다. 바로 이것이 '정서성'의 특징입니다.

우리는 모두 '정서'라는 마음의 스프링을 가지고 있습니다. 어떤 사람은 두껍고 무거운 스프링을, 어떤 사람은 얇고 가벼운 스프링을 가지고 있고, 어떤 사람은 기다란 스프링, 어떤 사람은 짧은 스프링을 가지고 있습니다. 어떤 정서성을 가지고 있느냐에 따라 외부 자극을 받았을 때 움직이는 정도가 다르고, 정서를 진정하는 정도가 달라집니다.

> check!

내 아이는 어떤 스프링을 가지고 있나요?

❶ 두껍고 무거운 스프링 vs 얇고 가벼운 스프링

☑ 두껍고 무거운 스프링 : 소소한 정서적 자극에 둔감한 정서성

☑ 얇고 가벼운 스프링 : 작은 정서적 자극에도 민감하게 흔들리는 정서성

❷ 짧은 스프링 vs 긴 스프링

☑ 짧은 스프링 : 단순한 정서 분화를 가지고 있어 금세 정서를 전환하는 정서성

☑ 긴 스프링 : 자세한 정서 분화를 가지고 있어 진정하고 정리하는 데

　　긴 시간이 필요한 정서성

두껍고 무거우며 짧은 스프링 같은 정서성을 가진 아이들은 소소한 감정적인 사건들에 적당히 둔감하여 담담히 수용하거나 무시하고 넘어갈 힘이 있습니다. 그러나 정서를 세밀하게 분화시키고, 두꺼운 스프링을 유연하게 만드는 노력을 하지 않는다면 정서적으로 단순하고 다른 사람의 정서에 무감각하거나 관심이 없게 될 수 있습니다.

얇고 가벼우면서 긴 스프링 같은 정서성을 가진 아이들은 자신이 경험하는 다양한 정서들을 인식하고 해결하는 과정을 통해 정서를 공감하는 정서적인 유능성을 가질 수 있습니다. 그러나 얇은 스프링을 두껍게 만드는 마음의 힘을 키우고, 기다란 스프링을 진정시킬 방법을 훈련하지 않으면 늘 정서적인 요동침으로 인해 정서조절을 하지 못하거나, 자신의 정서적 스트레스에 스스로 혼란스러울 수 있으므로 이에 대한 노력이 필요합니다.

16가지 기질 유형으로 세분화하기

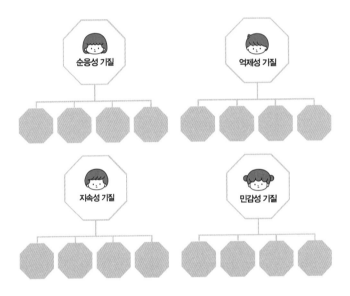

기질 유형은 아이가 가진 핵심 기질 요소에 따라 4가지로 구분되고, 이는 다시 인간이 갖는 개인적인 동기 수준과 사회적인 동기 수준을 나타내는 두 가지 지표인 '활동성'과 '사회성'에 따라 세분화할 수 있습니다.

개인적인 동기와 사회적인 동기에 대한 이해를 돕기 위해 원형 기질 그래프를 4가지 차원으로 나누어 해석해보겠습니다.

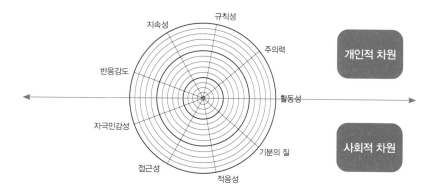

[개인적 차원] **개인적인 기질 특성에 대한 영역**

활동성 – 욕구의 수준, 정도, 방향

주의력 – 개인적 주의지속력

규칙성 – 개인적 리듬성

지속성 – 개인적 선호 욕구 및 정서 지속성

반응강도 – 개인적인 외현적 표현성

[사회적 차원] **사회적 상황에서 행동을 결정짓는 특성**

기분의 질 – 기본적인 바탕 정서

적응성 – 사회적 상황의 유연성

접근성 – 외부세계에 대한 호기심과 시도해보려는 경향

자극민감성 – 사회적 상황 및 관계에서의 민감성 정도

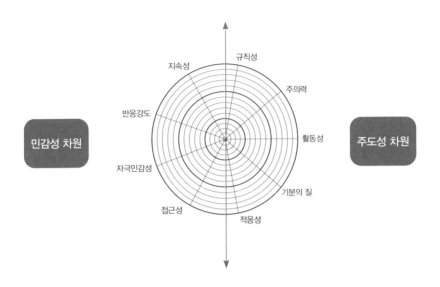

[민감성 차원] **환경 및 정서적 자극에 대한 반응과 강도를 결정짓는 특성**

지속성 – 선호 자극을 유지하려는 정도, 비선호 자극에 대한 거부감 정도

반응강도 – 불편한 자극에 대한 강렬한 정서 행동 표현 강도

자극민감성 – 신체, 환경, 정서적 자극 및 불편한 내외적 자극에 대한 예민성 정도

접근성 – 호기심에 대한 접근 및 불편한 자극에 대한 회피

[주도성 차원] **사회적인 상황에 대한 적응과 욕구 발현 정도를 결정짓는 특성**

규칙성 – 스스로 규칙을 지키고 필요한 것으로 내재화하여 유지하는 순응성

주의력 – 내외적 자극에도 불구하고 주의를 기울일 수 있는 주의지속력

활동성 – 직접 해보고 경험하려고 하는 주체적 욕구 정도

기분의 질 – 타고난 긍정적인 기분의 경향성. 기질 특성들을 아우르는 바탕

적응성 – 낯선 상황에 대한 유연한 적응력

이 책에서는 아이의 기질을 보다 세심하게 진단하기 위해서 '순응성, 억제성, 지속성, 민감성'이라는 네 가지 기질 유형을 '활동성'과 '사회성'이 높고 낮은 기준으로 구분하여 총 16가지 유형으로 나누었습니다. '활동성'은 기질의 개인적 차원의 기준이고 '사회성'은 기질의 사회적 차원의 기준으로 아이들의 미세한 개인적 특성과 사회적 특징들을 더욱 세밀하게 구분하여 줍니다. 이러한 16가지 기질 유형은 9가지 기질 요소를 수치화하여 그래프로 나타냈을 때 저마다 특징적인 형태를 가지고 있습니다.

16가지 기질 유형

활동성이 높은 순응성 기질	활동성이 낮은 순응성 기질	사회성이 높은 순응성 기질	사회성이 낮은 순응성 기질
활동성이 높은 억제성 기질	활동성이 낮은 억제성 기질	사회성이 높은 억제성 기질	사회성이 낮은 억제성 기질
활동성이 높은 지속성 기질	활동성이 낮은 지속성 기질	사회성이 높은 지속성 기질	사회성이 낮은 지속성 기질
활동성이 높은 민감성 기질	활동성이 낮은 민감성 기질	사회성이 높은 민감성 기질	사회성이 낮은 민감성 기질

❶ 순응성 기질의 세부 유형 기질 그래프

순응성 기질은 '규칙성'과 '적응성'의 두 축을 기준으로 하기에 기질 검사 결과를 그래프에 표시했을 때 위아래로 긴 수직형 모양이 나타납니다.

활동성이 높은 순응성 기질 그래프

'활동성'이 있는 오른편으로 좀 더 치우친 수직형으로 나타납니다.

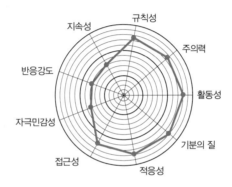

활동성이 낮은 순응성 기질 그래프

'활동성'이 낮아 오른편이 좁은 수직형으로 나타납니다.

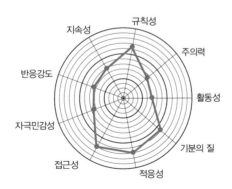

사회성이 높은 순응성 기질 그래프

사회적 차원인 '적응성'뿐 아니라, '접근성'이 높아 아래쪽이 더 넓은 수직형으로 나타납니다.

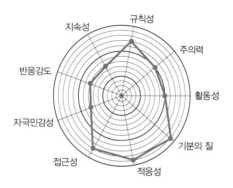

사회성이 낮은 순응성 기질 그래프

사회적 차원에서 '적응성'은 평균이나, '접근성'이 평균보다 낮아 아래쪽이 짧은 둥근 수직형으로 나타납니다.

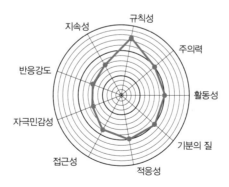

② 억제성 기질의 세부 유형 기질 그래프

각기 다른 불균형한 모양으로 나타나므로 세심한 판단이 필요합니다.

활동성이 높은 억제성 기질 그래프

오른쪽으로 치우친 모양. 개인적 차원에 해당하는 '활동성'과 '규칙성', '주의력'은 높고, 사회적 차원에 해당하는 '적응성'과 '접근성'은 낮습니다.

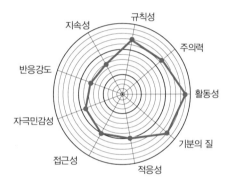

활동성이 낮은 억제성 기질 그래프

'규칙성'은 높지만 '활동성' 수준이 매우 낮고, '반응강도'도 낮아 다각형의 모양으로 나타납니다.

사회성이 높은 억제성 기질 그래프

사회성 차원에 해당하는 '적응성'은 높고 '접근성'은 보통 이상입니다. 그리고 민감성 영역에서 '자극민감성'이 높지만 '반응강도'는 낮습니다.

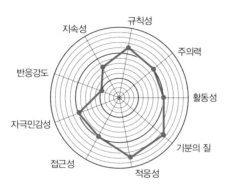

사회성이 낮은 억제성 기질 그래프

사회성 차원에 해당하는 '적응성'과 '접근성'이 모두 낮습니다. 그리고 민감성 영역에서 '자극민감성'이 높지만 '반응강도'는 낮습니다.

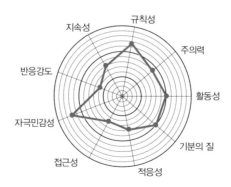

❸ 지속성 기질의 세부 유형 기질 그래프

'지속성'이 높아 왼쪽 위로 기운 수직형 모양이 나타납니다.

활동성이 높은 지속성 기질 그래프

자신이 하고자 하는 욕구 수준인 '활동성'이 높은 기질 유형이므로 오른쪽
이 넓고 왼쪽 위로 기운 모양으로 나타납니다.

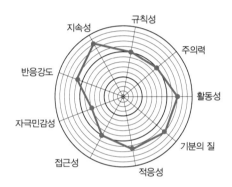

활동성이 낮은 지속성 기질 그래프

수직으로 가느다란 모양. '활동성'의 수준이 보통 이하이므로 오른쪽이 빈
약하게 나타납니다.

사회성이 높은 지속성 기질 그래프

사회적 차원의 '접근성'과 '적응성'이 높아서 위아래로 긴 수직형으로 나타납니다. 자신이 하고 싶어 하는 특정한 관심사를 또래와 공유하려고 하는 경향이 강합니다.

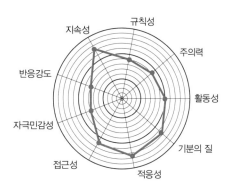

사회성이 낮은 지속성 기질 그래프

아래가 짧은 작은 모양. '지속성'을 제외한 사회적 차원이 모두 낮아 매우 제한된 관심사를 가지고 혼자 놀이하는 성향이 뚜렷하게 나타납니다.

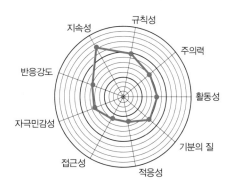

④ 민감성 기질의 세부 유형 기질 그래프

'자극민감성'과 '반응강도'가 높아서 왼쪽으로 쏠린 수평형으로 나타납니다.

활동성이 높은 민감성 기질 그래프

뚜렷한 수평 모양. '활동성'과 '자극민감성', '반응강도'가 모두 높습니다.

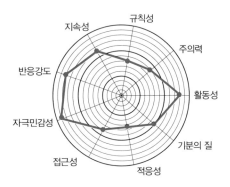

활동성이 낮은 민감성 기질 그래프

왼쪽으로 쏠린 수평 모양. '활동성'이 매우 낮고, 사회적 차원의 '접근성'과 '적응성'도 낮습니다.

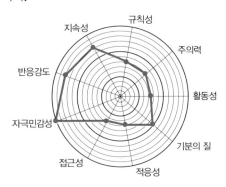

아래쪽이 넓고 왼쪽으로 쏠린 수평 모양. 사회적 차원의 '적응성'과 '접근성'이 다소 높은 편입니다.

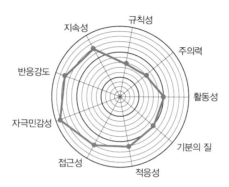

전반적으로 크기가 작고 아래쪽이 짧은 얇은 수평형 그래프. 사회적 차원의 '적응성'과 '접근성'이 매우 낮습니다.

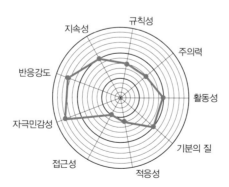

유아기에 나타나는 4단계 욕구

'기질'이 아이가 타고난 특성이라면, 아이를 자기답게 나타내 주는 것은 '욕구'입니다. 투명한 '기질'에 '욕구'라는 색이 입혀지면서 한 아이만의 빛깔, 즉 개성이 드러나는 것이지요.

기질 진단을 통해 '아, 우리 아이가 이런 기질이었구나.' 하고 이해하게 된다면, 그다음 순서는 아이의 욕구를 자세히 들여다보는 것입니다. 욕구를 통해 아이의 숨은 마음을 해석할 수 있어야만 아이에 대해 아는 것 같은 게 아니라, 진정 어떤 아이인지 알 수 있기 때문입니다.

그래서 여기에서는 아이의 기질을 진단하기 전에 욕구에 대한 이해를 돕기 위해 앞서 설명한 매슬로의 5단계 욕구 이론 중 영유아기에 나타나는 '생리적 욕구, 안전의 욕구, 애정 및 소속의 욕구, 자존의 욕구'에 대해 자세히 살펴보도록 하겠습니다.

❶ 생리적 욕구

생리적 욕구는 배가 고플 때 먹고, 쉬고 싶을 때 쉬고, 졸릴 때 자고, 배변의 욕구가 느껴질 때 배변을 보는 것에 대한 욕구로, 인간의 가장 기본적인 욕구에 해당합니다.

생후 6개월까지는 생리적 욕구를 주 욕구로 갖는 발달 시기입니다. 그래서 배가 고플 때 젖을 먹고, 졸릴 때 편안한 엄마 품에서 자고, 배변을 힘들지 않게 하고, 양육자가 배변 신호를 알아차리고 기저귀를 갈아주면 아기들은 양육자에게 신뢰감을 형성합니다. 이것이 바로 '애착'입니다. 생리적 욕구를 안정적으로 충족해줄 때 아이는 그 대상을 신뢰하면서 애착을 형성하는 것입니다.

생리적 욕구가 충족된 아이들은 다음 단계의 욕구인 안전의 욕구를 충족시키며 세상을 탐험해나갑니다. 그래서 발달 단계상 18~36개월 걸음마기의 아이들이 안정적인 애착을 형성하고 있다면 생리적 욕구가 아닌 안전의 욕구를 가지고 세상을 적극적으로 탐색할 수 있습니다.

그러나 안타깝게도 생후 6개월까지 심각한 방임 가정에서 적절한 의식주를 경험하지 못했거나, 주양육자인 엄마에게 심한 우울감이 있어서 적절한 생리적인 보살핌을 받지 못했다면, 걸음마기가 지났음에도 불구하고 생리적 욕구에 초점이 맞춰져 있기도 합니다.

부모가 모두 정신지체였고, 게다가 엄마가 심각한 우울증을 앓고 있었던 한 아이가 있습니다. 제가 처음 이 아이를 만났을 때 아이의 나이는 여섯 살이었지만 여전히 정해진 시간에 밥을 먹거나, 양육자에게 요청하여 간식을 먹는 것이 불가능했습니다. 아이는 시도 때도 없이 냉장고 문을 열고 무엇이 적절한 먹을거리인지, 얼마나 먹어야 하는지를 가늠하지 않고 손에 잡히는 대로 그 자리에서 먹어버렸고, 엄마가 혼을 내면 음식을 들고 도망가서라도 먹곤 탈이 나서 토하기도 했습니다.

이 아이의 경우 생후 6개월간, 극히 배가 곯아 있을 정도로 젖이나 분유를 먹지 못한 상태로 방치되어 있었습니다. 엄마의 우울감이 조금 잦아들거나 노동일을 하던 아빠가 집에 돌아올 때만 아이에게 분유나 어른이 먹는 음식을 조금씩 먹이는 정도였습니다. 영아기에 제때 젖을 못 먹은 아기는 생리적 욕구의 결핍과 이로 인한 애착 대상에 대한 불신감이 불안이 되어 뭐든 먹는 것으로 결핍감을 해결하려고 합니다. 이 아이 역시 적절한 양육을 받지 못한 결과 기본적인 생리적인 욕구가 두드러지게 되었습니다.

⬡ 과잉 밀착형 양육 태도 – 생리적 욕구에 치중한다

다행히도 요즘은 이 아이와 같이 생리적 욕구가 결핍되는 경우는 그다지 많지 않습니다. 그러나 주의할 점은 반대로 욕구가 과잉되었을 때도 결핍 상태와 비슷한 생리적인 욕구가 나타난다는 것입니다.

울 때마다 시도 때도 없이 젖을 물리는 바람에 욕구와는 상관없이 젖을 먹었던 아이는 조금만 힘이 들어도 젖을 먹는 행위와 포만감으로 자신의 욕구를 충족하며 마음을 달래려고 합니다. 그래서 이제 안전의 욕구로 넘어가야 하는 시기임에도 여전히 젖을 빨려고 하는 생리적 욕구에 집중되어 있을 수 있습니다. 그런데 이렇게 욕구 과잉으로 인해 먹을 것을 원하는 모습은 결핍으로 인한 불안과는 달리 우리 주변에서 흔히 볼 수 있습니다.

4세 남자아이가 상담 센터에 엄마와 함께 찾아왔습니다. 아이는 낯선 상황에서 잠시 주변을 살피다가 장난감을 보더니 엄마 손을 잡아끌어봅니다. 같이 구경하고 싶고, 만지고 싶다는 듯 말입니다. 그런데 엄마는 지금 상담 선생님과 이야기를 해야 해서 근처까지는 가주지만 아이에게 집중해주지는 못합니다. 그러자 아이는 장난감을 쉽게 꺼내어 만지지 못하고 머뭇거리며 엄마를 잡아끄는 행동만 합니다.

아이는 엄마가 옆에 있어주면 새로운 것을 탐색하고 접근해보고 싶은 마음을 행동으로 보여주고 있었습니다. 그런데 계속 이것이 마음대로 되지 않자 안아달라고 칭얼대더니 끝내 엄마의 윗옷을 들어 올리며 젖을 먹고 싶어 했습니다.

엄마는 "애가 졸린 것 같아요."라고 얘기했지만, 사실 아이는 졸린 것이 아니었습니다. 세상을 탐색하고 싶은데 그것이 마음대로 되지 않으니 엄마라는 안식처로 돌아온 것입니다. 아마도 엄마는 그동안 여러 상황에 있어서 이러한 아이의 의도를 알아차리지 못했을 것입니다. 그래서 아이가 원하는 대로 되지 않거나, 세상을 탐색하고 싶은 시도가 잘 되지 않아 엄마의 젖을 찾았을 때 아이의 마음을 공감하고 진정시켜 다시 세상으로 보내는 것이 아니라 그냥 젖을 물려주었을 것입니다. 그 결과 아이는 새로운 것을 탐색하는 대신, 엄마에게 얻기 쉬운 젖을 찾게 되었을 것입니다. 반대로, 엄마가 아이를 빨리 진정시키기 위해 젖을 사용했을 수도 있습니다.

이처럼 연령이 높은 유아인데도 엄마의 가슴을 만지거나 젖을 빠는 등의 생리적인 욕구에 치중해있는 아이들이 의외로 많습니다. 엄마가 아이의 욕구를 알아차리지 못하는 둔감한 양육자인 경우, 아이의 상황과 의도를 알아차리지 못하여 아이는 결국 빨리 해결될 수 있는 감각적인 충족을 선택하게 됩니다.

엄마가 과잉 밀착된 애정을 주는 양육자인 경우에도 같은 행동이 나타납니다. 엄마라는 안식처로 돌아와서 잠시 위안을 얻고 다시 세상으로 나가고 싶은 아이에게 과도한 애정과 위로를 주며 아이를 가슴에 품어, 아이가 안식처에 더 머물게 합니다. 이와 같은 과잉 밀착형 양육 태도에서 자란 아이들 역시 생리적 욕구에 치중하게 되는 경향이 있습니다.

모든 아이들이 위와 같은 양육환경이 있다고 해서 생리적인 욕구에 집중하지는 않습니다. 그런데 아이의 기질 특성 중 '자극민감성'이 높은 아이들은 유독 감각적인 생리적 욕구에 집중하는 경향이 있습니다. 또한 '활동성' 수준이 높은 아이들도 가만히 있는 무자극의 상태가 불편하여 감각적인 자극을 찾는 경우가 있습니다.

손을 빠는 행동을 예로 들어 보자면 '자극민감성'이 높은 아이들은 불안할 때 감각적인 자극인 손 빠는 행동을 통해 자신의 마음을 진정하려는 자기 위안 행동을 합니다. 반면 '활동성'이 높은 아이들은 자극이 없는 상태가 스스로 불안하여 자신을 자극하는 행동으로 손을 빨기도 합니다. 따라서 아이의 욕구는 기질의 특성과 함께 살펴볼 때 행동의 이유를 더욱 정확하게 알 수 있습니다.

생리적인 욕구에 집중하는 시기는 영아기입니다. 혼자 걷기를 시작한 생후 15개월 이후의 아이들은 이제 그 윗 단계인 안전의 욕구로 올라가 세상을 탐색하기 시작합니다. 그러나 아이가 3세가 넘었는데도 아래와 같은 생리적 욕구를 목적으로 하는 모습을 많이 보인다면, 아이의 행동을 보다 자세히 살펴봐야 합니다. 아이가 현재 다른 욕구가 마음대로 충족되지 않아 기본적인 생리적 욕구 행동을 보이고 있을 수 있기 때문입니다.

◆ **생리적 욕구 단계에서 보이는 행동**
- 계속 먹을 것을 찾는 행동
- 너무 많이 먹으려는 행동
- 딱히 먹고 싶은 것이 없는 데도 냉장고 문을 열고 먹을 것을 계속 찾는 행동
- 계속 안아달라고 하거나 만지는 행동

이런 경우, 아이의 진짜 결핍된 욕구가 무엇인지 관찰해야 합니다. 위와 같은 행동은 아직 어린 유아기에 어린이집에 보낸 경우, 집단 환경에서 안전의 욕구나 소속의 욕구가 좌절되면서 가정에서 부모에게 기본적인 욕구를 충

족하려는 본능적인 경향으로 드러나기도 합니다. 그러나 이러한 모습이 너무 반복되거나 과도하게 나타나고 있다면 아이의 현재 상태가 너무 생리적인 욕구에 함몰되어 있는 것은 아닌지 살펴보아야 합니다. 그리고 그 원인이 둔감하거나 과잉 밀착적인 양육 행동 때문인지, 아이의 사회적 적응의 미숙함 때문인지도 구별해야 합니다.

원인이 부모의 양육 태도에 있다면 가정에서의 양육 태도와 반응의 교정이 필요하고, 어린이집이나 유치원의 적응상황에서 안전의 욕구가 결핍되어 생리적 욕구에 치중하고 있다면 교사의 세밀한 관심과 교사와의 안정적인 애착 관계가 필요합니다.

진짜 결핍된 욕구를 찾았는 데도 아이가 다른 방법으로 이를 해결하지 못하고 생리적 욕구 충족 방법에 너무 치중해 있다면, 이에 대한 교정과 지도가 필요합니다. 다른 욕구들이 좌절될 때 스스로의 욕구를 충족할 수 있는 좋은 방법과 길을 몰라 헤매고 있거나, 미숙한 방법만을 반복하고 있는 것이기 때문입니다. 또한 부모가 아이의 생리적 욕구의 이면을 보지 않고 겉으로 드러나는 생리적 요구만을 들어주고 있는 것은 아닌지 자문할 필요가 있습니다.

❷ 안전의 욕구

안전의 욕구는 아이들에게 무엇보다 중요한 사회정서 발달의 초석이라고 할 수 있습니다. 아기들은 모두 자신을 안전하게 해주는 엄마를 찾고자 하는 본능적인 욕구를 갖고 있습니다. 안전의 욕구가 적극적으로 드러나는 시기는 생후 12개월 무렵, 걸음마를 시작하면서 본격적으로 사회에 대한 호기심을 가지는 시기와 연결됩니다. 이 무렵 아기는 자신을 돌봐주는 엄마와의 안정적인 애착을 통한 신뢰감을 바탕으로 세상을 살피며 탐험합니다. 처음엔 엄마의 품에서 조금씩 다른 사람을 구경하며 살피고, 집 외의 다른 곳에서의 느낌도 살피며, 엄마가 지켜주고 있다는 안전감 속에서 조금씩 세상을 탐색하는 짧은 도전들을 합니다.

이 시기에 안전의 욕구가 충분히 충족될 때 비로소 아이들은 본격적으로 사회적 상황에 대한 시도와 도전을 하며, 자율성을 시도해보고, 낯선 타인과의 관계를 맺기 시작하는 관계 지향적 사회성을 발달시켜나갑니다. 따라서 아이가 사회성에 관련된 어려움을 보인다면 이는 안전의 욕구와 밀접하게 연관되어 있을 수 있습니다.

⬡ 안정적인 애착의 신호, 낯가림

아이들의 기질검사와 발달검사를 할 때 초기 평가에서 반드시 다루는 내용이 바로 낯가림의 시기와 반응의 정도입니다. 낯가림은 엄마와 안정적인 관계를 맺음으로써 신뢰감을 형성했다는 애착의 신호이자 낯선 사회적 상황에 대한 아이의 반응 형태를 알아볼 수 있는 중요한 단서입니다.

낯가림은 영아의 발달과정에서 생후 4~8개월 무렵 나타나는 것이 정상적입니다. 낯가림을 일찍 시작하는 아이는 4개월이면 시작하지만, 대개는 6개월쯤 낯가림을 시작합니다. 낯가림은 엄마가 눈앞에 보이지 않아도 존재한다는 것을 인식하는 '대상영속성' 발달과도 연결되어 있습니다. 대상영속성 개념은 생후 10~12개월 정도에 획득하기 때문에 이 시기가 되면 낯가림이 줄어듭니다.

대상영속성 개념이 생기면 아이는 이제 엄마가 눈에 보이지 않아도 엄마가 있다는 것을 압니다. 이는 자신을 타인과 다른 독립된 존재로 인식하며 엄마라는 존재를 또 다른 존재로 인식하기 시작했다는 것을 의미합니다. 그래서 아이에게 정상적인 낯가림 시기인 생후 4~8개월에 낯가림이 있었는지, 그리고 10개월 이후에는 점차 낯가림이 줄었는지는 안정애착과 인지발달의 건강한 발달 신호입니다.

대상영속성이 일순간 완전히 획득되는 것은 아니기에 10개월 이후에도 낯선 장소, 낯선 사람들과 만났을 때 자신을 안전하게 지켜 줄 양육자를 찾으며 낯가림을 보이는 것은 정상적인 발달행동입니다.

그런데 생후 4~8개월의 정상적인 낯가림 시기에 어떤 아이는 낯가림이 전혀 없고, 어떤 아이는 낯가림은 해도 우는 대신 불편한 표정이나 경직되는 행동만 보이고, 어떤 아이는 심하게 자지러지게 웁니다. 이러한 다른 반응이 바로 기질의 특성으로 해석됩니다.

생후 10~24개월은 대상영속성이 획득되는 과정에 있으므로 이전 시기와 마찬가지로 반응에 따른 기질적 특성을 분석합니다. 그러나 이 시기는 사회적인 상황에서의 낯가림과 연결되어 있어서, 아이보다는 양육자의 성격 특성이나 양육 태도의 일관성 및 애착과 관련된 사회적 행동을 살펴봅니다.

생후 24~36개월은 대상영속성이 이미 획득되었어야 하는 시기입니다. 따라서 이전에는 없던 낯가림이 이 시기에 나타나는 경우에는 애착에 기인한 낯가림이기보다는 사회적 적응력에 다소 어려움을 갖는 기질적 특성으로 인한 경우가 많습니다. 특히 이 시기의 낯가림은 어린이집 등원이나 동생의 출산과 맞물리는 경우가 많은데, 이는 자신의 존재에 대한 안전의 욕구, 혹은 사회적 적응 상황에서 안전의 욕구 문제가 핵심이 됩니다. 예를 들어, 동생의 출산은 큰아이에게는 가정에서의 안전을 위협받는 상황과 마찬가지입니다. 그래서 아이는 안전하고자 엄마를 찾는 것입니다.

⊗ 사회 적응과 안전의 욕구

아이들은 어린이집이라는 집단 활동을 하는 사회적 상황에 첫 발을 내딛을 때 높은 불안감을 경험합니다. 이러한 불안은 안전의 욕구를 충족하기 원하는 본능적인 신호입니다. 안전한 가정에서 벗어나 모든 것이 낯설고 처음인 환경에 들어서기 때문입니다. 그래서 초기 적응 시기에 많은 아이들이 엄마와 떨어지기를 너무 힘들어하거나, 결국 어린이집에 적응하지 못하고 상담 센터를 찾아옵니다.

이런 경우, 애착대상자와의 분리로 인한 불안인지, 낯선 사회적 상황에 대한 불안인지를 구별해야 합니다. 대부분 짐작하는 분리불안보다는 사회적 상황에 대한 불안감이 높아서 적응에 어려움을 겪는 아이들이 많기 때문입니다. 그러므로 어린이집이나 유치원 적응 기간 동안 교사가 알려주는 아이의 반응을 잘 파악하는 것이 좋습니다. 분리불안과 사회불안 모두 안전에 대한 욕구의 결핍으로 인한 불안이므로 낯선 상황에 대처하는 방법을 부모와 교사가 함께 의논하여 일관적으로 행동하는 것이 매우 중요합니다.

불안의 원인에 따라 아이의 욕구가 다르고, 부모와 교사의 역할과 치료적 개입 방법도 달라집니다. 애착을 기반으로 하는 분리불안은 부모와의 애착관계에서 안전의 욕구가 획득되도록 '부모-자녀 관계'를 중심에 두어야 하지만, 사회적 상황에서의 안전의 욕구가 결핍된 아이들은 부모와 교사가 안전한 기지가 되어주고 아이가 새로운 것을 탐색하고 새로운 사람들과 친숙한 관계를 맺을 수 있도록 즐겁고 유연한 사회적 상황을 경험시켜주어야 합니다.

⊗ 낯가림과 기질 특성

낯가림 시기	기질 특성	나타나는 행동
4~5개월	높은 자극민감성	정서적 자극민감성이 높은 아이들은 주로 이른 시기에 낯가림이 시작됩니다.
6~24개월	높은 규칙성	크게 낯가림을 보이지 않고 불안을 억제합니다.
	높은 접근성, 적응성	낯가림을 보이지 않는 편입니다.
	높은 자극민감성	엄마가 사라지는 느낌만 들어도 불안감을 느끼며 울기 시작합니다.
	높은 자극민감성과 높은 반응강도	엄마가 사라져서 느껴지는 불안감을 격렬한 정서로 표현합니다.
24~36개월	높은 규칙성	어린이집 초기 적응 시 금방 적응합니다.
	높은 접근성, 적응성	어린이집 초기 적응이 필요 없을 정도로 가서 놀기를 즐거워합니다.
	높은 자극민감성	어린이집 초기 적응에 시간이 오래 걸리거나, 교사로부터 정서적인 안전감을 획득하지 못했다면 오랜 기간 동안 등원을 거부합니다.
	높은 자극민감성과 높은 반응강도	자극민감성과 반응강도가 모두 높은 아이들은 어린이집 초기 적응 시 매우 강렬하게 등원을 거부하므로 민감성의 원인이 되는 자극을 해결하지 못했을 때는 적응에 실패하기도 합니다.
36개월 이후	높은 자극민감성 또는 높은 자극민감성과 높은 반응강도	36개월 이후에도 낯가림이 심하다면 불안 정도가 높다는 신호이기에 어려움의 원인이 기질인지 애착인지, 혹은 기질과 애착의 상호적 문제인지에 대해 명확한 전문가의 소견과 육아 코칭을 받기를 권합니다.

❸ 애정 및 소속의 욕구

애정 및 소속의 욕구는 한 마디로 '사랑받고 싶어요.', '내가 사랑받을 만
한 존재라고 느끼고 싶어요.', '내가 필요한 존재라고 느끼고 싶어요.'라는
욕구입니다.
'자기(self)'라는 한 사람의 주체를 끊임없이 연구한 심리학자 하인즈 코헛
(Heinz Kohut)은 '모든 인간은 자신이 이 세상에 가치 있는 존재로서 살고자 하
는 욕구로 살아간다.'라고 말합니다. 인간은 자신의 존재 그 자체로 존중받
고 수용받으며 살아가고 싶은 마음이 있다는 것입니다.

유아의 경우 애정 및 소속의 욕구는 일차적으로 애착에 어려움이 있을 때
드러납니다. 안정된 애착이 아니라 '회피, 저항, 혼란(회피&저항)'의 불안정
애착 패턴을 가지고 있는 아이들은 양육자에 대한 신뢰감과 안전 기지에 대
한 인식이 모두 불안정합니다.
이때 자유롭게 세상을 탐색할 수 있도록 도와주는 '안전 기지'의 역할에 대
한 욕구가 있는 아이들은 앞서 설명한 안전의 욕구를 추구하는 반면, 관계
지향적인 아이들은 부모, 특히 주 양육자인 엄마의 애정에 몰입합니다. 특
히 기질적으로 정서적 민감성을 가진 아이들은 엄마가 우울하거나, 엄마의
'기분의 질'이 낮거나, 엄마가 둔감하다면 엄마와 정서적으로 연결되지 않
는다고 느끼므로, 엄마가 보여주는 애정과 엄마와 연결되어 있다는 소속감
을 더욱 요구합니다.

엄마가 둘째를 출산했을 때, 안전의 욕구가 핵심 욕구인 아이들은 엄마가 둘째를 재운 뒤에 자신과 조용히 시간을 보낸다거나, 일과 패턴을 둘째가 태어나기 전과 동일하게 유지해준다면 크게 불안해하지 않을 수 있습니다. 그러나 애정 및 소속의 욕구가 핵심 욕구인 아이들에게는 항상 '함께'가 가장 중요합니다. 엄마의 지친 표정과 함께하는 시간이 줄어드는 것 자체가 자신에 대한 거절이라고 느끼며 불안해할 수 있는 것입니다. 엄마가 늘 아기를 안고 있기 때문에, 설령 엄마가 자신과 놀아준다고 해도 아이는 온전히 나와 연결된 '함께'라는 애정 및 소속의 욕구가 충족되지 않습니다.

그래서 안전의 욕구를 가진 아이에게는 엄마와의 정해진 놀이시간과 같은 일관된 약속이 중요한 반면, 애정 및 소속에 대한 욕구를 가진 아이에게는 첫째와 함께하는 시간만큼은 둘째를 아빠에게 돌봐 달라고 부탁하고, 온전히 첫째 아이와 눈빛과 몸으로 접촉하며 집중하는 시간이 필요합니다.

정서적 민감성이 있는 아이에게는 엄마의 친절한 척, 재미있는 척은 안 통합니다. 본능적으로 민감하므로 진심을 원합니다. 둘째의 육아로 지쳐있는 엄마에게 나만 봐달라는 첫째의 요구를 그대로 받아주는 것은 참 어려운 일입니다. 그러나 애정 및 소속의 욕구는 이 아이가 자기답게 살 수 있는 힘이고, 자기를 드러내는 목소리이고, 세상을 살아내고자 하는 몸부림이기에 최대한 욕구를 충족시켜주려고 노력해야 합니다.

아이들이 교육기관에 다니게 되면 이러한 애정 및 소속의 욕구는 사회성과 관련된 영역으로 확대됩니다. 유아기의 애정 및 소속의 욕구는 3~4세까지는 나를 사랑해주고 예뻐해주는 선생님에게 초점이 맞춰집니다. 그래서 선생님이 날 반겨주고, 보고 싶어 하고, 예뻐해주면 아이가 품은 애정의 욕구가 잘 충족됩니다. 3~4세에는 친구보다는 애착대상자인 어른에게 애정과 소속에 대한 욕구를 가지기 때문에 또래와 놀 때도 각자 자신의 놀잇감을 가지고 노는 병행놀이가 나타납니다. 그래서 친구에 대한 소속의 욕구가 두드러지지 않습니다.

5~7세가 되면 아이들의 애정 및 소속의 욕구는 선생님이 아닌 친구에게로 향합니다. 친구들이 날 기다려주고, 날 사랑해주고, 날 보고 싶어 하고, 날 기뻐해주기를 바랍니다. 또한 5~7세는 애정 및 소속의 욕구에서 소속의 욕구가 더욱 발달하여 나타나는 시기이므로 아이들은 서로 연결점, 즉 공통분모를 형성하고자 합니다.

여자아이들은 너와 내가 똑같은 분홍치마를 입고 오면 오늘은 둘이 베스트 프렌드가 되는 날입니다. 남자아이들은 내가 오늘 공룡메카드 티셔츠를 입고 왔고, 공룡메카드 공룡 이름을 말했는데 친구도 그 공룡메카드에 대해 알면 둘이 오늘의 베스트 프렌드가 됩니다. 또는 내가 "나랑 이거 할 사람?" 하고 물었을 때 좋다고 대답하고 같은 놀이에 참여하는 친구가 오늘의 친구가 되죠.

그런데 소속감에 대한 욕구는 5세가 되면서 복잡하게 나타납니다. 언어의 유창성과 인지적인 사고 능력, 그리고 사회적 기술이나 정서적 공감력이 확연히 차이 나면서 자기들끼리의 동맹이 일어나고 소속이 연결된 아이들이 더욱 분명해집니다. 그래서 같이 어울려서 놀이하는 게 힘든 아이들이 두드러지게 보이기도 합니다.

5세는 아직 사회정서발달 상 다 함께 놀 수 있다는 것이 이해되지 않는 연령입니다. 예를 들어 친구와 둘이서 엄마와 아기 역할놀이를 할 때 다른 친구가 같이 놀자고 하면 아기가 두 명이 될 수도 있고, 아빠 역할이 있으면 된다는 식으로 사고의 확장이 어렵습니다. 때때로 인지발달이 빠른 아이들은 이러한 상황에서의 문제 해결이 가능하지만, 보통은 6세 정도가 되어야 성인의 도움 없이 이와 같은 문제 해결이 가능해집니다.

이렇게 또래 상호작용이 복잡해질 때, 관계 지향적이지만 높은 정서적 '자극민감성'을 가지고 있는 아이들은 친구의 작은 말투와 표정, 또는 소소한 퉁명스러움에 거절감을 느끼며 서운한 감정을 느끼곤 합니다.

또 기질 요소 중 '적응성'이 약한 아이들은 친구들과 함께 머물기는 하나 적극적으로 나서거나 유연하게 반응하고 놀이하는 것이 편하지 않아 소극적으로 반응하면서 또래 간 지위가 낮은 편에 머물기도 합니다. 만약 이렇게 '적응성'이 약한 아이가 높은 소속의 욕구를 가지고 있다면, 친구들 사이에서 획득되지 않은 애정 및 소속의 욕구를 집에 돌아와서 엄마에게 집요하게 요구하기도 할 것입니다.

기질 요소 중 '접근성'이 약한 아이들은 친구들이 놀이할 때 먼저 접근하는 것이 어렵기 때문에 주변을 맴돌거나 친구들을 쳐다보기만 하고 다가가지 못하는 머뭇거림을 보일 것입니다. 혹 친구들이 같이 놀자고 손을 내밀어 준다고 해도 선뜻 반응하지 못하는 경우도 있어서 친구들과 어울릴 수 있는 기회가 적어질 수 있습니다. 이렇게 '접근성'이 약한 기질의 아이가 애정 및 소속의 욕구가 높다면 가정에서 엄마가 놀이할 때 옆에 머물러주지 않거나 놀아주지 않으면 서러워하기도 합니다. 그리고 어린이집이나 유치원에서는 교사에게 의존하여 선생님의 관심을 끌려고 하는 불안정한 모습을 보이기도 합니다.

그래서 집에 와서 끊임없이 함께 놀기를 원하고, 함께 머물러주기 원하는 아이를 바라볼 때, 선생님을 졸졸 쫓아 다니거나 곁에 머무르며 놀아달라고 칭얼거리는 아이를 바라볼 때, 단순히 떼를 쓴다고 보는 것이 아니라, 아이의 마음속 욕구와 아이가 가진 기질을 함께 살펴봐야 합니다. 그래야 아이의 몸짓에 담긴 목소리를 들을 수 있기 때문입니다.

중요한 것은 아이들의 사회성은 부모와의 놀이를 통해 충분히 발달할 수 있다는 것입니다. 아이들은 부모나 교사처럼 의미 있는 성인, 그리고 또래들과 같은 주변 사람들의 행동을 자연스럽게 모방하고 모델링하며 사회정서발달을 합니다. 따라서 비록 우리 아이가 현재 사회적 기술이 미숙하고 정서 공감력이 빈약하다고 하더라도 부모나 교사를 통해 경험치를 쌓는다면 아이의 사회적 기술이나 정서적 공감력은 얼마든지 발달할 수 있습니다.

❹ 자존의 욕구

자존의 욕구는 나의 존재가 타인과 사회, 그리고 세상에서 존경받고자 하는 '인정 욕구'입니다. 아이들 역시 자존의 욕구를 가지고 있기에 무엇인가를 잘하여 인정받고 싶어 하고, 주목받고 싶어 하고, 자신의 능력을 드러내고 싶어 합니다.

자존의 욕구는 특히 자신의 성별과 자아의 인식이 명확해지는 5세 이후가 되면서 확연히 드러납니다. 이 시기의 아이들은 주목받고 싶어 탁자에 올라가서 춤을 추기도 하고, 그림을 그려서 자랑하기도 하고, 자신이 만든 블록 장난감을 전시해달라고 요구하기도 합니다. 반대로 자존의 욕구가 충족되지 않으면 친구와 함께 그림을 그리다가도 친구가 더 잘 그리면 질투와 시기심이 들기도 하고, 달리기를 하다가 친구가 더 빠르면 속상해서 울기도 합니다. 자신을 근사하게 드러내고 싶은 자존의 욕구가 좌절되기 때문에 속상함이 밀려오는 것이죠.

기질 요소 중 '활동성'과 '적응성'이 높고, 자존의 욕구와 함께 관계지향적인 소속의 욕구도 높은 아이들은 특히 친구들 사이에서 나서고 싶어 하고, 리더를 하고 싶어 하고, 모두가 자신의 말을 따라주기를 원합니다. 그런데 친구들이 자신을 놀린다거나, 자신의 능력을 무시한다거나, 인정해주지 않으면 갈등이 일어나기도 합니다. 반면 자존의 욕구는 높지만 '내향적 활동성'이 높고, '적응성'이 약한 아이라면 혼자 조용히 블록으로 근사한 로봇을 만들거나 종이로 무엇을 만들면서 친구나 선생님에게 관심을 받으려고 하는 작은 시도들을 할 수 있습니다. 이런 아이들에게는 로봇을 들고 친구 주변을 돌아다닌다거나, 친구 곁으로 가서 종이에 쓴 편지를 건네주는 것이 자존의 욕구를 발현하는 시도입니다.

⊗ 자존감의 세 기둥

발달상의 지연이 없는 한 5세가 되면 아이들은 모두 객관적인 자아의 인식이 가능해집니다. 즉, 5세가 되면 주관적인 동시에 객관적인 자존감이 생기기 시작하는 것입니다. 자존감은 부모의 신뢰와 사랑을 통한 '자아에 대한 긍정적인 인식', '객관적인 자기평가', '사회적 인정'으로 자랍니다. 그래서 이 세 가지를 '자존감의 세 기둥'이라고 부릅니다.

부모가 '넌 존재로서 사랑받을 만한 아이란다.'라는 마음가짐을 가지고 믿음과 사랑으로 육아를 할 때, 아이는 자신을 가치로운 존재로서 인식합니다. 그리고 객관적으로 경험을 통해 자신의 능력을 인식합니다. 이것이 바로 '객관적인 자기평가'입니다. 마지막으로 '사회적 인정'은 자신을 친구, 선생님, 타인들이 진짜 인정하는지를 통해 획득합니다.

자존의 욕구가 높은 아이들은 진짜 인정을 받고 싶어 합니다. 그래서 막연한 칭찬은 이 아이들에게 감동을 주지 못합니다. 부모의 사랑이 충분하고, 부모가 아무리 "넌 정말 그림을 잘 그려. 최고야!", "넌 정말 똑똑해!" 하고 칭찬해주어도 아이는 사회적인 환경 속에서 또래들을 보며 자신의 그림 실력과 유능함의 정도를 느끼고 알게 됩니다. 따라서 이런 막연한 칭찬은 아이의 자존감을 자라게 하지 못합니다.

막연한 칭찬보다 아이에게 도움이 되는 것은 격려와 지지입니다. "네가 지난번만 해도 눈을 그리는 걸 어려워하더니, 이제 너만의 예쁜 눈을 그리는구나. 참 훌륭하다.", "네가 늘 블록으로 놀더니 이제 자동차만큼은 척척 만들어내는구나. 저번보다 모양이 근사해졌다."와 같은 구체적인 피드백이 자신의 능력 향상을 정확하게 인식하게 하고, 스스로도 인정할 수 있게 하기에 자존감을 세워줍니다.

그러므로 우리 아이가 자존의 욕구에서 결핍을 느낀다면 결핍되는 부분이 자존감의 세 기둥 중 어느 것에서 기인하는지 파악하고, 이를 방해하는 것이 기질 요소 중 무엇인지 찾아내는 것이 중요합니다. 만약 '객관적인 자기평가'가 약한 이유가 '주의력' 때문이라면, 아이가 블록 만들기 과정의 핵심 단서를 파악하고 기억하도록 가르쳐야 합니다. '접근성'이 낮아서 자신이 잘하는 것이 아닌 다른 것을 시도하지 않는 거라면 새로운 경험 중 성취할 수 있는 정도의 것을 찾아 아이로 하여금 경험하고 성취할 수 있도록 이끌어줘야 할 것입니다. 마지막으로 가장 중요한 부모로부터의 존재로서의 인정이 빈약하다면 부모가 전달하는 사랑의 언어에 진정성이 결핍되어 있거나, 아이에게 애정을 표현하는 방식이 너무 장난스럽거나, 아이를 놀리는 식의 왜곡된 방식은 아닌지 점검해야 합니다.

TEST 📝

아이의 기질 유형 파악하기

이 책에서 기질 검사지를 제시하는 이유는 아이를 정확하게 이해하기 위해서입니다. 아이를 부모나 교사가 객관적으로 들여다보고, 아이에게 가장 좋은 육아의 방법과 문제 상황에 있어서 해결의 길을 아이와 함께 고민하고 찾아 나가도록 돕기 위함이지요.

기질 검사 문제를 풀다 보면, 대다수의 부모가 지금껏 자신이 내 아이에 대해 잘 모르고 있다는 사실에 스스로 놀랍니다. 지금껏 눈으로 보아오긴 했지만, 제대로 관찰하진 못했던 것입니다.

그 때문에 부모가 기질 검사를 할 때는 객관적인 시선으로 아이를 자세히 관찰하여 평가해야 합니다. 오로지 아이에게 집중해보세요. 검사의 결과를 누군가와 공유하며 자랑할 필요도, 다른 아이의 결과에 질투를 느낄 필요도 없습니다.

기질 검사는 온전히 한 아이가 가진 에너지와 빛깔을 찾아내는 과정임을 명심하세요. 우리는 그것을 찾아가기 위해 첫 번째 지도를 펴는 과정을 시작하는 것입니다. 아이의 기질 검사를 통해 '강점'이라는 목적지를 확실하게 알아야 목적지까지 가는 길을 안내해줄 수 있습니다. 지도를 펼쳐 본 후 좋아 보이는 곳이나 내 마음에 드는 곳에 현혹되면, 정작 아이가 가야 할 지도의 목적지를 잘못짚어서 부모도 아이도 헤맬 수 있습니다.

기질에는 좋은 기질과 나쁜 기질이 있지 않습니다. 또한 타고난 경향성으로 아이의 능력을 평가하지 않습니다. 기질을 정확하게 테스트하지 않아 정확한 기질 평가가 나오지 않는다면, 아이의 진짜 기질을 확인하고 계발할 수 없습니다. 따라서 기질을 정확하게 점검하기 위해서 먼저 평가자의 마음을 점검해보시기 바랍니다.

다음은 부모가 아이의 기질 검사를 하기 전에 평가자로서 명심해야 하는 것들입니다. 여러 차례 살펴보고 숙지한 후 검사를 시작하시기 바랍니다.

❶ 부모가 선호하거나 부모가 기대하는 기질에 대한 마음을 내려놓으세요.

❷ 좋은 기질과 나쁜 기질이 없다는 것을 명심하면서 평가하세요.

❸ 아이의 행동과 특성을 객관적으로 평가하세요.

❹ '아이니까 그럴 수 있지.'라는 관대한 생각은 버리고 평가하세요.

❺ '나도 어릴 때는 그랬는데…'라는 안일한 생각은 버리고 평가하세요.

❻ 훈육 전과 훈육 후의 행동에는 차이가 있을 수 있습니다. 훈육 후 아이의 행동이 1년 이상 일관되게 스스로 유지되고 있다면 훈육 후의 모습으로 평가하세요. 단, 아이가 훈육을 하지 않을 땐 훈육 전처럼 행동한다면 훈육 전의 모습으로 평가하세요.

⚠ 검사를 진행할 때 부모의 마음 상태에 따라 결과가 다르게 나타날 수 있습니다. 그러니 정확한 결과를 위해서 최소 1주일의 시차를 두고 여러 번 평가하는 것도 좋습니다.

❶ SCTA 아이 기질 검사지

평가기관 : WithYou 치료교육연구소

전혀 그렇지 않다	거의 그렇지 않다	보통이다	거의 그렇다	매우 그렇다
1	2	3	4	5

질문	강도 체크				
1. 움직임과 활동량이 많다.	1	2	3	4	5
2. 갑자기 움직이거나 뛰기를 좋아한다.	1	2	3	4	5
3. 무언가를 보면 즉시 만지고 직접 해보려고 한다.	1	2	3	4	5
4. 스스로 직접 하는 것을 좋아한다.	1	2	3	4	5
5. 원하는 것을 배우고 잘하고 싶어 한다.	1	2	3	4	5
6. 다른 사람이 잘하는 것을 부러워한다.	1	2	3	4	5
7. 이름을 불러도 바로 반응하지 않는다.	1	2	3	4	5
8. 부모가 지시해도 자꾸 잊어버린다.	1	2	3	4	5
9. 좋아하지 않는 활동을 하면 잘 참여하지 않는다.	1	2	3	4	5
10. 한 번에 두 가지 이상을 하려고 한다.	1	2	3	4	5
11. 한 가지에 집중하다가도 금세 다른 것으로 주의가 이동한다.	1	2	3	4	5
12. 다른 사람의 행동을 보고 잘 배우지 않는다.	1	2	3	4	5
13. 자고 일어나는 시간이 규칙적이지 않다.	1	2	3	4	5
14. 일과가 단조로우면 짜증을 내거나 힘들어한다.	1	2	3	4	5
15. 놀이가 끝나도 바로 놀잇감을 정리하지 않는다.	1	2	3	4	5
16. 안된다고 했을 때 쉽게 단념하고 받아들이지 못한다.	1	2	3	4	5
17. 아이의 행동이나 요구를 예측할 수 없다.	1	2	3	4	5
18. 바깥 활동에서 줄 서기, 차례 지키기를 힘들어한다.	1	2	3	4	5
19. 좋아하는 책이나 장난감을 반복하여 보거나 가지고 논다.	1	2	3	4	5

질문	강도 체크				
20. 궁금한 것이 있으면 궁금증이 해소될 때까지 질문한다.	1	2	3	4	5
21. 원하는 것이 있으면 그것을 얻을 때까지 반복해서 요구한다.	1	2	3	4	5
22. 하다가 안 되는 것이 있어도 쉽게 포기하지 않는다.	1	2	3	4	5
23. 화를 푸는데 시간이 오래 걸린다.	1	2	3	4	5
24. 기억이나 감정을 마음에 오래 품고 있다.	1	2	3	4	5
25. 일상에서 기분이 좋을 때나 나쁠 때 모두 흥분한다.	1	2	3	4	5
26. 뜻대로 되지 않으면 부정적 기분을 강하게 표현한다.	1	2	3	4	5
27. 놀라거나 당황하면 울기보다는 화를 내고 신경질을 부린다.	1	2	3	4	5
28. 자신의 얘기를 들어주지 않으면 금세 화를 낸다.	1	2	3	4	5
29. 무엇을 만들다가 잘 안되면 쉽게 짜증을 낸다.	1	2	3	4	5
30. 하고 싶은 것을 못 하게 하면 거세게 반항한다.	1	2	3	4	5
31. 오감(시각, 청각, 미각, 촉각, 후각)이 모두 예민하다.	1	2	3	4	5
32. 자다가 잘 깨고 깊은 수면이 안 된다.	1	2	3	4	5
33. 낯선 사람이 많은 환경을 불편해한다.	1	2	3	4	5
34. 친구가 거칠게 행동하면 불편해한다.	1	2	3	4	5
35. 엄마의 말투가 조금만 달라져도 눈치를 본다.	1	2	3	4	5
36. 소소한 감정 변화를 금방 알아차리고 반응한다.	1	2	3	4	5
37. 새로운 것을 해보려고 하는 동기가 적은 편이다.	1	2	3	4	5
38. 새로운 장난감을 보면 만지기 전에 한참을 보면서 탐색한다.	1	2	3	4	5
39. 새로운 환경과 상황을 싫어한다.	1	2	3	4	5
40. 낯선 사람을 만나면 익숙해지는데 시간이 오래 걸린다.	1	2	3	4	5
41. 주변에 관심이 가는 것이 있어도 직접 해보지 않는 편이다.	1	2	3	4	5
42. 새로운 또래를 만나도 크게 관심을 기울이지 않고 말이 없다.	1	2	3	4	5
43. 밖에 나가는 것을 별로 좋아하지 않는다.	1	2	3	4	5
44. 낯선 장소에서 놀기를 어려워한다.	1	2	3	4	5

질문	강도 체크				
45. 다른 사람과 있기보다는 혼자 있기를 즐긴다.	1	2	3	4	5
46. 주변에 또래가 있어도 부모와 놀기를 원한다.	1	2	3	4	5
47. 처음 교육기관에 적응하는 데 힘이 든다.	1	2	3	4	5
48. 새로운 친구를 사귀는 데 관심이 없거나 두려워한다.	1	2	3	4	5
49. 하루의 기분이 대체로 부정적인 감정에 치우쳐 있다.	1	2	3	4	5
50. 기분이나 감정을 표정으로 잘 드러내지 않는다.	1	2	3	4	5
51. 자주 칭얼거리거나 징징거린다.	1	2	3	4	5
52. 반가운 사람을 보아도 긍정적인 표정을 보이지 않는다.	1	2	3	4	5
53. 크게 소리 내어 웃거나 크게 소리 내어 울지 않는다.	1	2	3	4	5
54. 스트레스를 받아도 부정적인 기분을 표현하지 않는다.	1	2	3	4	5

기질 요소별 점수 합산

ⓘ 역채점이란 5점을 1점으로, 4점을 2점으로, 2점을 4점으로, 1점을 5점으로 계산하는 것입니다.

문제	기질 특성	합산 점수	채점 방법
1~6번 문항	활동성		
7~12번 문항	주의력		역채점을 해야 합니다.
13~18번 문항	규칙성		역채점을 해야 합니다.
19~24번 문항	지속성		
25~30번 문항	반응강도		
31~36번 문항	자극민감성		
37~42번 문항	접근성		역채점을 해야 합니다.
43~48번 문항	적응성		역채점을 해야 합니다.
49~54번 문항	기분의 질		역채점을 해야 합니다.

ⓘ 본 검사는 WithYou 치료교육연구소에 저작권이 있으므로 무단복재와 전제를 금합니다.

❷ 기질 그래프 그리기

기질 요소별 합산 점수를 해당 항목에 점으로 찍은 다음 점끼리 연결하세요.

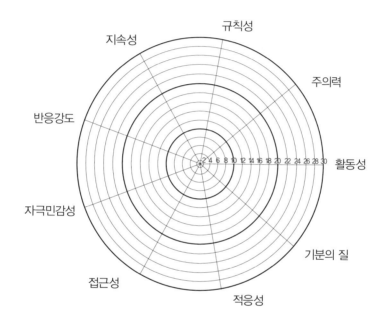

◆ **기질 그래프의 크기**

기질 그래프의 크기는 아이가 가진 기본적인 활동 에너지의 정도를 의미합니다.
크기가 작다면 활동 에너지 수준이 낮은 아이입니다.
크기가 크다면 활동 에너지 수준이 높은 아이입니다.

◆ **기질 그래프의 모양**

기질 그래프의 모양은 아이의 기질적 특성을 나타냅니다.
모양이 둥근 모양일수록 기질 특성이 안정적으로 조화를 이룬 것입니다.
모양에 각이 져 있는 부분은 촉진해야 할 기질 약점을 나타냅니다.

◆ 기질 그래프의 위치

기질 그래프의 위치는 아이의 핵심 기질을 알려줍니다.

기질 그래프의 위치는 아이의 기질 강점을 나타냅니다.

기질 그래프의 위치에 따라 순응성, 억제성, 지속성, 민감성이 가늠됩니다.

⊗ 기질 그래프 해석 시의 유의사항

기질 요소별 점수가 서로 비슷할 때는 높은 점수의 요소들이 몰려 있는 차원에 따라 기질 유형이 판단됩니다. 4세 미만의 아이들은 아직 사회적 질서에 대한 노출 기회가 적고 부모의 사회적 규칙에 대한 지도가 빈약할 수 있으므로 기질 검사시 아이가 가진 규칙성의 정도보다 낮게 평가되는 경우가 있습니다. 만약 기질 검사를 한 결과, 기질 요소 중 '주의력'이 중간값보다 낮고, 사회적 차원에 해당하는 요소들이 모두 중간값보다 낮은 경우, 발달 정도와 아이 심리에 대해 전문가의 소견을 받아보시기를 권해드립니다.

예) 활동성, 적응성, 접근성이 모두 같은 점수로 높다면, 사회적 차원의 기질 특성이 모두 높기 때문에 사회성이 높은 기질에 더 가까울 수 있습니다.

예) 지속성과 활동성이 높으면서 동시에 자극민감성과 반응강도가 높을 때 자극민감성보다 반응강도가 더 높다면, 민감성 기질이 아닌 지속성 기질에 가까울 수 있습니다.

예) 전반적인 기질 점수가 거의 비슷한 수준으로 나타나 둥근 형태인 경우, 자극민감성과 반응강도 중에서 자극민감성이 높고 반응강도가 좀 더 낮다면 순응성 기질보다는 억제성 기질에 가까울 수 있습니다.

예) 사회적 차원에서 적응성은 높지만, 접근성이 낮다면 적응성이 높더라도 사회성이 낮은 기질 유형에 가까울 수 있습니다.

❸ 기질 유형 판단하기

아이의 기질 검사 결과로 작성한 그래프를 다음 페이지에 제시한 그래프의 모양과 비교하여 아이의 기질 유형을 판단해 보세요.

기질 유형 판단은 매우 신중해야 합니다. 기질 검사의 결과는 평가 시 평가자의 마음이나 환경에 따라 영향을 받을 수 있으므로 기질 검사 결과의 신뢰도를 높이고 싶다면 최소 1주일간의 시차를 두고 몇 차례 검사해 보는 것도 좋습니다. 물론 가장 정확한 것은 상담 센터에 방문하여 관찰 검사를 하는 것입니다. 보통 기질 검사는 30분간 아이를 관찰하고, 30분간 부모와 아이를 면담하여 기질 유형을 판단하며, 이후 진단 결과와 관련되어 면담이 진행됩니다. 면담 과정에는 아이의 발달사와 양육사에 대한 구체적인 이야기를 나누고 부모 기질의 유전성과 부모의 양육 태도를 알아봄으로써 유전과 환경에 대한 영향력을 구별합니다. 이를 위해 부모의 성격유형 검사(MBTI)와 양육 태도 검사도 동시에 실시합니다. 이러한 종합적인 과정을 통해 아이의 기질 유형을 파악하므로 정확도를 높일 수 있습니다.

아이가 '주의력'이 낮고 '자극민감성'이 높으며 일상생활 및 훈육 상황에서 어려움이 있다면 좀 더 심층적인 기질 검사가 필요합니다. 이것이 타고난 기질적 특성인지, 부모의 양육 태도로 인해 부정적인 영향을 받은 부분인지 분별하려면 부모–자녀 상호작용검사가 필요하니 상담 센터를 방문하는 것이 좋습니다.

16가지 기질 유형 그래프

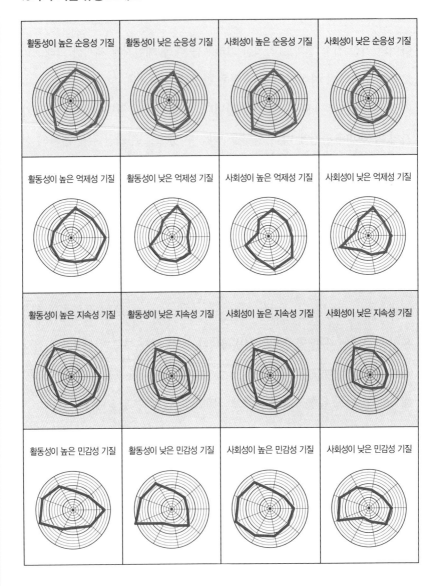

활동성이 높은 순응성 기질　활동성이 낮은 순응성 기질　사회성이 높은 순응성 기질　사회성이 낮은 순응성 기질

활동성이 높은 억제성 기질　활동성이 낮은 억제성 기질　사회성이 높은 억제성 기질　사회성이 낮은 억제성 기질

활동성이 높은 지속성 기질　활동성이 낮은 지속성 기질　사회성이 높은 지속성 기질　사회성이 낮은 지속성 기질

활동성이 높은 민감성 기질　활동성이 낮은 민감성 기질　사회성이 높은 민감성 기질　사회성이 낮은 민감성 기질

주의를 요하는 기질 유형 그래프

주의력 문제를 동반한 활동성이 높은 순응성 기질	주의력 문제를 동반한 활동성이 낮은 순응성 기질	주의력 문제를 동반한 사회성이 높은 순응성 기질	주의력 문제를 동반한 사회성이 낮은 순응성 기질
과민한 정서 문제를 동반한 활동성이 높은 억제성 기질	과민한 정서 문제를 동반한 활동성이 낮은 억제성 기질	과민한 정서 문제를 동반한 사회성이 높은 억제성 기질	과민한 정서 문제를 동반한 사회성이 낮은 억제성 기질
주의력 문제를 동반한 활동성이 높은 지속성 기질	주의력 문제를 동반한 활동성이 낮은 지속성 기질	주의력 문제를 동반한 사회성이 높은 지속성 기질	주의력 문제를 동반한 사회성이 낮은 지속성 기질
과민한 정서 문제를 동반한 활동성이 높은 민감성 기질	과민한 정서 문제를 동반한 활동성이 낮은 민감성 기질	과민한 정서 문제를 동반한 사회성이 높은 민감성 기질	과민한 정서 문제를 동반한 사회성이 낮은 민감성 기질

16가지 기질 유형별 맞춤 육아 코칭

활동성이 높은 순응성 기질

성실하게 원하는 걸 이루는 아이들

부모 "다 열심히 하는데, 진짜 마음을 모르겠어요."

아이 "뭐가 문제예요? 그냥 다 하고 싶은걸요."

⬡ 활동성이 높은 순응성 기질 아이의 그래프

◆ **높은 기질 요소**
규칙성, 적응성, 활동성

◆ **낮은 기질 요소**
자극민감성, 반응강도

(그래프 축: 규칙성, 주의력, 활동성, 기분의 질, 적응성, 접근성, 자극민감성, 반응강도, 지속성)

활동성이 높은 순응성 기질의 아이들은 '활동성'이 높아 하고 싶은 것이 많으며, 사회적인 상황에서 잘 적응할 수 있는 '규칙성'과 '적응성'을 가진 아이들입니다. 이 아이들의 높은 기질 요소 중 '규칙성' 덕분에 사회적인 상황에서 크게 스트레스받지 않습니다. 특히 이 아이들이 '주의력'과 '지속성'까지 높게 가지고 있다면 꾸준히 반복해야 하는 학습 상황과 자신이 하고 싶은 것을 배우는 데도 지속적으로 주의를 기울일 수 있습니다. 그래서 발달과 학습 면에서 유능한 아이가 됩니다.

일반적으로 기질 요소 중 '규칙성, 적응성, 활동성, 주의력, 지속성'이라는 다섯 기질을 핵심 기질로 가지고 있으면 '유능성 기질'이라고 말합니다. 모든 부모가 '내 자녀가 이랬으면…' 하고 부러워하는 기질이기도 합니다. 그러나 모든 기질에는 강점과 약점이 있듯이, 활동성이 높은 순응성 기질의 아이들에게도 약점은 있기 마련입니다.

활동성이 높은 순응성 기질의 아이는 하고 싶은 것이 많습니다. 무엇이든 하는 것을 좋아하고, 하면서도 즐거운 성취감을 느낍니다. 그러나 그 과정에서 정작 자신의 주관적인 정서, 즉 긍정적인 정서와 부정적인 정서와 느낌에는 관심을 덜 둡니다. 그래서 모든 것을 성실하게 하고, 열심히 하면서도 정작 자신의 진짜 마음을 구별하기 어려워합니다.

실제로 주관적인 느낌과 감정에 의해 크게 스트레스받지 않다 보니, 이러한 느낌과 감정에 집중하기보다는 무언가를 하면서 스트레스를 날려 버리는 경우가 많습니다. 그래서 활동성이 높은 순응성 기질의 아이들은 학령기가 되어 고학년이 되었을 때, 여러 가지를 잘하긴 하지만 자신의 꿈이 명확하지 않고 뭔가 잘하고 싶다는 욕심만 가지고 있기도 합니다.

활동성이 높은 순응성 기질의 아이들에게는 아이의 높은 욕구와 무엇이든 열심히 하는 강점을 지지해주는 동시에 아이 스스로 자신의 느낌과 마음의 이끌림에 관심을 기울이고 표현할 수 있도록 격려하고 응원해주어야 합니다. 세상의 평가와 인정을 받는 것에는 익숙하나, 자신의 주관적인 느낌에 따라 마음껏 살면서 실험해보고 도전해보는 것에는 약한 아이들이니까요.

윤지는 일곱 살 여자아이입니다. 아기 때부터 잘 먹고, 잘 놀고, 순하다는 소리를 듣던 아이여서 육아에 크게 어려운 점이 없었습니다. 걸음마도 제시기에 잘 뗐고, 어린이집도 세 살에 갔는데 일주일 동안의 적응 기간에는 손을 흔들고 가는 엄마를 빤히 쳐다보며 헤어지기 싫은 내색을 하긴 했지만, 교실에 가서는 언제 그랬냐 싶게 잘 놀곤 했죠. 어린이집 선생님들도 윤지는 적응도 잘하고, 뭐 하나 못 하는 게 없다고 칭찬 일색이었습니다. 다섯 살부터는 방문 선생님이 오셔서 한글을 가르쳐줬는데, 잘 앉아서 집중해서 그런지 글도 어렵지 않게 터득했습니다. 여섯 살부터는 배우고 싶어 하는 게 많아서 미술, 피아노, 태권도 학원을 다니고 있는데 뭘 배워도 선생님들이 잘한다고 칭찬하고, 아이도 좋아합니다. 한마디로 뭐든 알아서 척척 해내는 기특한 아이이지요.

그런데 아이를 지켜보다 보니, 아이가 뭐든 좋아하고 잘하는 건 좋은데, 진짜 좋아하는 것이 없이 그냥 그렇게 하는 것으로 보이기 시작했습니다. 2년째 다니는 미술학원을 갈 때도 시간이 되면 보채지 않고 가지만, 즐거움과 기대를 안고 간다기보다는 그냥 가는 것 같습니다. 다녀와서는 그림을 잘 그렸다며 좋아할 때도 있지만 늘 그렇지도 않습니다.

욕심 많은 윤지가 유치원을 마친 후 미술, 피아노, 태권도 등을 하러 다녀오면 피곤할 것 같아서 엄마는 저녁을 신경 써서 차려주려고 합니다. 그러나 "소고기? 스파게티? 칼국수? 볶음밥? 뭘 먹고 싶니?" 하고 저녁 메뉴를 물어봐도 "다 먹고 싶어. 근데 아무거나 다 좋아." 하고 대답하거나, 아예 대답을 안 하기도 합니다.

아이가 너무 힘들 것 같아서 학원을 한 곳만 끊자고 하면 "다 좋은데 뭘 끊을지 모르겠어요. 그냥 다 하면 안 돼요?"라고 말합니다. '진짜 다 좋은 건지, 힘들어도 얘기를 안 하는 건지'가 궁금한데, 늘 괜찮다고 하니까 더 신경이 쓰입니다. 아이가 '좋아하지도 않는 것을 그냥 열심히 하고 있기만 한 건 아닐까?' 내심 걱정도 됩니다. 선생님들의 칭찬에 기분이 좋기는 하지만 진짜 잘하고 있는 건지 의심스럽기도 합니다.

때때로 주말에 특별한 바깥 놀이 계획이 없을 때 집에서 멍하게 TV를 보거나 누워있는 것을 보면 힘들어서 그런 것 같은데, 아이는 괜찮다고만 하니, 자꾸 묻기도 그렇고 고민이 됩니다.

📝 **진단**

☑ 활동성이 높은 순응성 기질의 아이는 뭔가를 해야 더 편안해합니다.

☑ 활동성이 높은 순응성 기질의 아이는 일과 패턴과 같은 질서를 잘 지키고, 그 질서 안에서 끊임없이 뭔가를 적극적으로 하는 것을 좋아합니다.

☑ 활동성이 높은 순응성 기질의 아이는 새로운 것을 배우고 도전하는 것을 좋아하지만, 상황이나 질서를 먼저 고려하기 때문에 때로는 그 틀을 깨고 도전하려는 생각을 하지 않습니다.

☑ 활동성이 높은 순응성 기질의 아이는 핵심 욕구가 무엇인지에 따라 끊임없이 뭔가를 하는 이유가 달라집니다.

"밥을 먹어야 힘이 나요.", "옷이나 잠자리가 편해야 좋아요."

순응성 기질의 아이 중에서 생리적 욕구를 강하게 가지고 있는 아이들은 유독 밥을 챙기는 경향이 있습니다. 민감한 기질의 아이가 아니기 때문에 따뜻한 밥을 좋아하는 것뿐이지, 이것저것 해달라고 까다롭게 굴지는 않습니다. 단순히 밥을 먹은 다음에는 기분이 좋아져서 하고 싶은 것을 더 기쁘게 하거나, 즐겁게 학원에 갑니다. 이런 아이들의 욕구를 잘 살펴보면 애정이 깃든 양육에 대한 욕구를 밥으로 표현하는 경우가 많습니다.

활동성이 높은 순응성 기질의 아이들은 자신의 정서적인 힘겨움이나 스트레스에 둔감합니다. 게다가 자기 스스로 문제를 해결하고 적응하는 능력도 있습니다. 그런다고 이 아이들에게 힘겨움이나 스트레스가 없는 것은 아닙니다. 그래서 이 기질의 아이들은 자신의 정서적 어려움을 부모의 애정이나 겉으로 드러나는 보살핌으로 요구하지 않고, 대신 따뜻한 밥상을 원하거나, 아주 편안한 옷이나 양말을 신으려 하거나, 자신의 잠자리 및 자신만의 공간을 챙기는 모습으로 나타냅니다. 그래서 어린아이이지만 자주적이고 주체적으로 산다는 느낌을 주기도 합니다.

육아 Tip 생리적 욕구를 채우는 시간만큼은 편안하게 해주세요

아이가 따뜻한 밥, 편안한 옷, 안락한 잠자리를 원할 때 그 안에 돌봄과 지지를

받고 싶은 마음이 있다는 것을 기억하세요. 그러므로 아이가 원하는 욕구를 수용하여 그 시간만큼은 편안하게 해주는 것이 좋습니다.

편안하게 밥을 먹고 싶어 하는 아이에게 밥을 먹는 동안 유치원 생활에 관해 이것저것 캐묻지 마세요. 활동성이 높은 순응성 기질의 아이들이 밥을 먹을 때 조용한 것은 우울한 것이 아니라 에너지를 얻고 있기 때문입니다. 그런데 자꾸 유치원에서 뭘 하고 놀았는지, 반찬이 맛있는지 없는지 물으며 대답을 요구하면 아이가 에너지를 얻으려고 하는 시간조차 에너지가 소진되는 시간이 되어 버리고 맙니다.

편안한 옷이나 안락한 공간을 원한다면 아이의 바람대로 잘 챙겨주세요. 그리고 조용히 지나가는 말로 "오늘 하루도 애썼어. 편안하게 쉬렴." 하고 토닥여주세요. 아이가 쉬고 싶어 했고, 몸이 편해지길 원했다는 자신의 마음을 인식할 수 있도록 말이죠. 활동성이 높은 순응성 기질의 아이들은 자신의 욕구가 무엇인지 잘 인식하지 못한 상태에서 요구합니다. 그런데 이런 따뜻한 엄마의 말이 아이의 마음에 들어오면 '맞아, 내가 지금 그렇게 하고 싶었던 거야.' 하고 자신의 욕구를 확인하면서 비로소 자신의 마음을 인식합니다.

이러한 인식이 이루어지면 아이의 욕구는 더욱 분명한 요구로 표현됩니다. 예를 들어 "밥 주세요."라는 말 대신 "엄마, 나 맛있는 거 먹고 쉬고 싶어요."라고 말하게 됩니다. 이렇게 아이가 자신의 욕구를 인식하고 표현하기 시작하면 부모와 자녀 간의 소통이 훨씬 편하게 이어질 것입니다.

주체적으로 뭐든 다 하는 아이들이기에 부모에게 딱히 의존하거나 힘든 내색을

잘 하지 않습니다. 그래서 "힘들면 말해."라고 하거나, 엄마가 아이의 요구가 없어

도 뭔가를 해준다는 것은 이 아이들을 기쁘게 하는 것이 아닙니다.

활동성이 높은 순응성 아이들은 그조차도 자신이 하려고 하는 주체적인 아이

들입니다. 따라서 부모의 따뜻한 사랑과 보살핌도 살며시 녹아들듯 해주는 것

이 이 아이들에게 편하게 다가옵니다. 대놓고 우쭈쭈 하는 것이 아니라 머리를

쓰다듬어준다거나, 아이의 마음을 읽어주는 이야기를 한다거나, 잠자리에 함께

누워 몸을 쓸어주는 등 편안하고 부드럽게, 과장되지 않은 접촉을 해주는 것을

좋아합니다.

"우리 윤지가 힘들구나. 쉬어라~."

"우리 윤지가 피곤했을 텐데 TV를 보면서 좀 쉬는구나."

"윤지야, 필요한 거 있으면 얘기해라."

"우리 윤지는 이 옷을 입으면 참 편한가 보구나."

"아이고, 윤지가 침대에 누우니 엄청 편안한 기분이 드나 보네."

안전의 욕구   "예측 가능했으면 좋겠어."

활동성이 높은 순응성 기질 아이들이 안전의 욕구를 가지고 있다면 이 아

이들에게 필요한 것은 당연히 '안정감'입니다. 내가 상황을 예측할 수 있어

야 갑작스러운 변화에 자신을 맞춰야 하는 불편함이 최소화되는 것입니다. 그래서 이 아이들은 부모가 갑자기 마트에 장을 보러 가자고 하거나 갑자기 나가서 놀자고 하면, 크게 짜증을 내진 않지만 기분 좋게 따라나서지는 못할 것입니다.

어쩌면 부모는 순응성 기질의 아이와 주말에 밖에 나가서 신나게 놀아주려는 계획을 짰을 수도 있습니다. 그러나 활동성이 높은 순응성 기질의 아이가 안전의 욕구를 가지고 있다면, 부모가 모르는 뭔가 나름의 자기 계획이 있을 수도 있습니다. 그런 것이 없더라도 갑작스럽게 예측되지 않은 것을 해야 하는 상황은 불편함을 줍니다. 이 아이들에게는 하루의 생활을 정해진 계획에 맞춰 하는 일정한 패턴이 안정감을 줄 수 있습니다. 이러한 아이와는 달리 부모가 정해진 대로 하는 것을 별로 좋아하지 않고, 내키는 대로 떠나는 자유분방한 삶을 추구한다면, 아이는 가정에서 채워지지 않는 안정감에 대한 욕구를 오히려 정해진 시간에 학원에 다니는 것처럼 안정감 있는 스케줄로 얻으려 할 수도 있습니다.

육아 Tip 부모가 아이의 안전의 욕구를 함께 채워주세요

아이와 무언가를 하는 시간을 함께 정하고, 일관되게 지켜주세요. 짧은 시간이거나 간단해도 괜찮지만, 이 시간을 가족의 문화로 만들어 일관성 있게 유지하는 것이 좋습니다.

예) 엄마와의 특별한 놀이시간은 금요일 저녁을 먹고 8시~8시 30분까지, 토요일 저녁 식사 후에는 아빠와 간식 사러 가기

육아 Tip "나중에 해줄게", "알았어, 갈게"라고 말하면 꼭 지키세요

안전의 욕구가 중요한 아이에게 부모가 자꾸 약속을 어기면, 아이는 점점 부모에게 기대하지 않게 됩니다. 부모의 말과 약속에 대한 관심이 줄어드는 것이지요. 그래서 바깥에서는 똑똑하고 재빠르게 자신이 해야 할 일을 하지만, 가정에 돌아와서는 놀아 달라고 하거나 함께 뭘 하자고 요구하지 않고 혼자서 무얼 하는 것에 익숙해집니다. 그러니 안전의 욕구가 중요한 아이에게는 작은 약속이더라도 입밖에 꺼낸 약속은 반드시 지켜야 합니다.

애정 및 소속의 욕구   **"나에게 관심을 가져주니 고마워요."**

애정 및 소속의 욕구를 가진 아이들은 유치원이나 학원 등 무언가를 배우는 집단에서 열심히 하고, 잘하는 것으로 관심과 인정받기를 원합니다. 자신이 그 집단에서 유능한 존재로 인정받을 때 가장 행복하기 때문입니다. 특히 순응성 아이가 애정 및 소속의 욕구를 가졌다면 선생님의 말씀을 잘 듣고, 아이들하고도 잘 지내며, 유능한 존재로의 관심을 한 몸에 받기를 갈망합니다. 혹 가정에서 아이가 늘 성실하게 잘하는 것을 당연히 여기면서 큰 관심을 주지 않는다면, 아이는 피곤하고 힘들어도 학원에 가서 무엇인가를 배우면서 선생님께 인정을 받아야 애정에 대한 욕구가 충족될 것입니다. 그러므로 애정 및 소속의 욕구를 가진 아이에게는 아이가 해낸 무언가에 관심을 보여주고 칭찬해주는 것이 좋습니다.

"나는 잘하고 싶어요. 그럼 기분이 좋아요."

자존의 욕구가 높은 아이들은 뭐든 잘하는 사람이 되고 싶어 합니다. 자신의 유능함을 스스로 증명하고 싶어 하고, 그것을 증명했을 때 기뻐합니다. 애정 및 소속의 욕구를 가진 아이들이 타인의 관심과 인정을 원한다면, 자존의 욕구를 가진 아이들은 스스로 '나는 잘해.' 하는 느낌이 들기를 원합니다. 그래서 자존의 욕구를 가진 아이들은 자신의 능력을 스스로 확인할 수 있는 것을 추구합니다. 예를 들어 그림 그리는 것을 좋아한다면 더 높은 수준의 그림 그리기에 스스로 도전하는 모습을 보입니다. 블록을 좋아한다면 스스로 어떤 것을 만들고 그것을 만든 자신의 능력에 심취하여 우쭐하기도 합니다. 부모에게 자랑하기도 하지만, 그것은 인정받기 원한다기보다는 자신의 능력을 스스로 인정했고, 그 기쁨을 부모와 나누고 싶어 하는 것일 겁니다. 그래서 이 아이들에게는 "정말 잘했구나."라는 칭찬보다는 "네가 만든 게 정말 마음에 드는구나." 하는 반응이 더 기쁜 칭찬이 됩니다.

Q. 활동성이 높은 순응성 기질 아이들에게 필요한 것은 무엇일까요?

A. 지켜봐주기

활동성이 높은 순응성 기질의 아이들은 자신을 봐달라고 크게 요구하지 않습니다. 스스로 알아서 하는 아이들이죠. 그래서 이 기질의 아이들은 다른 사람에게 관심이나 부탁을 요청하고 함께하는 것에 대한 경험이 없는 편입니다. 이 아이들은 혼자가 편하고, 혼자 하는 것에 익숙해져서 서로 도움을 주고받으면서 하는 상황을 오히려 불편해하기도 합니다.

그러므로 부모는 활동성이 높은 순응성 기질의 아이들이 무엇인가를 할 때 곁에서 아이가 하는 것을 묵묵히 지켜봐 주는 것이 좋습니다. 이를 통해 아이는 부모의 사랑과 지지를 경험하고, 누군가를 의존하는 것이 아니라 누군가와 함께 있으면서 서로 의지하고 교감을 나누는 그 과정과 순간이 소중하다는 것을 느낄 수 있습니다. 또한 곁에 있는 부모에게 소소한 부탁과 질문을 하는 과정을 통해 누군가에게 모르는 것을 물어보고 도움을 요청하는 것이 자신의 욕구를 더욱 잘 충족할 수 있는 좋은 방법이란 것도 배울 수 있습니다.

아이가 블록으로 뭔가를 만들거나 인형놀이를 할 때, 학습지를 풀 때 곁에 앉아 미소를 띤 지긋한 눈빛으로 아이를 바라봐주세요. 그 눈빛 하나로 아이는 자신이 무언가를 하는 것 자체가 아닌 '내가 무엇을 하든 나를 사랑한다'는 '존재로서의 사랑'을 경험합니다.

그러니 "뭐가 필요하니?" 하고 묻기보다는 그저 "필요한 게 있으면 얘기해."라고 말하고 곁에 머물러 주세요. 그리고 아이가 부탁을 하거나 도움을 요청하면 자연스럽게 "그게 잘 안됐구나. 같이 한 번 해보자."라고 부드럽게 개입하며 그 순간을 즐겁게 함께하세요.

활동성이 높은 순응성 기질의 아이들은 다소 성취 지향적인 목표를 추구하기 때문에 과정의 기쁨보다는 결과와 성취에 초점을 두는 경향이 있습니다. 그래서 과정의 행복을 놓치기도 합니다. 그러므로 부모는 그 과정의 행복을 경험하게 해주면서 아이가 가진 성실함이라는 강점 속에서 함께하는 즐거움을 즐길 수 있도록 도와주는 것이 좋습니다.

A. 주관적인 마음에 대한 알아차림과 지지

활동성이 높은 순응성 기질의 아이들은 뭐든 성실하게 열심히 하지만 실제 자신의 마음 상태와 정서에는 별로 신경을 쓰지 않습니다. 이는 어쩌면 신경을 쓸 겨를도 없이 무엇인가를 성실하게 하기 때문일 수도 있습니다. 그래서 활동성이 높은 순응성 기질의 아이가 욕구가 높으면 높을수록 자신의 정서보다는 무엇인가를 하려는 욕구를 계속 충족하는 데 집중합니다. 그러다가 힘들면 무엇 때문에 자신이 힘든지 생각하기보다는 그냥 힘들다고만 말합니다.

그래서 이 기질의 아이들은 대부분의 아이가 무언가를 선호하는 취향이 분명해지는 고학년이 되면, 꿈에 대해 심각하게 고민하게 됩니다. 또는 오랫동안 주관적인 정서에 둔감한 채로 지내왔기에 무엇인가를 고민하다가도 그냥 고민을 잊어버리고 편안함을 찾기 위해 게임이나 TV 시청, 만화책 읽기 등 단순한 스트레스 해소용 시간을 갖는 경향이 나타나기도 합니다.

이러한 시기에는 아이들이 가진 높은 욕구와 성실함이라는 강점이 유지되면서도 새로운 접근과 모험을 통해 자신의 주관적인 마음에 민감해질 수 있도록 도와주어야 합니다. 평상시 아이의 행동과 말속에 담긴 아이의 주관적인 마음과 감정을 알아차려 얘기해주면서도 편안하게 기다려주는 자세가 필요한 것입니다. 부모가 곁에서 아이의 주관적인 마음을 알아차려주면 아이는 순응성 기질로 인해 놓쳤던 자신의 마음과 주관적인 의사를 인식하게 됩니다.

특히 순응성 기질의 아이들은 타인을 먼저 생각하는 경향으로 인해 소소한 자기주장을 못 하는 경향이 있으므로, 이러한 부분을 가정에서 편안하게 얘기할 수 있는 기회를 만들어보세요. 이때 주의할 점은 주장을 요구해서는 안 된다는 것입니다. "네가 원하는 것을 요구해."라는 주문은 순응성 기질에 반하는 자기주장 법이기에 오히려 표현을 하는 것이 불편해집니다.

엄마 : "오늘 저녁에 외식할 건데 뭐 먹으러 갈까?"

아이 : "전 자장면도 좋고, 피자도 좋고, 고기도 좋아요. 뭐든 다 좋으니 엄마 아빠 드시고 싶은 거로 먹어요."

엄마 : "네가 엄마 아빠를 생각해주니 고마워. 그런데 네가 자장면을 제일 먼저 말한 걸 보니 그게 제일 먹고 싶었나 봐. 우리 딸이 자장면을 좋아하잖아."

아이 : "맞아요."

엄마 : "그럼 '오늘은 자장면 먹으면 어때요?' 이렇게 얘기해도 괜찮아."

아이 : "네, 그럼 오늘은 자장면 먹을까요?"

엄마 : "그러자. 좋다."

A. 능력에 대한 인식, 격려와 칭찬

활동성이 높은 순응성 기질의 아이들은 뭐든 열심히 잘하고, 사회적인 기대에 순응하는 기질을 가지고 있어서 학업에 있어서 능력 중심이 아닌 수행 중심적인 태도를 보이기 쉽습니다.

'능력 중심'은 자신의 주관적인 능력을 인식하고 능력의 발전 자체를 즐거워하는 것입니다. 반면 '수행 중심'은 기대에 맞춰서 하는 것 자체를 목표로 하므로 결과가 중요합니다. 만약 결과에서 실패를 겪게 되면 금세 좌절감을 느끼거나 목표로부터 생겼던 동기가 사라지면서 학습, 즉 무엇을 배우는 것에 대한 즐거움이 사라집니다.

그래서 활동성이 높은 순응성 기질의 아이들은 종종 꿈을 꾸기보다는 성실한 학습으로 누리고 있는 자신의 결과를 지키는 데 애를 쓰기도 합니다. 작은 실수를 해도 불안해하거나 좌절을 느끼기도 하지요. 따라서 학령기로 접어들면서 안전하려는 학습 유형을 갖게 됩니다. 도전보다는 자신의 좋은 능력을 지키는 데 목표를 두는 것이지요. 그러므로 활동성이 높은 순응성 기질의 아이들에게는 아이의 주관적인 능력에 대한 격려와 칭찬이 필요합니다.

> 아이 : "엄마, 나 잘했지! 피아노 선생님이 나 잘한대."
>
> 엄마 : "네가 열심히 피아노를 치더니 실력을 인정받아서 기분이 좋구나."
>
> 아이 : "응, 좋아."
>
> 엄마 : "그러게, 네가 피아노를 꾸준히 치니 진짜 실력이 늘었네. 훌륭해."

엄마 : "근데 우리 딸은 언제 피아노를 치면 기분이 좋니?"

아이 : "응, 기분이 좋을 때."

엄마 : "아, 기분이 좋을 때 피아노를 치면 기분이 더 좋구나. 그럼 집에 와서 피아노를 치는 날은 네가 기분이 좋은 날일 수 있겠네."

아이 : "맞아."

엄마 : "그럼 어제 집에 와서 피아노를 쳤을 때도 기분이 좋은 일이 있었던 거야?"

아이 : "아니, 그건 그냥 치고 싶어서 친 거야."

엄마 : "우리 딸이 기분이 좋을 때도 피아노를 치고, 그냥 치고 싶을 때도 치는구나. 엄마는 우리 딸이 언제 피아노를 치는지 이제 알았네."

이처럼 아이의 미묘한 주관적 감정의 변화에 대해 부모가 알아차리고 말로 표현해주면, 아이는 점차 자신이 무엇을 좋아하는지에 대해 스스로 알아차리고 표현할 수 있게 됩니다.

활동성이 낮은 순응성 기질

조용하고 천천히 할 일을 하는 아이들

부모 "착하긴 한데 왠지 아무 생각이 없어 보여요."

아이 "나는 혼자 놀아도 괜찮아요."

⬡ 활동성이 낮은 순응성 기질 아이의 그래프

◆ **높은 기질 요소**
규칙성, 적응성

◆ **낮은 기질 요소**
자극민감성, 반응강도, 활동성

지속성 · 규칙성 · 주의력 · 활동성 · 기분의 질 · 적응성 · 접근성 · 자극민감성 · 반응강도

활동성이 낮은 순응성 기질의 아이들은 흔히 "정말 순하다."라는 느낌을 줍니다. 영아기 때도 잘 울지 않았고, 칭얼대는 경우도 거의 없었습니다. 까르르 웃거나 놀아달라고 하거나 움직임이 많지도 않았습니다. 조용하고 무던하다는 느낌이 강한 아이들이라서 이 기질의 아이들을 영아기 때 'silent baby'라고도 부릅니다. 이 기질의 아이가 유아가 되면 규칙에도 순응적이고 환경에 적응하는 데 문제가 없지만, 새로운 것에 대한 자발적인 호기심과 적극성은 다소 빈약한 모습을 보입니다.

활동성이 낮은 순응성 기질의 아이들에게 놀잇감으로 자극을 주면 가지고 놀긴 하지만 뭔가를 더 해보겠다는 의지를 보이지는 않습니다. 또는 그것으로 같이 놀자고 재촉하거나, 다른 걸 달라고 하는 경우도 별로 없습니다. 그래서 활동성이 낮은 순응성 기질의 아이들은 새로운 상황에 유연하고 순조롭게 적응하는 '적응성'은 높지만, 새로운 것에 호기심을 가지고 접근하려는 '접근성'은 낮습니다. 환경에서 새로운 자극이 주어지면 관심을 가지고 놀이를 할 뿐, 새로운 자극을 스스로 찾지는 않는 것입니다. 놀이 역시 같은 장난감을 가지고 비슷한 것을 반복하기 때문에 놀이가 확장되거나 복잡해지는 발달적 자극이 일어나지 않습니다.

이 기질의 아이들을 어린이집이나 유치원에서 살펴보면 늘 몇 가지의 익숙한 놀이를 반복해서 하고, 자신의 차례가 오지 않아서 할 수 없으면 별다른 좌절감이나 속상함을 느끼기보다는 그냥 자리를 이동하여 다른 것을 하는 편입니다. 그리고 다른 놀이를 할 때도 탐색 놀이를 할 뿐 친구들과 이야기하고 상호작용하면서 역동적으로 놀지 않습니다. 그러다가 선생님이나 친구들이 오면 잠시 눈을 마주치며 웃기도 하고, 비슷하게 따라 하는 모방을 하면서 주고받는 놀이가 시작되지만, 그것도 그리 오래 지속하지 않습니다. 활동성이 낮은 순응성 기질의 아이가 '주의력'을 보통 수준 이상으로 가지고 있다면 그래도 친구들이 하는 놀이를 보면서 새로운 것을 배우고 모방하기도 하나, '주의력'이 보통 수준이거나 보통 수준보다 낮다면 주변을 살피거나 무엇을 따라 하며 배우려고 하는 '주의력'과 동기가 모두 낮기 때문에 모방학습과 놀이 확장이 잘 일어나지 않습니다. 그래서 단순한 놀이를 반복하며 혼자 조용히 놀다가 심심해지면 그냥 책을 보거나 쉬려고 하며, 자주 누워있으려고 합니다.

💬 사례

여섯 살 진수는 어린이집에서 '선비'로 통합니다. 항상 차분하게 행동하기 때문입니다. 진수는 다행히 발달상에는 문제가 없어서 제때 걸음마를 했고, 30개월부터는 말도 곧잘 했습니다. 그래도 뛰고 걸으려고 하거나, 수다스럽게 얘기하기보다는 과묵하다고 생각될 정도로 필요한 행동과 말만 하는 느낌입니다.

진수는 활동성이 낮은 순응성 기질 아이들 중에 적절한 발달을 보이는 경우의 대표적인 특징을 보이고 있습니다. 어린이집 교실에서 자유놀이를 할 때도 굳이 친구들과 같이 놀려고 하거나, 꼭 원하는 장난감을 가지고 놀려고 하는 등, 특정한 대상과 목적이 정해져 있는 경우가 별로 없습니다. 그렇다고 친구와 어울리기를 싫어하거나 같이 놀이하지 못하는 것은 아니지만 반응은 빠르지 않은 편입니다.

'활동성'이 낮다는 것은 동기가 낮은 것으로, 속도와 연결됩니다. 사람의 '동기'는 에너지의 '동력'과 같습니다. '활동성'이라는 욕구의 동기가 적을수록 속도가 느려지는 것입니다. 예를 들어, 음식을 먹고 싶다는 마음의 동기가 있는 아이들은 자신이 원하는 먹을 것이 나오면 당연히 재빠르게 먹습니다. 그러나 뭔가를 먹고 싶다는 마음의 동기가 별로 없는 아이에게 맛있는 음식을 준다면 그 아이는 천천히 먹을 만큼만 먹을 뿐, 맛있다고 표현하면서 빨리 먹지는 않을 것입니다.

진수가 친구들과 놀이터에서 놀이할 때를 보면 엄마는 좀 헷갈립니다. 재미있게 미끄럼틀을 오르내리며 친구들과 잡기놀이를 하지만, 크게 소리

내어 웃거나 호기 있게 자기를 잡아보라고 얘기하지 않습니다. 어떤 놀이를 하자고 의사를 표현하지도 않지만 웃으며 놀이에 참여합니다. 그래서 엄마는 도대체 애가 즐거운 건지, 억지로 놀고 있는 건지 헷갈립니다. 그러나 아이에게 물어보면 특별한 대답이 없습니다. 그냥 "재밌었어."가 끝입니다. 또 놀고 싶다고도 얘기하지만 왜 또 놀고 싶냐고 물어보거나 어떤 게 재밌었는지 물어보면 한참을 묵묵부답 생각할 뿐, 뭔가 특별한 대답을 하지 않습니다.

이렇게 활동성이 낮은 순응성 기질 아이의 부모가 경험추구형이거나 사고합리형 부모일 경우, 이러한 아이의 기질을 매우 부정적으로 보는 경향이 있습니다. 종종 어떤 부모는 상담 센터에 오셔서 아이가 '자기주장을 못하는 소심한 아이'라거나, 심지어 '우리 아이가 멍청한 것 같다.'거나, '뭔가 모자란 것 같다.'라고도 말합니다.

이러한 아이의 모습은 그냥 기질일 뿐입니다. 부모의 활동적이고 합리적인 성격의 관점으로 본다면 뭔가 문제가 있는 것으로 보이지만, 발달적으로 느리지 않았다면 문제 되지 않습니다. 활동성이 낮은 순응성 기질 아이들은 자신의 욕구, 기분, 감정에 매우 둔감합니다. 그리고 마음을 뜨겁게 만드는 동기가 뜨겁지도 차갑지도 않은 어중간한 상태에 머물러 있습니다. 부모들은 이것을 지켜보기 답답해 하지만, 이 아이들은 둔감한 것이지 욕구가 없는 것은 아닙니다. 그러므로 아이가 가진 핵심 욕구를 찾아주면 보다 빨리 자신을 움직이는 동기를 발현하게 됩니다.

사례

여섯 살 민지 역시 조용한 아이입니다. 엄마는 아이가 늘 멍한 표정으로 별다른 생각을 하지 않는 것 같다고 걱정하셨습니다. 민지를 보는 유치원 선생님들도 민지가 교실에서 별다른 문제는 없지만 걱정되는 부분이 있다고 하셨습니다. 예를 들어 스스로 놀이를 선택하는 자유놀이 시간에 다른 여자아이들과 적극적으로 어울리지 않아서 친구들 사이에서 겉도는 모습이 나타난다고 합니다. 다 함께 모여 이야기를 나눌 때도 종종 멍하니 있어서 다시 설명해주지 않으면 질문을 이해하지 못하거나 바로 대답하지 못한다고 합니다. 그러나 다시 얘기해주면 잘 이해하고 대답한다고 합니다.

엄마는 민지가 순하고 말을 잘 듣는 아이여서 그동안 크게 염려하지 않았지만 최근 주말에 친구들과 놀이하는 민지를 보면서 걱정되는 순간들이 있었다고 했습니다. 친구들이 놀이터 기차에서 다 같이 놀다가 다른 곳으로 뛰어가면 바로 쫓아가지 못하고 엄마가 "친구들이 미끄럼틀로 가네. 너도 가봐."라고 해야 뛰어간다는 거였습니다.

집에서는 매일 그림 그리기와 비즈 만들기를 하는데 매번 거의 비슷한 그림을 그린다고 합니다. 다른 것을 그려보자고 제안해도 관심이 없고, 엄마가 그리는 것을 보고 예쁘다고는 하지만 자신이 그려볼 생각은 하지 않는다고 합니다. 비즈 역시 매번 정해진 도안 몇 개를 골라서 도안 책 위에 올려놓고 만든다고 했습니다. TV를 틀어달라고 해서 어린이 만화 채널을 틀어주면 한동안 보고는 있는데, 뭐가 재밌었냐고 물어보면 만화의 줄거리를 얘기하지 못한다고 합니다.

민지는 걸음마도 15개월에 했고, 말도 4세가 되어서야 문장으로 말했던 아이였습니다. 대소변에 대한 의사 표현도 잘하지 않아 4세를 꽉 채울 때쯤 기저귀를 뗐습니다. 느리긴 했지만 큰 문제없이 순하게 자라고 있다고 생각했는데 여섯 살이 되어서도 친구들과 있을 때 어울리지 못하고, 친구들과의 이야기에도 교감하지 못한다는 느낌이 드니 엄마의 마음이 불안해진 것입니다.

진단

☑ 활동성이 낮은 순응성 기질의 아이는 주관적인 생각과 느낌에 둔합니다.

☑ 활동성이 낮은 순응성 기질의 아이는 행동이나 말, 그리고 사고처리 속도가 느립니다.

☑ 활동성이 낮은 순응성 기질의 아이는 분명한 호불호가 없고, 상황에 수동적인 편입니다.

☑ 활동성이 낮은 순응성 기질 아이의 핵심 욕구가 무엇인지에 따라 다르지만, 뭔가 불편감이 생겨도 불편한 것을 표현하기보다는 조용해지거나 무기력하게 누워있거나 무표정을 나타내며 멍해지는 경향이 있습니다.

⊗ 핵심 욕구에 따른 육아 코칭

 "가만히 있고 싶어."

활동성이 낮은 순응성 기질의 아이들은 행동이 느리고 큰 움직임이 적습니다. 얌전하다기보다는 단순히 활동량이 적기 때문입니다. 따라서 이 기질의 아이에게 생리적 욕구가 있다면, 유치원이 끝난 후 집에서 가만히 놀거나 쉬기를 좋아하지 나가려고 하지는 않을 것입니다.

앞선 사례에서 소개한 민지는 활동성이 낮은 순응성 기질이면서 생리적 욕구를 가진 아이였습니다. 민지는 놀이치료실에 들어오면 먼저 자신이 원하는 장난감을 쭉 꺼내어 연결해놓고 그 자리에서 크게 움직이지 않고 놀았고, 그러다가 편하다고 느끼면 엎드리는 모습도 보였습니다. 몸을 움직이는 것보다는 최소한의 움직임 속에서 원하는 놀이를 하려는 것입니다.

아이가 몸 상태가 힘들거나 사회적인 상황에서 무엇인가를 해내고 적응하는데 에너지를 소진하여 생리적인 욕구를 챙기는 것이라면 우리는 그것을 충족할 수 있도록 해야 합니다. 그러나 활동성이 낮은 순응성 기질의 아이들은 대표적인 느린 기질로, 꼭 정서적으로 소진되지 않더라도 늘어지는 경향이 강합니다. 감각에 둔감한 기질 유형의 아이이므로 놀이 상황에서 아이의 몸이 처지고 지나치게 이완되는 것은 이 아이들에게 좋지 않습니다.

그래서 놀이 치료의 하나로 가게 놀이를 할 때면 한쪽에는 아이스크림 가게를, 반대편에는 옷 가게를 만들어 두고 함께 아이스크림도 먹고, 옷도 사러 가고, 신발도 사러 가자고 하면서 일부러 움직이게 만드는 것이 좋습니다. 순응적인 기질의 아이들은 좀 귀찮고 성가시더라도 함께 노는 사람의 리드에 동참합니다. 이렇게 순응성 기질을 이용하여 활동에 동참하도록 유도하면서 다양한 생각의 전이와 경험의 확장을 도모하는 것이 이 기질에 적합한 치료 교육적 개입입니다.

육아 Tip 편안하게 휴식을 취하는 와중에 자극을 주세요

활동성이 낮은 순응성 아이들은 요구를 거의 하지 않습니다. 무엇을 요구하는 것에 대한 욕구 자체가 낮아서 가만히 내버려 두면 정말 아무것도 하지 않고 멍해 있기도 합니다. 이런 느린 기질의 아이들은 몸이 힘들수록 더 느려집니다. 그래서 유치원에서 현장학습이라도 다녀오거나 활동이 많았던 날은 유독 집에서 가만히 있거나 쉬려고 합니다. 다른 아이들에게 열 개의 자극을 주었을 때 보통 다섯 개를 학습하고 받아들인다면 느린 기질의 이 아이들은 많아야 한두 개 정도의 자극만 받아들이고 학습합니다. 이렇게 발달과 학습에 있어서 매우 느리긴 하지만, 새로운 경험을 통해 지속적으로 학습을 이어나갈 수 있습니다.

그러므로 아이가 활동성이 낮은 순응성 기질이라면 부모가 더욱 세밀하게 촉진적인 가정환경을 조성해주어야 합니다. 욕구라는 동기의 에너지 수준이 낮으므로 과도한 밀어붙이기식 촉진은 오히려 아이를 멍해지게 할 것입니다. 예를 들어 영어에 아무런 호기심과 배우고자 하는 동기가 없는 아이에게 계속 영어로 말하고, 영어 CD를 틀어놓는다면, 아이에게는 영어 소리를 그냥 허공에 떠다니는 소리로 인식하는 둔감화가 시작됩니다. 이 기질의 아이들이 그렇습니다. 또래 아이

들이 놀이하는 교실에서 친구들의 역동적인 행동과 말소리가 지속되면, 이러한 말을 대화로 듣기보다는 주변의 소리로 인식하고 그냥 자신의 것만 하는 모습을 보입니다. 그래서 이 아이들을 호명하면 바로 듣지 못하고 옆으로 가서 톡톡 건들며 이름을 불러야 눈을 쳐다보는 경우가 생기는 것입니다.

지나친 학습적 환경은 이 아이들을 오히려 멍하게 하므로, 촉진적인 환경의 정도가 중요합니다. 이때의 핵심은 편안함을 동반한 자극입니다.

예를 들어 책을 읽어주는 것은 아이들의 인지, 언어, 사회 및 정서발달 모두에 좋은 영향을 주는 활동입니다. 그러나 욕구가 없는 기질의 아이들에게 책을 읽어주며 자꾸 물어보고, 확인하고, 너도 읽어보라고 하는 식으로 얘기하면 순응적인 아이라서 지시에 따르기는 하나, 절대 그 활동을 즐거워하며 자발적인 동기가 늘어나지는 않을 것입니다. 이 기질의 아이들에게는 그냥 엄마가 침대 맡에서 편안하게 책을 읽어주고, 그다음 날도 같은 책을 또 읽어주면서 한 페이지 정도는 간단하게 내용을 설명해주는 식으로, 익숙하고 편안한 환경에서 반복을 통해 가랑비에 옷 젖듯이 주는 자극이 좋습니다. 한 페이지씩 설명해주고 정리해주는 엄마의 말을 통해 아이는 멍하니 봤던 동화책의 그림과 내용이 이해되기 시작할 것입니다. 그리고 같은 것 같지만 다른, 반복되는 동화책 읽기를 통해 아이는 이 책만은 잘 알고 있다는 자신감이 생길 것입니다.

활동성이 낮은 순응성 기질의 아이들은 사고의 처리속도가 늦고 자발적인 사고가 늦은 편이기에 질문을 할 때에도 꼭 한두 번의 예시를 보여주고 나서 이해가 되면 질문하는 것이 좋습니다. 예를 들어 부모가 먼저 등장인물을 보며 느낀 점을 말해보고 되물어보는 것처럼요.

안전의 욕구 "나만의 공간이 있으면 좋겠어."

진수와 민지에게는 둘 다 동생이 있었습니다. 그런데 인상적인 것은 세 살 정도의 어린 동생은 언니 오빠의 놀이를 방해하기 마련이라 싫어할 법도 한데, 가정에서 동생과 별다른 갈등이 없다고 했습니다.

놀이 치료 중에도 두 아이는 장난감 방 한편에 동생 인형을 두고 친절하게 "이거 하고 있어."라고 말하고는 다른 데에서 놀거나 뭔가를 하는 행동을 보였습니다. 진수는 엄마 역할을 하는 제게 동생 인형을 주며 "엄마랑 있어." 라고 말하고는 자신의 역할 인형을 가지고 놀이터에서 놀았습니다.

진수에게 "엄마랑 동생은 여기 있고, 진수는 놀이터에서 노는구나. 혼자 놀아서 심심할 것 같아."라고 얘기하자 이렇게 말했습니다. "아니요. 저는 혼자 노는 게 좋아요." 진수에게 다시 "진수는 동생이랑 같이 놀면 불편한 게 있어?"라고 물어보자 진수는 "아니요. 그냥 동생은 엄마랑 있는 걸 좋아해요."라고 대답하고는 혼자 미끄럼틀 놀이를 했습니다.

민지도 놀이를 하면서 동생 인형에게 "넌 여기서 기차를 타고 있어."라고 말하고는 케이크를 가지고 놀았습니다. 제가 동생 역할을 하면서 "나도 언니를 따라갈 거야."라고 하자, 민지는 웃으면서 "너는 기차를 좋아하잖아. 자, 케이크도 줄게."라고 말하면서 기차에 케이크 장난감을 넣어줍니다. 그래도 제가 "고마워! 나 그래도 언니랑 같이 가고 싶어."라고 하자, 민지는 한숨을 쉬며 "알겠어."라고 말하고 잠시 저와 놀다가 "그냥 동생 없다고 해도 돼요?"라고 물었습니다.

두 아이 모두에게 동생의 존재는 놀이할 때 방해가 되었을 것입니다. 그러나 활동성이 낮은 순응성 기질이기 때문에 불편함에 대해 둔감하고, 동생과 함께하는 모든 순간에서 대처가 느리므로, 그냥 그러려니 했을 것입니다. 순한 아이들이기에 놀이를 방해하는 동생에게 단호하게 거절한다거나 싫다고 표현하지는 않았지만, 그 상황이 불편하게 느껴지긴 합니다. 그래서 이 아이들이 택한 대처 방법이 '피하기'입니다. 집에서 놀 때는 자기 방에 들어가서 놀면서 동생을 피했지만, 피할 수 없을 때는 어쩔 수 없다고 생각하며 한숨을 쉬거나, 그냥 둘이 함께 조용히 TV를 보는 것으로 적당한 타협점을 찾았습니다.

활동성이 낮은 순응성 기질의 아이들은 이렇게 자신이 동생 때문에 느끼는 짜증, 신경질, 내 것을 충분히 할 수 없는 서운함과 같은 감정을 인식하고 표현하는 데도 한참이 걸립니다. 대충 넘겼던 감정을 느끼고 생각하기까지 시간이 걸리기 때문입니다.

이렇게 혼자 방에 들어가서 놀이하는 아이를 안쓰럽고 짠하게만 보지 말고, "진수가 동생이 자꾸 블록을 만지니까 싫었구나.", "민지가 인형놀이하는데 동생이 자꾸 와서 예쁘게 놓은 걸 망가뜨려서 신경질이 나는구나."라고 이야기해주세요. "그럴 수밖에 없었을 거야." 하고 그 감정이 당연한 감정임을 알려주고 반응해준다면, 아이들은 조금씩 자신의 감정을 표현할 수 있게 됩니다.

활동성이 낮은 순응성 기질의 아이들은 감각이 둔하고 욕구가 낮으므로 자신의 주관적인 욕구를 거의 주장하지 않습니다. 그렇지만 행동에서는 아이의 정서와 욕구가 드러나기 마련입니다. 그 행동 속에 숨겨진 아이의 마음을 알아차리고, 짧고 명확한 감정 단어로 아이의 감정을 표현해주는 것이 필요합니다.

활동성이 낮은 순응성 기질의 아이들은 언어를 듣고 이해하는 수용 언어능력은 좋지만, 자기를 표현할 때 사용하는 표현 언어가 유창하지 않거나, 명확하게 문장으로 표현하지 않는 경우가 많습니다. 그래서 부모가 짧고 정확한 단어로 감정을 표현하는 말을 해줌으로써, 모델을 제시해야 합니다. 이때, 쉽게 그 표현에 익숙해지고 따라 해 볼 만 하다는 느낌을 주도록 표현이 길지 않아야 합니다.

"민지가 방으로 들어가는 걸 보니 시끄러웠구나."
"진수의 표정을 보니 지금은 나가기가 귀찮구나."

애정 및 소속의 욕구 "나도 같이 놀고 싶어. 하지만 그럴 수 없어도 괜찮아."

활동성이 낮은 순응성 기질의 아이들이 상담 센터에 오면 꼭 안내해주는 것이 있습니다. 바로 부모가 상담하는 10~15분간, 대기실에서 혼자 무엇을 하며 보낼지에 대한 안내입니다.

이 기질의 아이들은 기다리라고 하면 부모나 교사를 귀찮게 하지 않고 30분도 기다릴 아이들입니다. 그러나 별다른 것을 하지도 않고, 돌아다니면서 뭔가를 구경하지도 않으면서 그냥 묵묵히 앉아서 기다릴 것입니다. 그런 시간은 이 기질의 아이들에게 아무런 도움이 되지 않습니다. 그래서 기다릴 때 무엇을 할 수 있는지 이야기해주며 가르쳐주는 것이 좋습니다.

육아 Tip **아이가 할 수 있는 다양한 활동을 안내해주세요**

활동성이 낮은 순응성 기질의 아이들은 자신이 무엇을 하면 좋은지 모르기에 요구를 하지 않습니다.

"민지야, 기다리는 동안 목이 마르면 여기 있는 물을 네가 따라서 마시면 돼."

"민지야, 색종이, 클레이, 그림 그리는 종이랑 색연필을 줄 수 있으니 필요한 거 있으면 얘기해. 여기 있는 블록도 가지고 놀 수 있어."

그리고 "기다리기 힘들거나 지겨우면 엄마를 불러." 하고 얘기해줍니다. 이렇게 안내를 해 줘야 이 아이들은 블록도 꺼내고, 색종이도 달라고 말합니다.

혼자 있는 시간은 아무리 순한 아이더라도 좋지 않습니다. 또한 이 시간은 애정 및 소속에 대한 욕구가 생길 수 있는 시간이기도 합니다. 그러니 무료한 혼자만의 시간에서 아이의 느낌을 살려주어야 합니다. 병원에서 대기 시간이 길 때, 마트에서 그냥 엄마 뒤꽁무니만 쫓아 따라다닐 때, 그런 순간에 아이가 좀 더 주체적으로 무언가를 요구할 수 있도록 안내해주는 것이 좋습니다.

"병원에서 기다릴 동안 심심하지? 엄마랑 조용히 놀 수 있는 거 가져가자. 책이나 바비 인형, 색종이도 가져갈 수 있어."

"엄마가 시장 볼 동안 민지는 지겹지? 그럴 때 민지는 엄마랑 어떤 거 살까 이야기를 나누고 싶니. 아니면 민지가 원하는 걸 스스로 담아보고 싶니?"

아이의 조용한 마음을 깨워 주세요. 신경을 안 써도 잘 따라다닌다고 그냥 내버려두면, 아이의 주체적 욕구는 활동하지 않습니다. 그러다 아이가 학령기에 이르러 스스로 학습하고 문제를 해결해야 하는 순간이 많아지면, 부모가 도와주고 하나씩 가르쳐야 하는 것들이 늘어나서 부모를 수고롭게 할 것입니다. 그러니 평상시 부모가 귀찮더라도 시간과 관심을 투자하세요. 그러면 아이는 스스로 자신의 둔감함을 천천히 열고, 필요한 문제 해결을 할 수 있는 능력을 갖춘 아이로 발달할 것입니다.

 자존의 욕구   "나도 이런 거 잘해."

활동성이 낮은 순응성 기질의 아이들은 잘하는 게 있어도 별로 자랑하지 않습니다. 옆에서 엄청난 칭찬을 해주면 우쭐하여 "나 잘하지~." 하고 얘기하기도 하지만, 그런 표현도 오랜 시간 지속하지 않습니다. 그러나 지속적인 피드백과 반응을 해주다 보면 이 아이들도 긍정적인 정서를 보다 확연하게 드러내며 자신의 감정에 대한 '반응강도'가 촉진됩니다.

활동성이 낮은 순응성 기질 아이들의 곁에서 함께 머물며 놀이하면서 아이의 능력과 아이의 가치를 알아차려주는 인정을 해주다 보면 아이들은 천천히 말문을 열어 자신이 하고 있는 것을 얘기해줍니다. 자신이 무엇을 하고

있는지 설명해주고, 자신이 자신 있어하는 것들을 표현하며 보다 주도적인
표현이 늘어납니다.

육아 Tip 아이의 곁에서 묵묵히 함께 해주며 지속적으로 인정해주세요

활동성이 낮은 순응성 기질의 아이들은 자신의 존재를 인정받고 자신의 능력도
인정받고 싶지만 굳이 표현하지 않는 아이들입니다. 동시에 부모가 옆에서 칭찬
하고 으쌰 으쌰 기분을 띄워줘도 크게 요동하지 않습니다. 그래서 때때로 이 기
질의 부모들은 아이의 기분을 북돋으며 지지하다가도 아이가 좋아하지 않는 줄
알고 금방 멈춥니다.

그러나 이 기질의 아이들은 워밍업에 시간이 걸리고 동기가 천천히 올라오는 뚝
배기 같은 유형의 아이들입니다. 그러니 부모는 아이의 곁에서 묵묵히 같이 놀이
하며 여유를 가지고 함께 머물러야 합니다. 이때 너무 빨리 기분을 북돋으려고
하기보다는 잔잔하게 "와, 금방 너만의 집을 만들었구나. 네가 만드는 걸 참 잘
하는구나.", "네가 클레이로 만든 토끼가 참 예쁘다. 분홍색 토끼가 참 귀엽네."
등의 반응을 하며 아이의 곁에 오래 머물러주는 것이 좋습니다.

이 기질의 아이들에게는 강한 반응보다는 은근한 피드백을 주는 지속적이고 긍
정적인 반응이 도움됩니다. 그러면 아이의 자존의 욕구에 열기가 올라 보다 주도
적으로 뭔가를 해보려고 하는 모습이 적극적으로 발현될 것입니다.

사회성이 높은 순응성 기질

함께하는 분위기를 만드는 아이들

부모 "친구들과 잘 지내는 건 좋은데, 공부에는 관심이 없어요."

아이 "친구들과 있는 게 제일 좋아요."

◈ 사회성이 높은 순응성 기질 아이의 그래프

◆ **높은 기질 요소**
적응성, 접근성, 규칙성

◆ **낮은 기질 요소**
자극민감성, 반응강도

규칙성
주의력
활동성
기분의 질
적응성
접근성
자극민감성
반응강도
지속성

사회성이 높은 순응성 기질의 아이들은 친구들과 있을 때 가장 행복하고 편안한 아이들입니다. 친구들 역시 이 아이들을 편안해하고 좋아합니다.

이 기질의 아이들은 사회적인 상황에서 잘 적응할 수 있는 개인적인 '규칙성'을 가지고 있고, 사회적인 '적응성'도 탁월하여 친구들과 유연하게 잘 어울립니다. 특히 '적응성'과 함께 '접근성'도 높아서, 친구들에게 잘 다가가고 새로운 것을 함께하자고 시도해보며 친구들을 이끌기도 합니다.

사회성이 높은 순응성 기질의 아이가 '주의력'과 '지속성'도 높게 가지고 있다면, 친구들의 말과 행동에 주의를 기울이면서도 자신이 선호하는 욕구를 적절하게 주장하며 지속하기 때문에, 전체적인 상황을 조율하고 조정해나가면서 협력적 리더십을 발휘할 수 있습니다. 반면 '주의력'과 '지속성'이 낮으면 친구와 놀기에는 적극적이지만 혼자 해야 하는 학습에는 주의와 관심을 지속하기 어려워합니다.

🗨 사례

일곱 살 종현이는 딱 봐도 잘 웃고, 잘 노는 아이입니다. 상담 센터에서 처음 만나는 제게도 특유의 사랑스러운 미소를 지으며 인사하고, 놀이실에 처음 보는 신기한 놀잇감이 많으니 미소를 띠며 "선생님, 저기 구경해도 돼요?" 하고 물어봅니다.

사회성이 높은 순응성 기질의 아이들은 이렇게 '사회적 미소'라는 유연성이 표정에 녹아들어 있습니다. 그리고 사회적인 상황에서 봐야 할 것들에 대해 쭉 살피고 허락을 구하거나 정중히 부탁하는 '규칙성'도 갖고 있습니다. 그래서 우왕좌왕 아무거나 꺼내어 보지 않습니다. 처음에는 적절한 규칙을 지키려고 하고, 이것저것을 꺼내서 놀이해도 괜찮다는 것이 확실해지면 그때부터 원하는 놀잇감들을 꺼냅니다.

아마도 종현이는 친구 집에 가서도 친구의 장난감을 막무가내로 꺼내 구경하지는 않을 것입니다. 적당히 친구 엄마의 규칙을 살피고, 물건에 대한 친구의 규칙도 살피며 자신을 조절할 것입니다. 그러다가 마음대로 꺼내 놀아도 된다는 메시지가 확실해지면 그때야 장난감을 꺼내어 놀 것입니다.

사회성이 높은 순응성 아이들은 놀잇감을 정리하라고 하면 이내 정리합니다. 정리할 게 많으면 느린 행동으로 저항을 표시하기도 하지만, 끝까지 정리를 마치는 아이들입니다. 널브러져 있는 정도가 심할 때면 간혹 힘들다며 투정을 부릴 수도 있지만 떼를 쓴다기보다는 좀 도와줬으면 좋겠다는 표현인 경우가 많습니다. 그래서 "블록은 엄마가 담아 줄 테니, 나머지는 스스로 정리해."라고 하면, 입이 삐죽 나오기는 해도 엄마의 말에 순응하는 아이들입니다.

문제가 없어 보이는 종현이가 상담 센터에 방문한 이유는 소소한 투덜거림이 잦아져서였습니다. 집에서 아빠가 놀아주지 않으면 섭섭해하며 투덜거린다고 했습니다. 이러한 모습은 유치원에서도 이어져, 친구들이 놀다가 조금만 섭섭하게 해도 선생님에게 이른다고 합니다. 마음을 좀 알아주면 곧 아무 일 없는 듯 놀지만, 친구에게 영향을 너무 많이 받는 것은 아닌지, 아이의 마음이 너무 여린 건 아닌지 걱정이 된다고 했습니다.

사회성이 높은 순응성 기질 아이를 둔 부모는 이렇게 느낍니다. '너무 많이 놀아달라고 하고, 꼭 옆에 사람이 있어야 잘 노는 아이'라고 말이죠. 친구들이 조금만 서운하게 해도 금방 표정에서 섭섭함이 드러납니다. 그러다가 친구가 같이 놀자고 하면 '언제 그런 일이 있었나' 싶었을 정도로 금세 해맑게 웃으며 같이 어울리지만요. 그것이 바로 이 아이들의 핵심 욕구인 '관계 욕구'입니다.

사회성이 높은 순응성 기질 아이들의 핵심 욕구는 '애정 및 소속의 욕구'입니다. 이 아이들은 친구와 함께 있을 때 행복해하고, 무리 안에서 편안히 놀고, 친구들을 편안하게 해 줍니다. 그렇지만 친구가 관심을 주지 않아 소외되면 그 순간에 섭섭함이 밀려들어오면서 힘들어합니다.

종현이도 누나가 어렸을 때는 함께 노는 시간이 충분했기에 이런 관계 욕구가 채워졌지만, 누나가 학교에 입학하면서 함께 놀 시간이 적어지고, 누나가 이제 여자 친구들과 놀면서 종현이와는 잘 놀아주지 않으니 거부당하는 느낌을 받았을 것입니다. 그러다 보니 주말에 아빠와 놀이터에 나가거나 집에서 하는 몸놀이가 종현이에게는 유일하게 자신의 관계 욕구를 충족할 수 있는 시간이 되어버린 것입니다.

그러나 부모님이 특별히 놀이시간을 늘려주지 않은 상황에서 아빠와의 놀이가 흐지부지 끝나면 아이는 자신의 결핍된 욕구 때문에 기분이 상했을 것입니다. 순한 기질의 아이이기에 같이 간식을 먹고, TV를 보면 기분이 나아지기는 하지만, 그것으로 욕구가 충족되는 것은 아니기에 뭔가 허전하고 충분히 놀지 못한 것 같은 기분이 계속되면서 가정 규칙과 지시를 따를 때 투덜대거나 소소한 저항이 나타났을 것입니다. 종현이에게는 누나가 아닌 다른 놀이 파트너도 필요하고, 남자아이이니 아빠와 함께하는 운동도 필요합니다. 그러나 이제 종현이도 혼자 놀면서 자신만의 시간을 즐기는 연습이 필요합니다. 혼자만의 시간을 스스로 즐겁게 활용하지 못하는 것이 이 기질을 가진 아이들의 약점이기 때문입니다.

📝 **진단**

☑ 사회성이 높은 순응성 기질의 아이는 친구들과 놀 때 큰 갈등이 없습니다.

☑ 사회성이 높은 순응성 기질의 아이는 놀 때 꼭 누군가가 있어야 더 잘 놉니다.

☑ 사회성이 높은 순응성 기질의 아이는 친구들에게 나눠주는 것을 좋아합니다.

☑ 사회성이 높은 순응성 기질 아이들의 주된 욕구는 관계 욕구입니다.

⊗ 핵심 욕구에 따른 육아 코칭

 "집에 오면 허전해."

사회성이 높은 순응성 기질의 아이들에게 생리적 욕구는 그리 중요하게 자리 잡는 욕구는 아닙니다. 그러나 사회성이 높은 순응성 기질의 아이가 외동이라면 가정에서 혼자라는 것을 아쉬워하며 생리적 욕구를 드러낼 수 있습니다. 그러므로 집에 이웃이나 친구들을 자주 초대하거나, 부모와 함께 즐길 수 있는 공간을 마련하는 것이 도움이 됩니다.

> **육아 Tip** 아이와 함께 머문다는 느낌이 드는 공간을 만들어주세요
>
> 함께하는 것으로 에너지를 얻는 아이들이므로 함께하는 편안한 분위기가 필요합니다. 그러므로 외동아이일 경우, 부모와 함께 모여 앉아 서로를 바라볼 수 있도록 둥근 탁자를 놓거나, 거실 구조 역시 소파에 일자로 앉아 TV를 바라보는 것이 아니라, 서로 얼굴을 마주 볼 수 있는 구조로 배치하여 함께 있는 안락함을 조성하는 것이 좋습니다.
>
> 자녀가 많아서 아이가 어린 동생들이나 손 위 형제자매 때문에 안락함을 느끼기 힘들어한다면 아이만의 텐트를 사주거나 베란다에 별도의 공간을 만들어, 그곳에서 부모와 함께하는 시간을 가지는 것도 좋습니다.

안전의 욕구 **"친구와 노는 건 좋지만 걔는 너무 자기 맘대로 하는 것 같아."**

사회성이 높은 순응성 기질의 아이들은 불편한 점이 있더라도 친구와 노는 것을 좋아합니다. 같이 어울리는 친구 중에 민감한 친구가 있거나 자기중심적인 경향이 큰 친구가 있어도 크게 동요하거나 갈등이 생기지 않습니다. 다만 조금 불편함을 느끼는 정도입니다. 그래서 민감한 친구들도 사회성이 높은 순응성 친구들과 놀이할 때는 부딪힘이 없이 편안하게 놀게 됩니다.

그렇지만 자주 함께 노는 친구가 너무 자신이 하고 싶은 놀이만 하거나 계속 자기 멋대로 말과 행동을 바꾸면, 슬슬 함께하는 것이 즐겁지 않고 피곤해집니다. 이 기질의 아이들은 힘들거나 짜증이 나도 어중간하게 들리는 말로 감정을 표현하는 경향이 있습니다. 사회적인 자극이나 정서적인 자극에 민감하지 않아 그런 불편함을 크게 감정적으로 느끼지는 않기 때문입니다. 그래서 "좀 그래.", "좀 싫을 때도 있어.", "좀 마음대로 하는 것 같아." 등으로 불편한 마음을 표현합니다.

함께 놀 다른 친구가 있다면 그 친구를 찾지 않지만, 놀이를 함께할 다른 친구가 없다면 자기중심적인 친구라도 함께 놀고 싶어 합니다. 이러한 상황에서 부모는 아이가 너무 친구에게 끌려다니면서 자기주장을 못 하는 것 같아서 걱정도 되고 때로는 화가 나기도 할 것입니다. 그러나 이건 아이가 소극적이거나 자기표현을 못 한다기보다는 갈등이 없이 함께 노는 것이 핵심 욕구이고, 불편함에 대한 민감성이 낮기 때문입니다.

친구에게 순응적인 아이의 모습을 부모가 부정적으로 본다면 자칫 자신도 모르게 아이를 비난할 수 있습니다. 혹 부모 역시 다른 사람과의 갈등을 싫어하는 기질이라면, 다른 아이와 함께 있을 때는 얘기하지 못하다가 집에 와서 괜히 내 아이에게 화를 낼 수도 있습니다. 지금 그러한 상황을 겪고 있다면 우선 부모의 마음을 돌아봐야 합니다. 나 역시 불편한 상황에 있을 때 다른 사람에게 불편하다고 직설적으로 얘기하기보다는 그 상황을 그냥 넘어가는 것이 더 편하지 않은가요?

이 기질의 아이들은 친구가 자기 마음대로 하더라도, 그것이 큰 스트레스를 주지 않거나 힘들지 않을 수 있습니다. 이 아이들에게 중요한 것은 '무슨 놀이를 할지', '내 놀이를 할지, 아니면 네 놀이를 할지'가 아니라, '친구와 함께 논다.'는 것입니다. 그래서 친구가 내 놀잇감을 가져가더라도 한번 해보라고 양보하는 것이 그냥 함께 노는 것일 수도 있습니다. 그러므로 부모는 이런 상황에서 내 아이의 행동을 비난하지 않되, 자신의 물건을 안전하게 지키고 의사를 표현할 수 있는 기회와 방법을 알려주는 것이 좋습니다.

육아 Tip 아이에게 놀이의 결정권을 주세요

이 기질의 아이들은 가정에서도 두루두루 잘 지낼 수 있는 결정을 하곤 합니다. 관계 욕구가 높은 아이들이므로 특히 함께 놀아주기만 하면 고마워할 것입니다. 그러므로 부모가 아이가 무엇을 하고 놀고 싶은지에 관심을 두고 아이에게 결정할 기회를 주고 아이가 결정한 놀이를 함께하세요. 그런 경험을 통해 아이는 자신의 놀이 욕구를 표현하면서 함께 놀 때 더 즐겁다는 것을 경험할 수 있습니다.

"난 친구가 좋아요."

사회성이 높은 순응성 기질의 아이들은 친구를 만나면 행복해합니다. 순한 기질의 아이들이라 엄마에게 친구를 만나게 해달라고 떼를 쓰진 않더라도 늘 친구와 놀고 싶은 마음이 한가득합니다. 친구들과의 놀이시간이 끝나고 헤어질 때면 큰 어려움 없이 헤어지긴 하지만 집으로 돌아가면서 못내 아쉬운 마음을 표현합니다. 뭐가 재미있었는지 이야기하거나, 친구를 또 만나고 싶다고 얘기하는 거지요. 이 기질의 아이들은 떼를 쓰기보다는 상황에 순응하기 때문에 아쉬운 마음을 크게 드러내지 않습니다. 그러므로 부모는 아이가 혼자 있는 것에 대한 아쉬움과 결핍감을 직접 말하지 않더라도 알아주는 것이 좋습니다.

육아 Tip 우리 어떤 거 하면서 같이 놀까? 저녁 먹고 딱 30분간 신나게 놀자!

아이와 함께 놀이할 시간을 정하고 어떤 놀이를 할지도 아이가 선택하게 해주세요. 핵심은 놀아준다고 생각하는 것이 아니라, 그 시간만큼은 열정을 다해 함께 신나게 노는 것입니다. 애정 및 소속의 욕구가 높은 아이들은 부모가 억지로 놀아주는 것인지, 같이 노는 이 순간이 즐거운지를 직관적으로 느끼고 압니다. 그래서 부모가 놀아준다고 생각하며 아이와 놀면 아이 마음의 애정 욕구는 채워진 것 같으면서도 허기가 남습니다. 또, 부모가 억지로 놀아준다고 느끼면, 그것을 미안해하여 부모에게 맞추려고 할지도 모릅니다. 부모가 그것을 원하는 것이 아니더라도요.

그래서 진심으로 놀 준비가 되어있어야 합니다. 내 안에 있는 어린아이 같은 마음을 깨워보세요. 어른인 부모에게도 걱정을 내려놓고 마냥 편안하게 놀고 싶은 마음이 있습니다. 집에서 함께 논다면 스마트폰을 손에서 내려놓고, 온전히 아이와 놀이에 집중할 수 있는 놀이 공간에서 노는 게 좋습니다. 주방에 할 일이 보이거나, TV에서 스포츠 뉴스라도 나오면 부모가 놀이에 집중하지 못하니까요.

또한 아이와 진심으로 집중해서 놀이하기 위해서는 아이에게 희생하듯 아이 중심으로 놀이를 맞추기보다는 서로가 좋아할 수 있는 놀이 활동을 하는 것이 도움이 됩니다. 놀이는 상호적 즐거움이 핵심입니다. 아빠는 몸으로 놀이하는 걸 싫어하지만 아이가 몸으로 놀이하는 걸 좋아한다고 아이가 원하는 놀이 방식대로 맞춰 놀려고 한다면 몇 분 놀지도 못하고 금세 지칠 것입니다. 이때는 몸을 크게 움직이기보다는 적당히 움직일 수 있는 놀이로 함께하는 것이 좋습니다. 예를 들어 이불 썰매를 태우기보다는 이불속이나 이불 주변에 물건을 숨기고 찾기 놀이를 한다거나, 이불과 방석을 높이 쌓아 올리고 점프하게 하는 등의 놀이로 아빠와 아이의 에너지 수준을 맞추는 것이 좋습니다.

 "친구들이 날 좋아했으면 좋겠어."

사회성이 높은 순응성 기질의 아이에게 자존의 욕구가 있다면 친구들이 자신의 존재를 기억해주고 존중해주기를 원합니다. 그래서 친구가 자신을 찾아주고, 나를 불러주기를 원합니다. 친구와 함께 있고 싶다는 마음보다는 친구들이 나를 좋은 친구, 혹은 함께 있고 싶어 하는 친구로 여겨주기를 바라는 거지요.

자존의 욕구가 높은 아이들은 친구들과 놀다가도 친구를 도와줄 일이 있으면 자신이 나서서 도와주고, 친구가 다쳤다고 하면 얼른 친구를 부축해서 앉혀주는 등 '봉사의 아이콘'이 되곤 합니다. 이러한 헌신과 봉사를 통해 아이는 자신의 존재가 친구들 사이에서 가치 있는 존재로 기억되었으면 하는 것입니다.

가정에서도 이 아이들은 부모가 함께 즐겁게 놀아주거나 네가 있어서 기분이 좋다고 얘기해주면 갑자기 친절해져서 아빠의 어깨를 주물러주거나 엄마 곁으로 다가와 반찬 뚜껑을 닫으며 친절한 도우미를 자청할 수 있습니다.

육아 Tip "네가 ~해주니 고맙다."

자신의 가치를 알아달라는 것은 능력을 칭찬해달라는 것이 아닙니다. 자존의 욕구가 높은 아이들은 '나의 존재를 기뻐해주세요.' 하고 바랍니다. 그래서 이 아이들의 도와주려는 마음이나 행동에 대한 피드백은 "잘했다."라는 칭찬이 아니라 "고맙다."라는 피드백이 적절합니다.

이 아이들이 자신의 가치를 드러내기 위해 규칙을 지키거나, 장난감을 재빠르게 정리하거나, 친구를 도와주거나, 심부름을 하거나 할 때 '잘한다.'라는 평가적인 피드백을 계속하게 되면 아이들은 결국 능력에 대한 타인의 기대를 맞추는 것으로 자신을 인정받으려고 할 것입니다. 기본적으로 순응적인 아이들은 규칙성을 평균 이상으로 가지고 있습니다. 이렇게 이 아이들이 뭔가를 잘하는 것은 나의 가치를 인정해달라는 것이지 잘 못했던 규칙 지키기를 인정해달라는 것은 아닙니다. 따라서 부모의 반응은 '고맙다'가 적절합니다. 이 아이들의 도와주려는 마음이나 행동에 대해 '고맙다'라고 말해주면 이 아이들은 세상을 다 얻은 듯 행복해질 것입니다.

"우리 종현이가 엄마를 도와주니까 정말 고맙다."
"아빠 어깨를 주물러주는 종현이가 있으니 든든하네."

사회성이 낮은 순응성 기질

혼자 있는 것을 즐기는 아이들

순응성 기질 04

부모 "집에선 잘 노는데, 친구들과 있을 때는 어울리지 않는대요."

아이 "난 편하게 혼자 있고 싶은 것뿐이에요."

◈ **사회성이 낮은 순응성 기질 아이의 그래프**

◆ **높은 기질 요소**
규칙성, 적응성(보통 수준)

◆ **낮은 기질 요소**
반응강도, 접근성

사회성이 낮은 순응성 기질의 아이들은 활동성이 낮은 순응성 기질의 아이들과 비교했을 때, 사회성을 나타내는 '적응성'은 보통이고, '접근성'이 낮습니다. 그래서 어울려 놀이하는 상황 자체를 그다지 좋아하지 않고, 적응하기보다는 피하려고 하는 경향이 강합니다. 그러나 저항적인 기질이 아니기에 그냥 혼자서 놀이하려고 하는 모습으로 불편함을 보입니다.

그렇다고 자신이 선호하는 것만 하려고 혼자 놀이하는 것은 아닙니다. 단지 규칙은 따라야 하고 어울려야 하는 상황은 불편하므로 다른 공간에서 다른 것을 할 뿐입니다. 그래서 아이가 혼자서 놀이하는 것은 단지 따로 있기 위한 수단일 수 있습니다. 어떤 활동을 하지 않겠다고 하거나 고집을 부리지는 않지만 참여하는 것도 아니고, 거부하는 것도 아닌 상태로 얌전히 앉아 있는 것이지요. 따라서 사회성이 낮은 순응성 기질의 아이들은 '활동성'의 수준도 보통 수준이거나 그보다 낮은 경우가 많습니다.

네 살 동석이는 어린이집 교실에서 조용히 지내며 표정의 변화도 그다지 없습니다. 선생님과 친구들이 하는 말은 모두 알아듣지만, 말수가 많지 않아서 정말 필요한 것 외에는 선생님과 친구들에게 말을 하는 경우가 적습니다. 하고 싶은 것이 있을 때면 조용히 선생님 곁으로 와서 가만히 바라보는 것이 해보겠다는 의사를 표현하는 것입니다. 이런 행동은 사실 동석이에게는 꽤 적극적인 행동입니다. 스스로 뭔가를 하는 일이 적으니까요. 특히 또래 아이들이 옹기종기 모여 있는 활동 공간에는 잘 가지 않습니다. 아이들이 적극적으로 놀이하는 자유놀이 시간이 되면 동석이는 선생님께 가까이 갑니다. 그렇다고 안아달라거나 뭔가를 해달라고 하는 것은 아닙니다. 단지 친구들이 왔다 갔다 놀이하는 그 상황 자체가 동석이에게는 불편하므로 그나마 편안한 선생님 옆에 있으려는 것입니다. 선생님이 그런 동석이의 마음을 알고 "동석이 뭐 하고 싶어?" 하고 물어보면 동석이는 손가락으로 하고 싶은 걸 가리키거나 뭔가를 말합니다. 이러한 점이 사회성이 낮은 순응성 아이의 특징입니다. 사회성이 낮은 순응성 아이들은 하고 싶은 욕구는 보통 수준으로 가지고 있지만, 상황에 적응하는 데 어려움과 불편감을 느껴서 스스로 그런 상황을 비집고 들어가 접근하지 않으려고 합니다.

가정에서는 사회성이 낮은 순응성 기질의 아이들을 관찰하여 파악하기가 좀 어렵습니다. 왜냐하면 가정은 아이가 사회적 능력을 드러내는 환경이 아니기 때문입니다. 집에서의 동석이는 순하고, 잘 웃고, 잘 노는 아이일 수 있습니다. 그래서 동석이의 부모님은 선생님이 동석이가 친구들과 어울리지 않고 선생님 옆에 붙어 있으려고 하고, 적극적으로 스스로 놀지 않는다고 하면 의아하게 생각할 수도 있습니다.

이렇게 사회성이 낮은 기질의 아이들은 사회적 상황에서 특유의 행동 패턴이 나타나기 때문에, 부모가 느끼고 보는 가정에서의 모습과는 다를 수 있다는 것을 명심해야 합니다. 게다가 순응성 기질의 아이들은 자신의 불편함을 적극적으로 표현하지 않기에 친구들 사이에서 겉돌더라도 관심을 끌만큼 티가 나지 않습니다. 가정에서도 순하기만 하고, 교육기관에서도 강렬하게 불편함을 보이지 않기 때문에 아이가 표현하고자 하는 것이 무엇인지 더욱 주의를 기울여서 알아주어야 합니다.

📝 **진단**

☑ 사회성이 낮은 순응성 기질의 아이는 규칙과 질서를 따르는 데 어려움은 없지만, 집단에서는 적극적이지 않고 느린 행동이나 의존적인 행동이 나타납니다.

☑ 사회성이 낮은 순응성 기질의 아이는 모르는 사람이 있거나 낯선 상황에서는 새로운 시도를 하지 않고 그냥 조용히 있습니다.

☑ 사회성이 낮은 순응성 기질의 아이는 낯선 상황에서 불편한 느낌을 드러내는 행동을 하기는 하지만 적극적으로 저항하거나 크게 울지는 않습니다.

☑ 사회성이 낮은 순응성 기질의 아이들은 전반적으로 안전의 욕구가 강합니다.

"우유 주세요."

동석이는 자주 우유를 찾았습니다. 부모와 선생님은 '아이가 배고픈가 보다.'라고 생각했었지만, 동석이를 잘 살펴보니 선생님과 이야기 나누기 시간이 지나고 친구들과 함께 어울려야 하는 자유선택 놀이 활동 시간이 되면 잠시 적응하려고 애쓰다가 힘들어져서 우유를 찾는 것이었습니다.

가정에서는 특히 밥을 먹을 때 골고루 먹으라며 엄마가 새로운 반찬을 들이밀거나, 이런저런 여러 가지를 함께하자고 제안하면 귀찮은 듯 그냥 우유를 찾아서 소파에서 마시며 TV를 보려고 하는 행동을 보였습니다. 그렇게 우유를 마시고 기분이 좋아지면 동석이는 자기가 놀고 싶은 장난감을 꺼내어 놀았습니다.

동석이는 전형적으로 순한 아이이지만 사회적인 '규칙성'은 보통이고 '접근성'이 낮아서 새로운 자극이 스트레스가 되면 우유를 마시는 것으로 불편감을 달래는 것이었습니다. 순응성 기질이라 우유를 마시는 간단한 욕구 충족 방법으로 금세 기분을 달래고, 태연히 하고 싶은 놀이를 했지요.

육아 Tip 먹을 것을 찾을 때 무엇이 불편한지 물어봐 주세요

사회성이 낮은 순응성 기질의 아이는 뭔가 불편하게 느끼면 먹을 것을 찾습니다. 먹는 것이 잠시 자신을 진정시키거나 회피할 수 있는 수단이 되는 거지요. 그래

서 배가 고프지 않아도 먹을 것을 찾아 먹는 일도 있습니다. 이때 곁에서 "우리 동석이가 친구들이 많아서 불편하구나. 동석이는 어떤 걸 하고 싶은데?"라고 물어봐주세요. 그러면 아이는 작은 손짓으로라도 뭔가를 가리키며 하고 싶은 것을 얘기할 겁니다. 그때 그 마음을 알아주고 아이가 불편함을 좀 더 수월하게 견딜 수 있도록 같이 있거나 같이 놀아주면, 아이는 불편한 상황도 곧잘 적응해 낼 것입니다. 기본적으로 순한 기질이기 때문에 잠시라도 편안함을 조성해주고, 접근하는 것을 도와주면 이내 잘 견디고 적응할 수 있는 아이들입니다.

안전의 욕구

"편안한 곳이 있었으면 좋겠어요."

사회성이 낮은 순응성 기질의 아이들은 안전의 욕구가 가장 높은 경우가 대부분입니다. 기본적으로 순한 기질의 아이이기 때문에 사회적 상황에서 불편할 때 전체적인 구조가 편안하고 예측 가능한 곳에 있으면 안전감이 형성되기 때문입니다.

불편한 것을 피하고 싶을 뿐이지 내가 하고 싶은 것을 못 한다고 짜증 내는 아이들은 아닙니다. 때로 이 기질의 아이들은 부모와 교육기관에서 많은 보살핌을 받기도 합니다. 불편함을 피해서 보호자에게 안겨있거나 선생님 곁에 머물려고 하고, 사회적인 상황을 탐색하기 위해 활동하지 않고 부모나 선생님 곁에서 편안하게 있기 때문입니다. 그래서 부모나 선생님에게 필요 이상의 보살핌을 받는 조용하고 순한 아이들입니다.

안기려는 아이를 감싸 안아 편안한 품으로 달래기보다는 편안한 환경이 있다는 것을 알려주세요. 이 기질의 아이들은 기본적인 순응성이 있으므로, 편안한 사회적 환경이 있다면 새로운 것에 접근하여 경험하고 적응하는 것에 큰 어려움이 없습니다. 그러므로 아이가 품으로 다가오면 아이를 가볍게 다독여준 뒤에 사회적 환경에서 편안하게 있도록 지지해주세요. 예를 들어 이 기질의 아이와 키즈 카페에 가면 아이는 혼자서 잘 놀다가도 금세 엄마에게 조용히 다가와 옆에 앉아 있을 것입니다. 다시 가서 놀라고 해도 적극적으로 놀지 않고 금방 다시 올 겁니다. 그럴 때는 아이가 혼자 키즈 카페를 탐색하며 새로운 놀잇감으로 놀기를 기대하지 말고, 엄마가 그냥 아이가 좋아하는 놀잇감 옆으로 좀 더 다가가 주세요. 굳이 아이와 놀아주지 않더라도 엄마와의 거리만 좁혀져도 아이에게는 그 놀잇감이 있는 곳이 낯선 곳이 아닌 안전한 곳이 될 것입니다. 이런 안전의 경험이 쌓이면 사회적 환경에서도 스스로 머물며 탐색하는 능력이 늘어납니다.

 "난 엄마가 좋아요."

사회성이 낮은 순응성 기질의 아이들은 익숙한 환경에 있을 때 편안함을 느끼기 때문에 엄마나 선생님과 있는 것을 선호합니다. 특히 안전의 욕구를 가진 아이들은 엄마의 품을 좋아합니다. 그런데 애정 및 소속의 욕구를 가진 아이들은 엄마의 품이 아니라 엄마가 주는 익숙한 관심 속에 있을 때 편안함을 느낍니다. 특히 사회적인 '접근성'이 빈약한 이 기질의 아이들은 평상시 엄마가 아이에게 잘 반응해주고 놀아주었다면, 타인과 교감하는 사회적인 놀이를 하고 싶을 때 엄마를 찾습니다. 새로운 환경에 적응해야 하거나, 낯선 것에 접근해야 할 때, 놀고는 싶지만 어색하고 어떻게 해야 할지 모르는 순간에 엄마를 찾는 것이지요.

육아 Tip 아이와 새로운 장소에서, 또는 새로운 놀잇감으로 놀아주세요

사회성이 낮더라도 순응성 기질의 아이들은 적응하는 데 어려움이 없습니다. 따라서 그 강점을 잘 살려 아이가 스스로 세상을 탐색하고, 적응하고, 도전해볼 수 있도록 이끌어줘야 합니다. 그러니 아이가 어려워하는 낯선 것에 대한 접근과 시도를 함께하며 도와주세요. 그리고 아이가 그것을 혼자 해보려고 시도하거나, 친구들과 함께할 때면 크게 기뻐하면서 긍정적인 반응을 보여주세요.

"동석이가 친구들과 퍼즐을 했네. 와~, 친구들과 놀이하니까 더 재밌었겠다."

"우리 동석이가 혼자서 아이스크림을 만들어왔어. 와, 용기 있네."

자존의 욕구

"난 그냥 이거 하고 싶은데…"(나도 원하는 게 있어요)

사회성이 낮은 순응성 기질의 아이에게 자존의 욕구가 있는 경우, 자기표현을 흐지부지하는 경향이 있습니다. 내가 하고자 하는 것, 내가 하고 싶은 것을 말하긴 하지만 강력하게 주장하기보다는 알리는 정도의 느낌으로 말하

는 것입니다. 그래서 아이가 뭔가를 이야기할 때 주의 깊게 들어야 합니다. 흘려듣기 쉬운 아이의 요구를 잘 듣고 기억하여 다시 말해주거나, 아까 네가 이것을 하고 싶었던 걸 알고 있다고 얘기해주면, 아이는 사회적 상황에서도 좀 더 자신의 요구를 표현할 수 있게 될 것입니다.

육아 Tip 아이가 한 이야기를 알아차리고, 새로운 도전을 칭찬해주세요

사회성이 낮은 순응성 기질의 아이와 뮤지컬을 처음 본다면 긴장되고 낯설어서 잘 웃지 않거나, 즐거운 기대감이 없이 볼 수 있습니다. 좀 더 긴장한다면 엄마 무릎에서 본다고 할 수도 있지요. 순한 아이라서 나간다고 하거나, 발을 구르며 울거나, 눈을 감고 울지는 않을 것입니다. 그러나 아이가 뮤지컬을 보다 말고 갑자기 엉뚱하게 다른 걸 하고 싶다고 얘기한다면, 그것은 사회성이 낮은 순응성 기질의 아이가 최대한 표현할 수 있는 낯선 것에 대한 방어 행동입니다. 그렇다고 굳이 밖으로 나갈 필요는 없습니다. 다만 아이가 한 말을 기억해두었다가 대화를 나눠보세요. 그러면 아이는 조금 전 긴장하고 피하고 싶은 기분이 들었던 그 순간을 기억할 것입니다. 부모가 아이의 말을 존중하고 있다는 것을 보여주고, 아이가 새로운 경험을 잘 해낸 것에 대한 긍정적인 피드백을 주면, 아이는 자신의 불편했던 경험 후에 이어진 이완된 감정과 뿌듯함 등을 느껴볼 기회를 가지게 되고, 이러한 경험을 통해 아이는 자신의 주관적인 욕구를 보다 분명하게 인식하게 됩니다.

"동석이가 아까 풍선놀이 하고 싶다고 했었지?"

"응."

"그래, 엄마랑 풍선놀이를 하고 싶었구나."

"응. 풍선놀이."

"그래, 그럼 집에 가서 풍선놀이를 해야겠네."

"그런데 동석이는 뮤지컬 본 건 어땠어?"

"어, 악당이 무서웠어."

"악당이 무서웠구나. 무서운 데도 참고 본 거네."

"응."

"안 무서운 것도 있었어?"

"응. 번개맨은 안 무서웠어."

"그랬구나. 무서운 것도 있었고, 안 무서운 것도 있었네. 동석이가 뮤지컬 본 건 처음인데 기특하게 잘 봤어. 이제 뮤지컬도 볼 수 있는 형님이 됐네."

"응, 재밌었어."

"우아, 재미있었어? 그랬구나. 무서운 것도 있었지만 재미있기도 했네."

활동성이 높은 억제성 기질

완벽을 추구하는 아이들

부모 "욕심은 많은데 뭔가 안 되면 힘들어해요."

아이 "그래도 잘하려면 이렇게 해야 하잖아요."

✧ 활동성이 높은 억제성 기질 아이의 그래프

◆ **높은 기질 요소**
활동성, 규칙성, 주의력, 자극민감성

◆ **낮은 기질 요소**
반응강도

활동성이 높은 억제성 기질의 아이들은 자신이 원하는 것을 실행하고 이를 잘하려는 성취 욕구가 높습니다. 그러면서도 자신을 조절하고, 사회적인 질서에 적응하려는 '규칙성'이 높아 순응적인 기질을 가지고 있는 편입니다. 그런데 이 아이들이 순응성 기질이 아니라 억제성 기질인 이유는 다음 두 가지 이유 때문입니다.

첫째, 활동성이 높은 억제성 기질의 아이들은 '적응성'이 보통 수준이거나 그보다 높지만 '활동성'보다는 낮습니다. 둘째, '자극민감성'이 보통 수준이거나 보통보다 높게 나타나지만 '반응강도'는 그보다 낮습니다. 그래서 자신의 욕구만큼 사회적인 상황에서 유연하게 적응하면서 또래들에게 요구하거나 표현하지 못합니다. 하고 싶은 것이 있어도 규칙을 따라야 해서 단념하거나, '거절되면 어떡하지? 당연히 안 되는 건데 어쩔 수 없지.' 등의 불편한 정서를 느끼면서 자신의 욕구를 억제합니다. 그래서 이 기질의 아이들은 하고 싶은 욕심은 많지만 늘 원하는 대로 다 하지 못합니다.

또한 자신의 욕구를 충족하지 못했을 때 순조롭게 다른 것을 하거나 유연하게 넘어가는 순응성 기질과는 달리, 이 기질의 아이들은 다른 것으로라도 욕구를 충족하기를 원합니다. 그래서 이 기질의 아이들이 내향적인 욕구가 클 때는 혼자 놀이로 자신의 마음을 달래는 경향이 있습니다.

높은 욕구는 있는데 해결되지 않는 결핍감이 지속하면 종종 자위를 하기도 합니다. 스스로 자신의 욕구를 충족하며 달래는 놀이의 하나로 말입니다. 또는 물건에 집착하여 물건을 모으려고 하거나, 자신의 것을 지키려고 하거나, 한 가지 일을 할 때 지나치게 완벽하게 하려는 경향을 보이기도 합니다. 원하는 만큼 하지 못했고, 적절한 수준으로 자신을 조절하기 위해 마음을 억제했기 때문에, 대신 자신이 통제할 수 있는 범위 내에서는 완전한 충족을 원하는 것입니다.

🗩 사례

일곱 살 영채는 어릴 때부터 뭐든 유능하게 하는 아이였습니다. 그러나 영채 엄마는 걱정이 많습니다. 겉으로 보기에는 학습도 잘하고, 적응도 잘하는 것처럼 보이지만, 영채는 처음 시작하는 것들에 대해 긴장감이 크고, 하기 싫지만 해야 하는 것들에 대해서 불평을 하곤 했습니다. 그래서 처음 학원에 가거나 유치원에서 낯선 곳으로 견학을 간다고 하면 긴장을 하거나 무섭다고 했습니다. 그러나 결국 다녀와서는 괜찮았다며 재미있었다고 얘기합니다.

영채가 느끼는 어려움이 겉으로 잘 보이지 않는 이유는 영채가 이러한 정서를 잘 억제하기 때문입니다. 피아노를 배울 때도 매일 칭찬을 받을 수는 없는데, 칭찬을 받지 못하면 스스로 잘 못 쳤다고 생각하면서 엄마가 시키지 않아도 집에 와서 몇 번이나 연습하곤 했습니다. 엄마는 스스로 연습하는 영채가 대견하다가도, 아이가 즐거워하기보다는 힘겨워하고 있는 것 같아서 걱정됩니다.

때로 마음먹은 대로 잘되지 않으면 순간적으로 화를 내기도 하는데, 그렇다고 대담한 아이가 아니어서 크게 화를 내기보다는 신경질을 부리는 정도입니다. 그렇게 신경질을 부리다가도 다시 피아노를 치는 걸 보면, 융통성이 너무 없는 것 같아 답답해 보일 수도 있습니다.

아이에게 피아노가 잘 맞는지 알 수 없어서 다른 것을 권해도 정작 피아노를 포기하지는 않습니다. 다 잘하고 싶어 하는 마음이 크고 변화에 유연하지 않아서 그런지, 그냥 원래 하던 것을 한다고 하거나, 다른 것과 둘 다 하고 싶다고 대답하는 경우가 많습니다. 특히 친구들과 놀거나 얘기하다가 친구가 뭔가를 자랑하거나 인정받는 것을 보면 욕심이 나서 그런지 자기도 그걸 하고 싶다고 얘기하기도 합니다. 영어를 배우는 시간에 친구가 발표를 많이 하면 자기가 나서서 발표하는 것을 좋아하지는 않지만, 친구를 부러워해서 시샘을 내기도 합니다.

> 📝 **진단**
>
> ☑ 활동성이 높은 억제성 기질의 아이는 사회적인 상황에서 욕심이 많아서 열심히 하면서도 순응적인 아이입니다. 교사들에게 FM이라는 이야기를 듣습니다.
>
> ☑ 활동성이 높은 억제성 기질의 아이는 자신의 불편감이나 욕구를 있는 그대로 표현하기 어려워합니다.
>
> ☑ 활동성이 높은 억제성 기질의 아이는 자신이 원하는 것이 뜻대로 되지 않을 때, 이를 수용하면서도 부정적인 정서가 소소한 짜증으로 나타납니다.
>
> ☑ 활동성이 높은 억제성 기질 아이의 핵심 욕구가 무엇인지에 따라 아이의 행동과 정서가 달라지지만, 사회적인 상황에서는 순한 모습이, 가정에서는 약간 민감한 모습이 나타납니다.

⬡ 핵심 욕구에 따른 육아 코칭

생리적 욕구 "나도 싫어하는 음식이 있어요."

활동성이 높은 억제성 기질의 아이들은 사회적인 상황에서 자신의 욕구와 행동 및 정서를 조절하며 적응적으로 행동하는 경향이 높습니다. 그렇지만 순응성 기질과는 달리 '자극민감성'이 낮지는 않습니다. 그래서 이 기질의 아이들은 사회적인 환경에서 적응하느라 에너지를 소진한 채 가정에 오기 때문에 소소한 자극에 때로 민감성을 나타내는 경우가 있습니다. 대부분 이러한 민감성은 특정 음식을 싫어한다거나, 어떤 옷의 질감을 싫어한다거나 하는 등의 감각적인 부분으로 나타납니다. 이것은 아이들이 무언가가 힘들었다고 표현하는 작은 신호라고도 생각할 수 있습니다. 열심히 적응하고, 열심히 무엇인가를 성취하기 위해서 지내면서 힘들었던 자기를 돌보는 방법이 서투르게 표현되는 것입니다. 그래서 아이가 이런 표현이나 행동을 보이면 우리는 힘들었던 아이의 마음을 읽어주며 아이가 편히 쉴 수 있도록 정서적으로 편안한 환경을 제공해주어야 합니다.

육아 Tip 주말만큼은 아이의 욕구에 맞는 감각 활동을 해주세요

활동성이 높은 억제성 기질의 아이들은 민감성을 강하게 표출하지는 않습니다. 그러나 입맛이 예민하거나 사소한 촉감들을 민감하게 찾는 경향이 있습니다. 자신의 정서를 언어로 표현해서 "나 좀 힘들어요. 보살펴주세요."하고 말하기보다는 이를 억제하고 좀 더 편안하고 빠른 방법으로 정서적인 안정을 획득하려고 하는 아이들이기 때문에 엄마의 가슴을 만지거나, 애착 인형이나 이불을 만지는 등의 행동을 보이기도 합니다. 촉감 자극을 통해 자신의 억제했던 마음을 달래려고 하기 때문입니다. 이러한 접촉은 순간적으로 마음을 달래주는 방법일 뿐이므로 나이가 많아질수록 정서 조절 및 해결에 미숙해질 수 있습니다.

따라서 이러한 감각적인 생리 욕구를 가진 아이들은 주말만큼은 자신이 선호하고 좋아하는 감각적 활동을 선택하고 표현할 수 있도록 하는 게 좋습니다. 즉, 청각적으로 아이가 선호하는 음악을 듣거나, 미각적으로 아이가 좋아하는 음식을

먹거나, 후각적으로 아이가 좋아하는 향기가 좋은 향초를 켜놓고 편하게 쉴 수 있는 분위기를 만들어주거나, 촉각적으로 아이가 좋아하는 슬라임 만들기, 솜 인형 만들기 등의 손작업을 하는 것이 도움이 됩니다. 이와 같은 감각적인 활동을 지속해서 반복하면서 자기표현의 기회를 주다 보면 억제했던 정서를 이완하고 해결하면서 동시에 편안하게 표현할 수 있는 능력이 길러집니다.

안전의 욕구   "내 물건은 건들지 매!"

활동성이 높은 억제성 기질의 아이들은 다른 사람들 사이에서 자신의 주관적인 욕구를 잘 표현하지 못합니다. '반응강도'가 낮아 자신이 느끼는 불편함을 드러내지 못하는 것이지요. 그래서 이 기질의 아이들은 내 마음대로 한 적이 없다는 느낌을 받거나, 늘 자신이 맞추고 있다는 생각을 하는 경향이 있습니다. 부모의 말을 잘 듣는가 싶다가도 한 번씩 "왜 엄마는 만날 엄마 하고 싶은 대로만 해!" 하고 말하거나 "엄마는 내 마음도 모르고!" 하고 토라지면서 자신이 늘 부모에게 맞추고 있다고 이야기합니다.

이 기질의 아이가 안전의 욕구를 가지고 있다면, 자신의 영역에서만큼은 확실한 소유를 주장하는 모습을 보입니다. 내 침대, 내 물건, 내 장난감만큼은 자신의 것이므로 철저하게 못 건드리게 하는 것이지요. 어떤 아이는 자신의 책상을 절대 건드리지 못하게 하고, 어떤 아이는 침대 위에 인형을 쭉 늘어놓고 건드리지 못하게 합니다. 어떤 아이는 장난감이 든 상자, 혹은 특정한 장난감을 절대 못 건드리게 합니다. 동생들의 접근은 당연히 금지입니다. 접근 금지의 영역이 있다는 것은 자신의 욕구와 정서를 억제하지 않고 마음껏 표출하고 주장하고 싶다는 표현입니다. 즉, '나도 억제하지 않고 마음대로 하고 싶다.'는 목소리인 셈입니다. 그런데 부모가 아이가 가진 안전의 욕구를 이해하지 못하면 이러한 모습을 아이가 지나치게 이기적이라거나, 자기 물건에 대해 집착이 심하다고 오해하게 됩니다.

육아 Tip 아이만의 보물 상자를 만들어주세요

자신만의 영역과 소유물을 챙기면서 자신이 마음대로 하고 싶은 욕구를 표현하고 달래는 아이들이므로, 아이 스스로 자신의 욕구와 정서를 건강하게 균형 잡을 수 있도록 도와주어야 합니다. 그러나 소유하고자 하는 안전의 영역이 모두와 공유해야 하는 거실이거나, 동생과 공유해야 하는 장난감일 경우에는 곤란한 갈등 상황이 반복될 수 있습니다.

그런 경우엔 집 한편에 아이만의 영역을 근사하게 만들어주거나, 아이 마음대로 할 수 있는 보물 상자를 만들어 주는 것이 좋습니다.

 "쳇! 나에게도 관심을 좀 가져줬으면 좋겠는데."

활동성이 높은 억제성 기질의 아이에게 애정 및 소속의 욕구가 있다면 이는 대부분 부모나 단짝 친구처럼 사람에 대한 '관계 욕구'로 나타납니다. 관심받고 싶고, 소속되고 싶은 욕구가 높지만 이를 표현하지 않거나, 유연하게 접근하지 못하기 때문에 늘 사랑에 배고픔을 느끼는 것이지요.

이 기질의 아이들은 엄마의 사랑을 받고 싶은 마음이 한가득이지만 엄마가 바쁘거나 엄마가 동생을 살피고 있으면 결국 자신의 욕구를 제대로 표현하지 못하고 징징거리거나 책을 읽어달라는 등의 작은 요구를 합니다. 그래서 부모는 그것을 간단한 요구인 줄 알고 대수롭지 않게 넘기기 쉽습니다. 또한, 관심을 얻고 싶어서 엄마 주변을 맴돌지만, 관계에서의 유연함이 부족하여 치대는 식의 행동을 하다가 거절당하기도 합니다.

활동성이 높은 억제성 기질 아이들의 부모는 아이가 안기는 느낌이 뭔가 불편하다고 합니다. 그도 그런 것이, 이 기질의 아이들은 유연하게 관계에 접근하는 데 미숙하기에 몸에 긴장감이 돌고, 상대를 신경 쓰면서 조심스럽게 다가가다가도 억제했던 욕구들이 표현되기 때문에, 접촉의 강도가 잘 조절되지 않습니다. 그래서 부모가 불편함을 느끼는 것입니다. 부모가 접촉을 반가워하지 않으면 이 아이들은 억제성 기질이기에 다시 뒤돌아섭니다. 그래서 결국, 아이의 마음속에 섭섭함이나 서운함, 외로움이 자리하게 됩니다.

이 기질의 아이들은 이런 부정적인 감정들이 쌓여있다가 후기 학령기인 사춘기 시기가 되면 갑작스레 부모와 얘기를 하지 않으려고 하고, 부모에게 기대하지 않고 지나치게 혼자 있으려고 하거나, 부모를 무시하는 등의 모습을 보이기도 합니다. 오랜 시간 동안 거절감을 느끼고 섭섭했던 마음들이 질풍노도의 사춘기가 되면서 깊은 원망으로 바뀌고, 이러한 폭풍 같은 감정이 터지지 않도록 억제하기 위해 회피하는 것입니다.

그러므로 아이가 활동성이 높은 억제성 기질이라면 작은 비언어적인 신호와 소극적인 욕구 표현에도 민감하게 관심을 기울여야 합니다. 부모도 모르는 사이에 아이는 생각보다 많은 감정을 억제하고 있을 수 있으니까요.

육아 Tip 자기 전에 함께하는 시간을 가지세요

활동성이 높은 억제성 기질의 아이들은 자기 전까지는 자신이 원하는 것을 하거나, 힘들었던 마음조차 다른 것을 하면서 채우려는 경향이 있습니다. 그래서 무엇인가를 하면서 욕구를 충족하는 것이 끝나고 잠자리에 들 시간이 되면 스멀스멀 원래 힘들었던 정서들이 올라옵니다. 경험했던 불편한 일들이 그제야 문득 떠오르고, 해결하지 못한 감정들이 올라오면서 아이를 재우려는 엄마에게 할 말이 봇물 터지듯 쏟아집니다. 속상했던 이야기부터 친구 이야기까지, 자신의 마음 이야기가 끝없이 이어집니다. 그러면 엄마는 처음엔 평소 아이가 힘든 얘기를 자주 하지 않는 편이기에 들어주고, 반응해주고, 물어봐줍니다. 그러나 이 기질의 아이들이 밤에 이야기를 하기 시작하면 억제했던 마음의 뚜껑이 열리면서 이야기가 끝도 없이 나옵니다. 그래서 결국엔 "인제 그만 자!"라고 야단을 맞고 잠드는 경우가 많습니다.

활동성이 높은 억제성 기질의 아이들은 이제 활동성을 접고 자야 하는 시간이 되면, 억제했던 마음이 올라오면서 정서적으로 교감할 수 있는 부모와의 시간을 갖고 싶은 욕구가 시작됩니다. 따라서 억제성 기질의 아이들이 높은 욕구를 가지고 있을 때는 적절한 한계 설정과 욕구 충족의 균형을 맞추는 것이 중요합니다. 이 기질의 아이들은 저녁에 잠자리를 봐주면서 아이의 마음을 들어주는 시간

을 가지되, 10~20분 정도의 시간을 정해놓고 그 시간 동안 이야기를 나누고 잠을 자게 하도록 일관적인 한계 설정이 필요합니다. 그래야 높은 욕구를 조절할 수 있습니다.

 자존의 욕구 "난 다 잘하는 사람이 되고 싶어."

활동성이 높은 억제성 기질의 아이가 자존의 욕구가 높을 경우, 매우 높은 성취를 소망하면서 완벽주의 성향을 보이는 경우가 많습니다. 이 기질의 아이들은 사회에서 자신의 욕구를 충분히 발현하지 못합니다. 반면 자신이 만족스럽게 획득하지 못했던 욕구를 충족하기 위해 자신이 잘하는 것만큼은 최고로 잘하는 사람이 되려고 매우 애를 씁니다. 그래서 완벽주의적인 성향을 보이게 되는 것입니다.

이 아이들은 뭔가를 만들거나 그리거나 활동을 수행할 때 결과를 지나치게 중요하게 생각하거나, 친구와의 경쟁구도에서 누가 더 높은 평가를 받는지에 대해 민감합니다. 또한 타인의 평가보다는 자신 스스로 충분히 만족스럽지 못할 때 짜증을 내고 화를 내는 경우가 많습니다. 예를 들어 색종이 접기를 종이 접기 책의 마지막 페이지에 있는 어려운 단계까지 하려는 목표를 가지고 혼자서 열심히 하다가 뜻대로 잘되지 않으면 매우 신경질적으로 짜증을 냅니다. 그러면서도 끝까지 그것을 혼자 하겠다고 고집을 부립니다. 높은 욕구를 억제하면서 스스로 자신의 욕구를 발현하지 못한 것에 대한 분풀이라도 하듯, 자존의 욕구가 높은 아이들은 자신의 능력을 스스로 증명하고 싶어 합니다.

육아 Tip 아이 존재 자체가 소중하다는 말을 많이 해주세요

스스로 자신의 능력을 평가하고, 자신을 채찍질하면서 노력하는 아이들입니다. 성실하게 열심히 하지만 마음의 여유가 부족하고, 다른 사람이 뭔가를 더 잘하거나 돋보이면 불안해합니다. 그래서 자존의 욕구가 높은 이 기질의 아이들에게는 격려와 지지보다는 존재로서의 기쁨을 표현해주어야 합니다.

존재를 기쁨으로 여긴다는 것은 이유 없이 마냥 사랑스럽다는 것입니다. 부모는 내 아이가 건강한 것만으로도 감사해합니다. 내 아이가 건강하게 옆에 있어주는 것만으로도 기쁨을 느끼지요. 이 아이들이 경험해야 할 것은 바로 그런 부모의 기쁨과 감사를 따뜻한 포옹과 말로 직접 느끼는 것입니다. 존재로서의 기쁨을 표현해주는 말이 아이의 조바심과 불안감이 차올랐던 마음을 편안하게 이완시켜주고, 꼭 무엇을 채우지 않아도 이미 자신이 멋지고 예쁜 아이라는 것을 느낄 수 있도록 도와줄 것입니다.

"엄마는 네가 있어서 그냥 감사해."

"우리 딸, 우리 영채를 사랑해."

"우리 영채야, 네가 있어서 엄마는 좋다."

"우리 영채가 무엇을 한다고 해도 엄마는 널 믿어."

"우리 영채야, 영채가 참 많이 컸구나."

활동성이 낮은 억제성 기질

신중하게 생각하는 아이들

부모 "표현을 안 하니 무슨 생각을 하는지 모르겠어요."

아이 "사고 싶은 거…, 생각 안 해봤는데…."

활동성이 낮은 억제성 기질 아이의 그래프

◆ 높은 기질 요소
규칙성, 적응성, 자극민감성

◆ 낮은 기질 요소
반응강도, 활동성

활동성이 낮은 억제성 기질의 아이들은 '활동성'이 낮기 때문에 무언가를 적극적으로 해보려고 하는 동기의 수준이 낮습니다. 소소한 자신만의 욕구를 가지고는 있지만 이러한 욕구를 적극적으로 표현하지 않습니다. 또한 '자극민감성'은 보통보다 높은 반면, '반응강도'가 낮기 때문에 정서를 억제합니다. 그래서 자신이 원하는 소소한 욕구를 발현하고 표현하려는 상황에서 잘 되지 않아 속상하더라도 이를 적극적으로 표현하거나 해결하려고 하지는 않습니다. 단지 지금의 순간이 편해지기를 바랄 뿐입니다.

만약 이 기질의 아이가 내향적인 에너지를 가진다면 조용히 혼자서 자신이 원하는 것을 하면서 편안해지려는 행동이 두드러지게 나타날 것입니다. 반면 외향적인 에너지를 가진 아이라면 사회적인 질서에 순응하면서 어울리긴 하지만, 적당히 어울리다가 다시 주관적인 활동으로 전환하는 모습이 나타납니다.

지영이는 여섯 살 여자아이입니다. 착하고 조용한 딸이지만 엄마에게 혼나는 일이 많다고 합니다. 이유를 들어보니 지영이의 일곱 살 언니는 알아서 이것저것 꺼내서 놀고, 원하는 것이 있으면 바로 엄마에게 말하는데, 지영이는 좋아하는 게 드러나지도 않고, 표현도 하지 않아서 답답하다고 합니다. 특히 지영이는 뭘 사러 가서도 딱히 사달라는 게 없어서 더 답답하다고 말합니다. 생일이나 어린이날에도 뭘 사달라거나 해달라는 것이 없고, 부모가 뭘 가지고 싶냐고 물으면 대답하는 데 시간이 오래 걸리고, 막상 원하는 걸 사러 가서도 부모의 눈치를 봐서 도대체 왜 그러는지 화가 난다고 합니다. 그래서 아이를 기다려주다가 답답해서 화를 내거나, 자기가 뭘 원하는지 모르는 것 자체가 이해되지 않아서 짜증을 내곤 했다고 합니다.

지영이처럼 활동성이 낮은 억제성 기질을 가진 아이들은 뭔가 하고자 하는 욕구 수준이 낮습니다. 그래서 호불호가 명확하게 나타나지 않습니다. 게다가 이 아이들은 억제성 기질을 가지고 있어 그나마 있는 자신의 욕구조차 편안하게 표현하지 못합니다. 자신의 모호한 욕구를 인식하고 표현하는 데까지 시간이 많이 걸릴뿐더러 이를 표현하는 데 있어 주변 상황과 타인의 정서들이 신경 쓰입니다. 자신이 조금 원하는 것이 있더라도 주변을 살피거나, 부모의 분위기를 살피다가 표현을 제대로 하지 못하고 결국 안 해도 괜찮다고 말하고 흐지부지 끝나는 일이 많습니다. 그래서 답답한 느낌을 주게 됩니다.

지영이처럼 언니가 활동성이 높고 적극적인 아이라면 더욱 비교가 될 것이고, 부모가 느긋한 성격이 아니라면 지영이의 욕구를 듣고 반응하고 해결해주는 데까지 기다리지 못하고 끝내 성질을 내게 될 것입니다.

이런 기질의 아이들이 청소년기 혹은 대학생이 되면 상담실에 와서 이렇게 얘기합니다. "난 내가 하고 싶은 것이 있었지만, 그것보다는 엄마를 돕고 싶었어요. 내가 갖고 싶은 게 있어도 아주 많이 갖고 싶었던 것이 아니어서 말을 안 하고, 오히려 용돈을 모아 엄마 생일 선물을 사줬는데, 엄마는 별로 고마워하지 않았어요. 그보다 공부를 잘하는 언니가 상장을 받아오는 걸 더 좋아했죠. 엄마는 내가 뭔가 힘들다고 말하고 싶어서 밥을 먹다가 넌지시 말을 꺼내면 네가 뭘 얼마나 열심히 했길래 힘드냐고 했죠."

그러면 부모들은 당황스럽다고 합니다. '아이가 뭘 해도 항상 의욕이 없었고, 끝까지 하고 싶다는 것도 없었고, 뭔가 힘든 것 같아서 이것저것 살피면서 학원도 끊었다가 지가 하고 싶은 것을 해줬다가 하면서 신경을 썼다.'고요. 또 아이가 딱히 뭐가 힘든지 말도 하지 않았고, 분명하게 원하는 것을 얘기하지 않아서 부모도 답답했다고요.

이렇게 활동성이 낮은 억제성 기질의 아이들과 부모들은 서로를 배려했다고 합니다. 결국 이 기질의 아이들은 자신의 민감성을 억제하며 부모에게 맞춰 온 것을 원망하고, 부모는 이 아이들의 의욕 없음과 느림, 모호하게 표현하는 것들에 대한 기다림이 힘들었다고 합니다.

지영이도 자신이 원하는 것이 없거나 분명하지 않아서 뭔가를 결정해야 할 때 늘 힘들었을 것입니다. 그래서 마트에 가서도 엄마가 간식을 고르라고 하면 난감했고, 엄마가 재촉하면 더 긴장되어 답을 못하다가 혼나는 일이 잦았을 것입니다. 자신의 욕구를 생각하고 판단하기에도 벅찬데 거기에 압력이 가해지면 위축되거나 억제했던 감정이 울음으로 나타납니다. 울음이 그친 후에도 왜 울었는지, 어떤 것이 속상했는지에 대해 이야기하기가 쉽지 않습니다. 활동성이 낮으면 행동에 대한 동기 수준 역시 낮으므로 판단과 행동이 느립니다. 그런데 억제성 기질이라면 그런 느린 행동에 브레이크까지 걸려있는 상태입니다. 그러니 원하는 만큼 속도를 내는 것이 정말 어렵습니다.

내 아이가 활동성이 낮은 억제성 기질이라면 부모는 이 기질의 아이들이 낮은 욕구 수준을 가졌음에도 불구하고 자신의 욕구와 감정을 억제하고 있음에 주의를 기울여야 합니다. 그리고 아이의 느린 판단과 소극적인 행동을 미숙함보다는 신중함이나 배려로 느끼도록 인식을 전환해야 합니다.

📋 진단

☑ 활동성이 낮은 억제성 기질의 아이는 하고자 하는 놀이가 적습니다.

☑ 활동성이 낮은 억제성 기질의 아이는 자신의 의사를 거의 표현하지 않습니다.

☑ 활동성이 낮은 억제성 기질의 아이는 행동이나 말이 느리고 자신을 주장하는 표현에 취약합니다.

☑ 활동성이 낮은 억제성 기질의 아이는 부모가 야단치면 쉽게 위축되거나 우는 경향이 있습니다.

⬡ 핵심 욕구에 따른 육아 코칭

 "엄마, ~ 있어요?"

활동성이 낮은 억제성 기질의 아이들은 자신의 욕구를 거의 표현하지 않습니다. 그냥 주어진 환경에서 나름대로 뭔가를 하면서 해결하거나 참습니다. 그래서 이 기질의 아이들이 생리적인 욕구를 가지고 있다면 이 아이들은 뭔가를 원할 때 소극적으로 "~ 있어요?" 하고 물으면서 먹을 것을 찾습니다. 사실 이런 요구는 매우 어렵게 꺼낸 욕구입니다. 짧고 간단한 말이지만, 이 기질의 아이들에게는 꽤 적극적으로 부모의 도움을 요청한 것입니다.

활동성이 낮은 억제성 기질의 아이가 엄마 친구들 모임에 갔다면 그냥 조용히 혼자 음료수를 마시다가 엄마한테 핸드폰이 있는지 묻거나, 초콜릿이 있는지 묻거나, 잠이 온다고 말합니다. 사실 이 말은 핸드폰을 하면서 기다리면 좀 더 편할 것 같고, 초콜릿이라도 먹으면 기분이 좀 나아질 것 같고, 가만히 앉아있기 힘드니 잠을 자고 싶다는 뜻입니다. 이러한 요구를 소극적으로 얘기하기에 그냥 지나쳐 버리면 억제성 기질 아이들은 좀 더 참다가 결국 칭얼거리거나 멍한 모습을 보여 엄마를 불편하게 할 수 있습니다.

이 기질의 아이들은 순응성 기질이 아니기에 나름대로의 '자극민감성'을 가지고 있는 아이들입니다. '활동성'이 낮고 자신의 민감성을 억제하는 아이들이기에 얌전해 보이지만 결국 억제하는 데 한계가 오면 힘든 정서가 밖으로 표출됩니다. '활동성'이 더 낮은 아이들은 멍한 표정으로 그냥 회피할 것이고, '민감성'이 보통 수준인 아이들은 견디다가 결국 칭얼거릴 것입니다. 그래서 이 기질의 아이들에게는 작은 요구 하나라도 그냥 넘기지 말고 아이의 상황을 살펴서 적극적인 도움을 주는 것이 중요합니다.

육아 Tip 아이의 소소한 요구에 귀를 기울여주세요

아이가 원하는 소소한 필요와 요구 속에 아이의 불편함과 결핍에 대한 욕구가 숨어있을 것입니다. 대수롭지 않은 것처럼 소극적으로 말하는 경향이 있어 부모는 아이의 요구를 중요하지 않은 것으로 간과하기 쉽습니다. 그러므로 내 아이가 이러한 기질일 경우에는 아이의 소소한 요구들에 귀를 기울이고, 아이가 지금 얘기하고자 하는 것이 무엇인지 고민해서 파악하고 해결해주어야 합니다.

안전의 욕구

"엄마 옆에 있어도 돼요?"

활동성이 낮은 억제성 기질의 아이들은 불안을 느끼면 울기보다는 조용히 엄마 곁으로 다가와서 엄마 옆에 있어도 되는지 물어보는 경향이 있습니다. 아직 말을 못 하는 영아기의 아이라면 은근슬쩍 다가와 엄마 표정을 살핀후 옆에 앉거나 엄마 무릎 위에 앉을 것입니다. 낯선 상황이나 어떤 것이 불안할 때 엄마라는 안전 기지로 돌아와 머물려 하기 때문입니다. 그런데 이때 억제하는 경향으로 인해 분명하지 않은 무표정을 보이고, 엄마의 반응과 상태를 살피면서 접근하는 모습이 나타납니다. 이때 부모는 아이의 정서를

표현해주어 '너의 정서를 알아차렸으니, 이제 너의 욕구를 억제하지 않아도 돼.'라는 신호를 보내주는 것이 좋습니다.

"그랬구나~"라는 수용의 신호를 확실하게 표현해주세요

자신의 작은 요구마저 표현이 어려운 아이들입니다. 그러나 이러한 요구 표현은 지속적으로 촉진해야 하는 행동입니다. 그러므로 아이가 엄마를 찾거나 원할 때 면 표정과 말로 엄마가 아이의 정서를 확실하게 수용하고 있다는 것을 알려줘야 합니다. 두 팔을 벌리고 활짝 웃으며 "우리 지영이가 혼자 있어서 무서웠구나. 이 리 와. 엄마랑 있자."하고 반겨준다면 다음부터 아이는 엄마에게 은근슬쩍 다가 와 표정을 살피고 말없이 옆에 앉는 것이 아니라 적극적으로 다가와서 "엄마." 하고 부르고 "안아 줘."하고 요구할 수 있게 될 것입니다.

 "엄마…."

이 기질의 아이들은 엄마와 함께 놀고 싶고 엄마가 날 좀 봐줬으면 하면서도 그냥 바라보거나 "엄마."라고만 부릅니다. 엄마에게 함께 놀자고 얘기하지 않는 것이지요. 특히 엄마가 워킹맘이거나 집안일에 충실한 경우라면 아이 는 엄마가 늘 바쁘고 뭔가를 하고 있기 때문에 자신과 함께 있자고 표현할 타이밍을 찾지 못할 것입니다. 그래서 늘 "엄마…."하고 부르다가 끝납니다. 문제는 엄마는 아이의 부름이 모호하여 무슨 뜻인지 모르고 넘어가기 쉽고, 아이는 이것을 엄마는 나에게 관심이 없다는 거절과 무관심으로 생각하며 지나간다는 것입니다. 그러니 이 기질의 아이가 "엄마…." 하고 부르면 아무리 바쁘더라도 잠시 아이를 바라보고 시선을 머물러 주세요.

육아 Tip 아이에게 엄마가 관심을 가지고 듣고 있음을 알려주세요

이 기질의 아이들과 부모와의 갈등의 중심에는 기다림이 있습니다. 둘 사이에서 그 기다림이 잘 해결될 때 부모는 부모대로 아이와 소통할 수 있고, 아이는 아이대로 자신의 욕구를 부모를 통해 해결할 수 있을 것입니다. 그러나 이 기질의 아이를 둔 부모는 아이의 대답을 듣기까지 생각보다 더 오래 기다려야 할 수 있습니다. 그 기다림의 시간이 서로에게 편안해지려면 아이에게 엄마가 기다릴 테니 편하게 얘기해도 된다는, 안전하면서도 애정 어린 신호를 주는 것이 좋습니다.

"지영아, 엄마를 불렀어? 엄마 듣고 있어. 얘기해~."

"지영이가 엄마가 필요하구나. 엄마랑 어떤 걸 같이 하고 싶어?"

 "나도 하고 싶은데…."

활동성이 낮은 억제성 기질의 아이가 자존의 욕구를 가지고 있다면 이 아이는 적극적이지는 않지만 이런저런 것들을 시도하고 도전하려 합니다. 조용히 역할놀이만 반복하는 것 같지만 그 놀이 안에서 선생님을 따라 해 보기도 하고, 동화 속 주인공 역할을 흉내내기도 하며 새로운 시도를 할 것입

니다. 단지 겉으로 드러나는 행동과 표정이 많지 않은 것뿐입니다. 그래서 우리는 자존의 욕구가 높은 이 기질의 아이들이 뭔가를 할 때면 더욱 자세히 관찰해야 합니다. 앞선 사례에서의 지영이는 자존의 욕구가 핵심 욕구일 때 그림을 그렸습니다. 더 잘 그리고 싶은 마음을 드러내며 연필과 색연필을 잡은 손가락에 힘을 주고, 자신이 원하는 대로 그림을 그리기 위해 노력했습니다. 그리고 그것을 부모가 보았으면 하는 마음에 책상 위에 올려놓곤했습니다. 남자아이라면 로봇을 변신시킨 후 '짠' 하고 세워놓을 수도 있습니다. 매번 비슷한 블록이나 로봇 조립을 하는 것도 그것이 자신의 유능감을 느끼는 수단이기 때문입니다. 익숙한 것을 하면서 내가 점점 잘하고 있다는 느낌을 반복해서 느끼기 위해서인 경우가 많습니다.

육아 Tip 아이가 뭔가를 해보려는 노력을 잘 관찰하여 알아차려주세요

조용히 노력하는 아이들인지라 동기와 노력이 드러나지 않으므로 세심히 지켜봐야 합니다. 손끝의 힘이나 집중하는 눈빛이 다를 수도 있고, 같은 것 같으나 다른 것을 만들고 있을 수도 있습니다. 이러한 소소한 아이의 행동을 묘사하듯 알아차려주면 아이는 자존의 욕구에 대한 격려를 충분히 경험할 수 있습니다.

"지영이가 손에 힘을 주고 그리는 것 보니까 정말 잘 그리고 싶구나."

"지영이가 젓가락 끝을 보면서 천천히 움직이네. 젓가락질을 점점 잘하네."

"저번에는 팽이가 1층이었는데, 이번에는 2층이 됐구나. 점점 멋있는 걸 만드네."

사회성이 높은 억제성 기질

친구들과 모험을 하고 싶은 아이들

억제성 기질

07

부모 "막상 놀면 잘 노는데, 조절을 잘 못해요."

아이 "놀기 시작하면 너무 신나요."

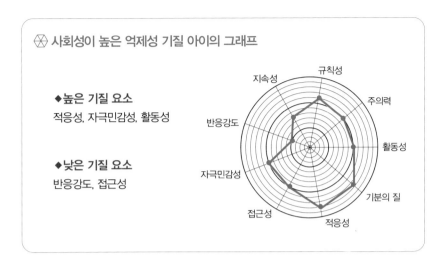

◈ 사회성이 높은 억제성 기질 아이의 그래프

◆높은 기질 요소
적응성, 자극민감성, 활동성

◆낮은 기질 요소
반응강도, 접근성

규칙성
주의력
활동성
기분의 질
적응성
접근성
자극민감성
반응강도
지속성

사회성이 높은 억제성 기질 아이들은 부모 혹은 친구들과의 '관계 욕구'가 큰 아이들입니다. 그러나 쉽게 먼저 다가가서 놀자고 하거나 적극적으로 분명한 의사를 표현하기 어려워합니다. 그래서 이 기질의 아이들은 괜히 옆에 와서 엉기거나 기대거나 올라타는 등의 접촉을 통해 함께 놀고 싶다는 의사를 전달하거나, 괜한 장난을 치거나 히죽거리는 웃음을 지어 부모의 반응을 유발하기도 합니다.

친구들과 있을 때는 주변을 서성거리며 지켜봅니다. 친구들과 놀고 싶은 마음은 크지만 먼저 다가가서 말을 하는 것이 어렵기 때문입니다. 그래서 친구 혹은 곁에서 누군가가 마음속에 가득히 들어찬 놀고 싶은 욕구를 건드려주고 자극해주면 빵빵했던 풍선이 터지듯 갑자기 흥분하며 놉니다. 이런 기질적인 패턴 때문에 종종 충동적인 행동이 조절 안 되는 순간들이 발생합니다.

민호는 여섯 살 남자아이입니다. 엄마는 도통 민호가 어떤 아이인지 헷갈린다고 말하며 상담 센터를 방문했습니다. 민호는 평상시엔 얌전하다가도 갑자기 흥분해서 놀기 시작하면 제어가 되지 않는다고 했습니다. 특히 친구가 집에 놀러 오면 평상시엔 얌전히 놀던 아이가 갑자기 장난감을 온통 꺼내고 칼싸움을 하며 난리가 난다고 합니다. 어린이집에서도 대부분 규칙을 잘 따르고 지내다가도 자유선택활동 시간이 되면 꼭 흥분을 해서 놀다가 꾸중을 듣는다고 합니다. 특히 민호는 친구들과 흥분하여 뛰고 던지며 노는데, 놀다가 멈춰야 할 때 혼자 끝까지 뛰다가 결국 혼나는 경우가 많다고 합니다. 엄마는 민호가 친구와 논 다음 꼭 혼자 혼나는 경우가 많아서 속상하다고 했습니다.

사회성이 높은 억제성 기질 아이들의 어려움은 자신의 욕구를 표현하고 싶은 사회적 관계에서 늘 워밍업이 늦게 되는 것입니다. 그래서 친구들과 놀거나 새로운 곳에 적응해야 할 때 시간을 필요로 합니다. 그러나 누군가가 즐거운 분위기가 시작되도록 이끌어주면 금세 적응이 되어 신나게 노는 아이들입니다.

이 기질 아이들의 특징은 적당한 욕구를 가지고 있으며 사회적인 적응력도 있지만 처음 상황에서의 '접근성'이 빈약한 것입니다. 억제성 기질을 가지고 있어 '이렇게 해도 되나…' 하고 망설이며, 자신의 욕구와 정서를 있는 그대로 표현하기보다는 억제하기에 주변의 상황과 반응을 살핀 후에 행동합니다. 그래서 친구들과 어울릴 때 처음엔 적당히 어울리며 억제했다가 시간이 지남에 따라 편안해지는 경향이 나타납니다.

그래서 이 기질의 아이들 중 '활동성'이 높은 남자아이들은 수업시간에는 적당히 욕구를 억제하고 규칙을 따라가는 듯 행동하다가도 자유놀이 시간에 어떤 친구가 자신이 하고 싶은 놀이를 하자고 하면 억제했던 욕구를 갑자기 폭발하듯 꺼내며 흥분하고 뛰다가 조절이 안 되는 경우가 많습니다.

민호의 경우 가정에서는 억제하는 기질로 인해 적절히 자신의 욕구와 정서를 참았을 것입니다. 그러나 친구가 집에 놀러 오거나 놀이터에서 친구를 만나면 자신의 사회적 욕구에 불이 켜지면서 억제했던 욕구가 분출되듯 나타났을 것입니다. 민호는 억제하는 순간과 억제되었던 욕구가 폭발하는 순간의 간격이 짧았으며, 가정에서 이러한 억제와 욕구 발현이 자연스럽게 이루어지기보다는 통제되는 상황과 허용적 상황이 양극적으로 나뉘어 있었습니다.

이 기질의 아이를 키우는 부모는 아이가 친구를 좋아하고, 친구를 찾고, 친구랑 놀 때 아이다운 적극적인 모습이 나오기에 친구들과 많이 놀리려는 경향이 있습니다. 그러나 집에 와서는 다시 차분히 놀이하거나 의젓해지기를 원하며 규칙을 강화합니다. 민호의 부모님 역시 가정에서는 일상생활 규칙을 철저하게 지키고, 엄마와 놀더라도 적당히 조절된 놀이로 이끌었던 반면, 나가서 친구와 놀게 할 때면 허용적인 자유를 만끽하는 상태로 놀 수 있게 했습니다. 그것이 아이의 욕구도 챙기고, 스트레스를 풀어주는 방법이라고 믿었던 것입니다.

그러나 이 기질의 아이들은 밖에 나가서 친구들과 놀 때 너무 빨리 각성되어 흥분하거나 너무 늦게 각성되어 충분히 만족스럽게 놀지 못하는 것을 방지하기 위해 집에서도 누군가 함께 밸런스를 맞추며 워밍업이 되도록 도와주어야 합니다. 그래서 사회성이 높은 억제성 기질의 아이들은 조절력을 가진 성인이나 친구들과 놀이를 하는 것이 좋습니다. 친구들과 잘 어울릴 수 있는 아이들이기에 자기 조절력을 가진 성인이나 친구들과 어울리다 보면 자신의 억제했던 욕구와 정서를 편안하게 이완하면서 충분히 안정적으로 함께하는 즐거움을 경험할 수 있기 때문입니다.

📋 진단

☑ 사회성이 높은 억제성 기질의 아이는 친구들과 어울릴 때 처음 몇 분 정도의 시간이 지나야 편안하게 어울리며 자신의 욕구와 정서를 표현하는 편입니다.

☑ 사회성이 높은 억제성 기질의 아이는 친구들이 흥분하면 금세 각성되어 흥분해서 노는 경향이 있습니다.

☑ 사회성이 높은 억제성 기질의 아이는 먼저 친구에게 접근하기 어려워합니다.

☑ 사회성이 높은 억제성 기질의 아이는 혼자서는 새로운 것을 시도하는데 겁을 내지만 친구들이 함께하면 도전적인 놀이를 좋아하는 경향이 나타납니다.

⬡ 핵심 욕구에 따른 육아 코칭

 "먹을 거 없나?"

사회성이 높은 억제성 기질의 아이들에게 집은 심심한 공간일 수 있습니다. 특히 집 안이 너무 조용하거나 적막이 흐르면 이 기질의 아이들은 편하지 않다는 느낌을 가집니다. 그래서 이 기질의 아이에게 생리적 욕구가 올라오면 냉장고 문을 열고 먹을 것을 찾는 모습이 나타납니다. 이 행동은 무료함과 관계에 대한 욕구를 대체할 수 있는 것을 찾는 모습입니다.

> **육아 Tip** 조용한 시간에 간식을 먹으면서 하고 싶은 것을 하도록 해주세요
>
> 이 기질의 아이에게 생리적인 욕구가 높다면 조용한 시간에 가만히 있는 허전함을 간식거리로 채우려고 할 것입니다. 그러므로 간단한 간식을 먹으면서 조용한 시간을 즐길 수 있게 해 준다면 더 편안한 시간을 보낼 수 있습니다. 관계 욕구가 높은 아이이기에 간식을 먹을 때 곁에서 도란도란 얘기를 나누는 것도 좋습니다. 반면 혼자 조용한 시간을 경험하는 연습도 필요하므로 조용한 시간을 경험하는 데 방해가 되지 않도록 적당한 양의 간식을 주는 것이 좋습니다. 잠깐의 조용한 시간과 간식은 아이의 욕구도 충족하고, 조용한 시간을 경험하는 데 도움이 됩니다.

"엄마가 같이 있어줘."

사회성이 높은 억제성 기질의 아이들에게는 다른 사람들이 있거나 또래들과 어울릴 때 유연하게 어울릴 수 있는 '적응성'이 있지만 처음 접근하는 시작이 민망하거나 멋쩍기에 엄마에게 같이 있어달라고 요청을 하곤 합니다. 이때 부모가 가만히 옆에 있기만 한다면 아이의 워밍업 시간이 너무 길어질 수 있습니다.

억제하고 있는 아이에게 "너도 가서 놀아."라는 말은 아무런 도움이 되지 않습니다. 불씨는 있지만 타오르지 않고 있다면 살살 부채질을 해줘야 합니다. 아이가 친구들의 모습을 보고 있다면 친구들의 모습을 생중계하듯 말로 얘기해주면서 상황을 빨리 읽게 도와주고, 자연스럽게 접근할 수 있는 포인트를 알려주거나, 상황을 안내해주는 것이 아이에게 도움이 될 것입니다.

육아 Tip **편안한 즐거움이 전달되도록 해주세요**

정서는 전염됩니다. 함께 즐겁고 싶지만 억제하고 있는 아이 옆에서 엄마가 즐겁고 편안한 정서를 가지고 있으면 그 즐거움은 전달됩니다. 따라서 아이의 긴장과 억제를 자연스럽게 이완하는 데 가장 도움이 되는 것은 엄마의 정서적 기류입니다. 엄마의 정서적 기류를 타고 자연스럽게 또래 상황으로 들어갈 수 있도록 아이의 친구들과 함께 머물러 주세요. 친구들의 상황을 스포츠 생중계처럼 즐겁게 전달해주면 아이가 자연스럽게 그 무리에 어울리도록 유도할 수 있습니다. "준석이가 지금 잡기놀이 술래인가 봐. 어! 이제 준석이가 예지를 잡겠다."

"우아, 예지가 도망가네. 하하하! 이제 준석이가 누굴 잡을까?"

"준석이가 이제 혁준이를 잡으면 그다음 술래잡기는 같이 하자고 하자~."

"와, 준석아, 술래 정말 잘 잡는다. 이번에는 민호랑 다 같이 술래잡기할래?"

 "친구를 만나고 싶어."

사회성이 높은 억제성 기질의 아이들은 늘 친구들과 함께 있고 싶어 하고 친구들과 헤어질 때면 아쉬워합니다. 친구랑 실컷 놀이하다가 헤어져 집에 돌아오면 한껏 고조되었던 애정 및 소속 욕구의 충족감이 갑자기 결핍감으로 바뀌어 슬픈 표정을 짓기도 합니다. 가정에서 부모 모두 각자의 일이 바빠서 아이와 함께 놀아주지 못하거나, 부모가 관계의 욕구가 크지 않아 부모는 부모대로, 아이는 아이대로 시간을 보내는 경우라면 더욱 그럴 것입니다.

관계 욕구가 높은 이 아이들은 집 안이 조용하거나 상호작용이 없는 무료한 상황을 힘들어합니다. 그래서 뭐라도 하면서 관심을 끌려고 하거나 말을 걸어오지만, 억제성 기질로 인해 눈치를 보면서 접근할 것입니다. 따라서 이 아이들과는 가정에서 함께 시간을 보내며 아이에게 집중하는 시간이 꼭 필요합니다. 이를 통해 충족된 힘으로 책을 보고 공부를 하자고 권하는 것이 효과적인 접근 방법입니다.

사회성이 높지만 억제성 기질의 아이라서 평소 애정 및 소속의 욕구를 표현하고

충족하는 데 결핍을 느낄 것입니다. 외동이라면 더더군다나 집에서 혼자 있는 시

간을 좋아하지 않을 것입니다. 그래서 이 기질의 아이들에게는 이러한 욕구를 억

제했다가 갑자기 충족하는 양극적인 상황이 아니라 일관적으로 애정 및 소속의

욕구를 해결하는 시간을 가져야 합니다. 따라서 짧은 시간이라도 좋으니 함께하

는 시간과 요일을 정하여 아이와 놀이하는 것이 좋습니다. 이때 주의해야 할 것

은 지킬 수 있는 약속을 하는 것입니다. 매일 30분을 놀자고 약속하곤 점점 놀

이시간이 줄어든다면 욕구를 억제하는 기질을 가지고 있기에 참고 넘어가긴 하

겠지만, 이는 결국 관계 욕구에 대한 결핍감을 주게 됩니다. 그러므로 일정하게

지킬 수 있는 시간을 정하여 아이와 함께 놀면서 신뢰를 쌓는 것이 중요합니다.

자존의 욕구 "내가 해줄게."

사회성이 높은 순응성 기질의 아이 중 자존의 욕구가 높은 아이들이 '봉사

의 아이콘'이라면, 사회성이 높은 억제성 기질의 아이 중 자존의 욕구가 높

은 아이들은 '해결사의 아이콘'입니다. 이 아이들은 친구들이 뭔가를 어려

워하면 그 상황을 해결해주고 싶어 하는 경향이 있습니다. 그렇게 사회적인

관계에서 자신이 문제를 해결하면서 자신의 가치를 확인하려 하는 것이지

요. 억제성 기질의 아이들이기 때문에 친구들 간의 감정적인 싸움에는 불

편한 마음에 굳이 개입하려 하지 않지만, 놀이에서의 소소한 상황에 대해서는 적극적으로 접근하여 도와주려고 합니다. 예를 들어 친구들이 역할놀이를 하다가 아이스크림을 담을 그릇이 없어서 찾고 있으면, "여기에 하면 돼." 하고 얼른 접시를 찾아서 가져다주고, 친구들과 잡기놀이를 하다가 친구가 '얼음'을 하면 얼른 가서 '땡'을 해주거나, 숨기놀이를 하면 같이 숨자고 제안하면서 관계를 주도하는 모습을 보입니다.

육아 Tip "~ 도와줄까?"라는 질문을 가르쳐주세요

사회성이 높은 억제성 기질의 아이가 자존의 욕구가 높을 경우 친구들의 상황에서 갑자기 나서서 해결해주려고 하다가 거절을 당하면 당혹감을 느낄 수 있습니다. 이 아이들은 환경에 대한 민감성과 정서적인 민감성이 있지만 이를 억제하고 있기 때문에 친구들의 거절이나 무시에 태연한듯 보이지만 실제로는 많이 당황하거나 서운함을 느낍니다. 그래서 섣불리 도와주겠다고 했다가 불편한 감정을 경험하지 않도록 도와주고 싶을 때는 먼저 물어보는 것이 좋다고 알려주는 것이 좋습니다. "내가 만드는 거 도와줄까?"라는 질문을 통해 친구가 도움을 요청하지 않을 때는 기다리는 것이 좋다는 것을 가르쳐줄 수 있습니다.

이러한 과정에서 부모는 아이가 친구를 도와주고 싶고 문제를 해결해주고 싶은 마음이 쓸데없는 오지랖이 아니며, 친구들을 도와주려는 마음과 능력이 있는 아이가 충분히 인정받을만하다고 칭찬해줘야 합니다. 이런 인정을 통해 아이는 친구에게 도움을 주고 싶지만 기다려야 하는 상황을 보다 편안하게 받아들이게 됩니다.

사회성이 낮은 억제성 기질

억제성 기질

08

조용히 하고 싶은 걸 하는 아이들

부모 "친구들의 놀이에 잘 참여하지 않아요."

아이 "난 그냥 혼자 노는 게 좋아요."

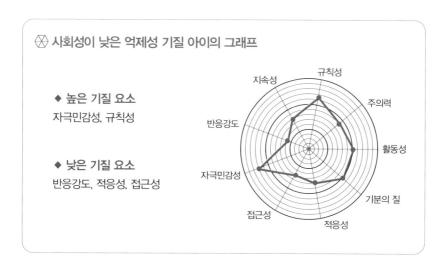

◇ 사회성이 낮은 억제성 기질 아이의 그래프

◆ **높은 기질 요소**
자극민감성, 규칙성

◆ **낮은 기질 요소**
반응강도, 적응성, 접근성

사회성이 낮은 억제성 기질의 아이들은 혼자가 편안한 아이들입니다. 즉, 혼자서 놀아도 외로워하거나 소외감을 느끼지 않습니다. 기본적인 '활동성' 과 '규칙성'을 가지고 있어서 사회적인 환경에 따라 질서 안에서 행동하는 것도 어렵지 않습니다. 자신이 하고자 하는 것을 지속하더라도 주변에서 일 어나는 일에도 주의를 기울이기에 친구들이 하는 놀이에 참여하거나 학습 을 따라가는 것에도 어려움이 없습니다. 단지 환경에 대한 '적응력'과 '접 근성'이 빈약하여 새롭게 이해한 것이 있어도 드러내지 않고, 친구들의 놀 이에 스스로 참여하지 않습니다. 그래서 '혼자서도 잘 노는 똑똑한 아이'라 는 느낌을 주기도 합니다.

이 아이들은 집에 가서는 엄마 혹은 아빠에게 자신이 아는 것과 본 것을 자 세히 말할 것입니다. 그러나 정작 아이가 말하는 활동을 해보자고 하면, 굳 이 그러고 싶지는 않다고 할 것입니다. 아이가 친구들 이야기를 해서 그 친구들과 놀고 싶은지 물으면 굳이 만나려고 하지도 않을 것입니다. 이 기질의 아이들은 단지 자신이 보고 알게 된 것을 말하고 싶을 뿐이지, 그 환경에 적응하고 어울리고자 하는 욕구는 적기 때문입니다.

🗨 사례

슬기는 다섯 살 여자아이입니다. 어린이집에 처음 갈 때뿐만 아니라 사람들이 많은 곳이면 어디든 적응하는 데 시간이 오래 걸리는 아이입니다. 어렸을 때부터 사람들이 많으면 아무 말도 하지 않았고, 인사를 시키면 꾸벅 고개를 움직일 뿐, 스스로 인사하는 일도 거의 없었습니다. 그런 슬기의 성향 때문에 소수 정원의 유치원에 보냈음에도 불구하고 여전히 적응에 어려움이 있습니다. 울거나 떼를 쓰지는 않지만, 유치원에서 친구들과 함께 놀지 않고 혼자 논다고 합니다. 친구들이 옆에서 놀면 어울릴 만도 한데 그저 쳐다보거나 경계할 뿐 어울리려는 시도를 아예 안 하는 것입니다. 엄마가 놀이터에 데리고 가서 친구들에게 인사하러 가자고 하거나, 곁으로 가서 함께 놀자고 하면 슬슬 피하면서 다른 곳에 가서 혼자 놉니다.

슬기처럼 사회성이 낮은 억제성 기질의 아이들은 '규칙성'이 높아서 질서가 있는 상황에 순응하는 모습을 보입니다. 그래서 적응 상황에서 울고 떼를 쓰더라도 금세 질서에 순응합니다. 그러나 사회적인 상황에 대한 '적응성'과 '접근성'이 매우 빈약하기 때문에 친구들과 놀이하거나 선생님과 가까워지는 데는 긴장감과 경계심이 지속됩니다. 그래서 교실에 들어갈 때 울지는 않더라도 자신이 가장 안전하다고 느끼는 한쪽에서 조용히 혼자 놀이하는 모습이 나타납니다. 주변을 슬쩍 살피기는 하지만 긴장과 경계심으로 보는 것이지, 친구들을 살피며 어울릴 친구를 찾는 것은 아닙니다. 이 기질의 아이들은 거의 혼자놀이를 하는 경향이 강합니다. 곁으로 다른 친구가 다가오면 가만히 자신의 놀이를 하면서 곁눈질로 볼뿐 말을 걸진 않습니다. 그러다가 매우 활동적인 친구가 갑작스레 다가와서 놀이하고 있던 장난감을 가져가면 당황하여 멀뚱멀뚱 쳐다보는 행동을 보입니다. 이러한 경우가 반복되거나 힘이 센 친구가 다가와 장난감을 부수기라도 하면 울음을 터트리고 맙니다.

진단

☑ 사회성이 낮은 억제성 기질의 아이는 적응에 시간이 오래 걸립니다.

☑ 사회성이 낮은 억제성 기질의 아이는 교육 기관이나 사람들이 많은 곳에 가기를 싫어하고 저항하는 모습을 보이지만 규칙에는 순응합니다.

☑ 사회성이 낮은 억제성 기질의 아이는 사회적인 상황과 정서에 민감하여 주변을 잘 살피고 눈치를 보지만, 친구들에게 먼저 접근하지는 않습니다.

☑ 사회성이 낮은 억제성 기질 아이는 높은 민감성으로 인해 기본적인 정서가 긴장되고 경직되어 있습니다.

✕ 핵심 욕구에 따른 육아 코칭

 생리적 욕구 "안 먹고 싶어요."

사회성이 낮은 억제성 기질의 아이들은 특히 먹는 것에 대한 거부로 정서적인 어려움을 표출하는 경우가 많습니다. 사회 적응성은 빈약하지만 '규칙성'을 가지고 있어서 나름 교육기관에서의 불편한 시간은 견뎌내고 하원 했지만, 그 시간 동안 자신이 받았던 스트레스는 해소되지 않은 상태로 남아 있습니다. 그래서 이렇게 남아있는 불편감들이 반찬 투정이나 밥을 안 먹으려 하는 것으로 나타납니다. 이 기질의 아이들이 밥을 먹지 않으려 하는 것은 정서적인 민감성을 표출하는 어려움으로 인한 것이기 때문에 핸드폰으로 동영상을 보여주거나 부모가 밥을 먹여주면서 어르고 달래면 먹기도 합니다. 결국 아이가 밥을 잘 먹지 않는 것은 자신의 사회적인 상황에 대한 스트레스를 표출하는 방법입니다.

> **육아 Tip** **스트레스를 충분히 이완한 후에 식사 시간을 가지세요**
>
> 사회성이 낮은 억제성 기질의 아이들은 아주 주관적인 욕구가 있는 것이 아니기에 집에 와서 자신의 스트레스를 풀고, 원했던 욕구를 충족하기 위해 할 만한 것이 특별히 있지 않습니다. 그래서 가정에 돌아와서 스트레스를 이완하고 자신이 원하는 것을 충족한다는 느낌을 회복하는 데 시간이 오래 걸립니다.
>
> 이 기질의 아이들은 하원 후에 바로 일과를 진행하면 강하게 저항하지는 않지만

조용히 뺀질거리거나 시간을 질질 끌면서 하려 하지를 않습니다. 정서적 어려움을 해결하지 못한 상태에서 또 다른 질서에 순응하는 게 힘들고 하기 싫은 것입니다. 그래서 이 기질의 아이들은 하원 후 집에 돌아오면 자신의 방에 들어가서 한참 이것저것을 만지고 놀이하면서 기분을 이완시키는 모습을 보입니다. 이럴 때 빨리 밥을 먹으라고 재촉하는 대신 충분히 편안한 상태로 이완될 수 있는 시간을 준 다음 식사 시간을 가지는 게 좋습니다.

 "엄마, 안아주세요."

사회성이 낮은 억제성 기질의 아이들은 특히 사회적 '적응성'과 '접근성'이 낮습니다. 그래서 사람들이 많거나 또래집단이 함께하는 상황 자체가 편하지 않습니다. 특히 다 같이 모여서 서로 이야기하고 어울려 놀아야 하는 놀이 영역에서의 활동은 부담스럽고 어려울 수 있습니다.

사회성이 낮은 억제성 기질의 아이들은 사회적 상황에서 조용한 곳을 선호합니다. 특히 안전의 욕구를 가지고 있는 아이라면 더욱더 자신이 안전하다고 느끼는 조용하거나 한적한 곳을 찾을 것입니다.

다섯 살 이하의 아이에게 안전한 곳은 엄마 품일 것입니다. 그래서 이 아이들은 안전의 욕구를 얻기 위해 사람들이 있는 곳에서 엄마에게 안아달라고 하거나 곁에 머물고자 합니다. 5세 이후에는 이러한 안전한 장소가 선생님 곁이 되기도 하고, 친구들이 별로 없거나, 자신의 물건을 만지거나 뺏거나 건드는 친구가 없는 장소일 것입니다. 자신이 안전감을 느끼는 곳이 바로 안전 기지이기 때문입니다. 안전의 욕구가 높은 사회성이 낮은 억제성 기질 아이들이 교실에서 안전감을 찾지 못하면 불안해지게 됩니다. 민감성은 있지만 억제하고 있기 때문에 민감성이 치솟으면 결국 높은 불안감으로 폭발하듯 울음을 터뜨릴 수 있으며, 불안한 정서가 높아지면서 자신을 지키기 위한 방어적 행동을 할 수 있습니다.

예를 들어 사례에서 소개했던 슬기는 '내향적인 활동성'과 '규칙성'을 가진 아이이기 때문에 불안할 때 자신을 지키는 방법으로 조용히 한쪽에서 놀이를 했던 것이었습니다. 반면 같은 반 혜린이는 '외향적인 활동성'을 가지고 있으며 '규칙성'은 보통 수준인 사회성이 낮은 억제성 기질의 아이입니다. 그래서 혜린이는 자신이 하고 싶은 놀이를 한쪽에서 조용히 하기보다는 자신이 원하는 것을 하겠다고 선생님한테 가서 얘기하며 욕구를 주장합니다. 그리고 그것을 못하게 되면 뚱한 표정과 안 좋은 기분을 내색하며 떼를 씁니다. 이렇게 같은 기질이지만 아이가 가진 활동성의 에너지가 외향인지 내향인지에 따라 표현되는 방식은 달라질 수 있습니다. 특히 '규칙성'이 얼마나 높은지에 따라 사회 적응력이 낮더라도 사회적인 질서에 얼마나 순응하며 함께 할 수 있는지가 달라집니다.

육아 Tip 안전한 곳에서 편안하게 놀이를 시작하여 점차 영역을 확장해주세요

이 기질의 아이에게 안전의 욕구가 있다면 안전한 곳에서 오래 머물려고 하는 경향이 있습니다. 그러다 보니 그 나이에 필요한 도전을 하지 않고 편안하게 안주

하려고 합니다. 영유아기 발달 시기에 이렇게 도전을 하지 않거나 새로운 자극에 대한 접근성과 적응성이 낮으면 발달이 촉진될 수 있는 기회를 경험하지 못하게 됩니다. 그래서 아이가 가진 잠재능력은 충분하나 발달이 느려질 수 있습니다. 그러나 이 기질의 아이들은 억지로 밀어붙인다고 해도 쉽게 새로운 경험에 접근 하지 않습니다. 도전에 대한 겁이 많은 만큼 저항 역시 큽니다. 따라서 이 기질의 아이에게 안전의 욕구가 있다면 우선 그 안전의 욕구를 충족해준 다음 그 안전 기지에서 조금씩 영역을 확장시켜나가는 것이 좋습니다.

예를 들어 키즈카페에 가서 늘 안전하다고 느끼는 자동차를 타고 엄마와 같이 다니는 것만을 원한다면 자동차를 타고 같이 다니면서 구석구석을 함께 가보면 됩니다. 그러다 자동차에서 잠시 내려 안쪽을 구경하고, 다시 자동차를 타고 다 른 곳을 둘러보면서 키즈카페 곳곳을 탐색해나가는 것입니다.

이런 과정을 통해 아이는 자동차 안이 가장 안전하다고 느꼈다가 이제 볼풀장 도 안전하다고 느끼고, 트램펄린도 안전하다고 느낄 것입니다. 이렇게 엄마와 함 께 주변의 놀이공간을 충분히 즐기며 안전한 영역이 충분히 늘어나면, 이제 가 장 잘 놀이하는 곳에서 조금 떨어져서 지켜보거나 잠시 음료수를 가지러 갔다 오면서 혼자 있어도 안전하다는 것을 경험시킵니다. 아이가 이제 혼자서 놀이하 는 것도 안전하다고 느낀다면 주변의 친구 중에서 아이가 안전하다고 느낄 수 있 는 또래 혹은 언니, 오빠와 놀이할 수 있도록 관계의 사다리를 놓아주는 것이 좋 습니다. 이것이 바로 사회성이 낮은 아이들에게 사회적 불안을 감소시키는 '체 계적 둔감법'으로, 천천히 체계적으로 불안의 요소를 경험하면서 적응하도록 유 도하는 방법입니다.

"날 당황시키지 않으면 같이 놀고는 싶은데…"

사회성이 낮은 억제성 기질의 아이가 애정 및 소속의 욕구를 가지고 있다면, 이 아이들은 친구를 관찰하고 옆에서 살펴보긴 하지만 접근하지는 않습니다. 그래서 혼자 놀면서 힐긋힐긋 친구의 놀이를 살피는 모습을 보입니다. 그러나 친구의 큰 몸짓이나 행동에 쉽게 당황하기 때문에 관찰은 해도 마음을 편하게 놓지는 못합니다. 이 아이들은 예측불허로 행동하는 강하고 역동적인 친구들을 보면 긴장하고 경직되거나 당황하는 경향이 있습니다. 그냥 좋아서 뛰어다니는 건데 괜히 나에게 뛰어오는 것은 아닌지 긴장하고, 내 장난감을 건들지는 않을까 염려합니다. 그래서 사회성이 낮은 억제성 기질의 아이는 활동적이지 않고 언어적으로 부드럽게 표현을 하며 노는 친구나, 일관된 행동 패턴을 보이며 노는 친구에게 좀 더 편안함을 느낍니다.

육아 Tip **아이가 안전하다고 생각하는 친구와 시간을 갖도록 도와주세요**

사회성이 낮은 억제성 기질의 아이가 영아기부터 만난 친구가 대범하고 활동적인 친구라서 내가 기어 다닐 때 걷고, 내가 걸을 때 뛰어다니면서 나를 잡고, 갑자기 곁으로 다가와서 내 장난감을 가져간다면 어떨까요? 만약 이런 친구와 지속적으로 놀이한다면 아이의 사회적 상황에 대한 민감성은 더욱 높아지고 억제하는 기질 경향이 더욱 강해지면서 엄마 옆에서만 놀면서 편안하게 주변을 탐색하지 못할 수 있습니다. 안 그래도 민감한 아이가 주변에 예측불허의 친구가 있으니 그나마 있는 세상을 탐색하고 도전해보고 싶은 마음조차 조심스럽고 불편하여 억제하게 되는 것입니다.

사회성이 낮은 억제성 기질 아이의 첫 친구 혹은 첫 번째 사회적 그룹 경험은 신중해야 합니다. 엄마들끼리 성향이 맞는다고 아이들의 기질적 조화를 무시하면 이 기질 아이들의 방어적인 민감성은 계속 높아질 것입니다. 그러므로 사회성이 낮은 억제성 기질 아이의 경우 지나치게 활동적이기보다는 적당한 에너지 수준을 가지고 있어 편안하게 자신의 놀이를 하는, 감정의 기복이 적고 예측 가능한 친구들과 놀이하도록 해주는 것이 필요합니다.

영아기 때 이런 방어적 민감성이 높은 아이들은 친구들이 가까이만 와도 소스라치게 놀라며 울기도 하고, 특히 긴장감이 높을수록 방어하려는 경향이 강해지면서 물거나 밀어버리는 모습이 나타납니다. 사실 이러한 행동은 단순히 자신의 장난감과 자신을 지키기 위한 행동이지만 자칫 공격성이 심하다는 오해를 사기 쉽습니다.

그렇기 때문에 이 기질의 아이들에게는 친구와의 기질적 조화가 중요합니다. 사회성이 낮은 억제성 기질의 아이들에게는 순한 순응성 기질의 아이들이 안전하게 느껴지는 편안한 친구일 수 있습니다. 이런 편안한 친구와 함께 놀이하는 짧은 시간을 반복해서 경험시켜줌으로써 점차 긴장감을 이완하고, 친구의 접근을 수용하고, 친구에게 접근해보는 도전을 할 수 있도록 도와주어야 합니다.

자존의 욕구

"난 혼자 놀이할 때 잘하는데…"

사회성이 낮은 억제성 기질의 아이가 자존의 욕구가 높은 경우, 혼자 놀이할 때만큼은 근사하고 유능하게 놀고 싶어 합니다. 그래서 이 기질의 아이들이 가만히 혼자 놀 때 곁으로 가보면 블록으로 근사한 자동차를 만들어놓거나, 7세 정도의 아이들은 자신만의 아이디어를 발현하여 멋진 작품을 만들어놓기도 합니다. 여자아이들은 가장 자신 있는 그림을 그리거나 만들면서 스스로 뿌듯해하는 모습을 보이기도 합니다.

하지만 이 기질의 아이들은 이러한 자신만의 활동을 나서서 자랑하거나 선생님이나 친구들에게 내세우지 않습니다. 오히려 너무 과도한 친구들의 환호와 칭찬은 당혹스럽게 느끼기도 합니다. 그러나 이 기질의 아이들은 집에서 엄마랑 놀이할 때나 혼자서는 꽤 잘난 척도 하고 역할극처럼 대사도 말하면서 근사한 공주, 사장, 대장, 선생님 역할을 하기도 합니다. 단지 누가 보면 움츠러들어 조용히 놀이할 뿐입니다.

즉, 이 기질의 아이들에게도 근사하게 잘하고 싶고, 이를 드러내고 싶은 욕구가 있습니다. 이러한 욕구 발현의 순간은 아이의 자존감 형성에 있어서 중요한 순간이기에, 우리는 아이의 강점이 드러나는 순간을 잘 알아차려주어야 합니다.

육아 Tip 담담하고 차분한 말투로 부드럽게 칭찬해주세요

사회성이 낮은 억제성 기질의 아이에게 자존의 욕구가 있을 때 이를 알아차려주고 친구들에게도 보여주고 싶어 너무 과한 리액션을 보이면, 이 아이들은 당혹스러워하기 마련입니다. 따라서 이 기질의 아이들이 뭔가를 잘했거나, 아이의 자

기 다운 모습을 친구들 앞에 드러나게 할 상황이 생긴다면, 담담하고 차분한 말투로 아이의 모습이나 능력, 행동을 부드럽게 칭찬해주세요. 그리고 친구들에게도 차분하고 담담히 얘기해주세요. 그래야 아이가 자연스럽게 긍정적인 분위기를 수용하며 친구들에게도 관심을 가질 수 있습니다.

"슬기는 공주 그림을 정말 잘 그리는구나. 왕관이 정말 화려하고 예쁘다."

"희영아. 슬기는 공주 그림을 참 잘 그리는 것 같아. 참 예쁘네. 그렇지?"

"나는 슬기가 그린 왕관에서 이 하트 보석이 참 마음에 든다."

"수지야. 너는 어떤 게 예쁜 거 같아?"

이렇게 말하며 친구의 반응과 개입을 자연스럽게 유도합니다. 이 기질의 아이들은 자존의 욕구를 친구들에게 열어놓지 않고 숨기거나 친구들이 알아차리고 반응하는 것 자체에 긴장하거나 경계가 높기 때문에 이러한 두려움을 조금씩 줄여주는 것이 필요합니다. 그러나 천천히, 그리고 부드럽게 접근하는 것이 중요합니다. 따라서 자연스럽게 친구의 피드백을 물어보면서 아이의 그림이나 이야기를 공유하도록 도와주는 것이 도움이 됩니다.

"택민이가 정말 근사한 팽이를 만들었네. 한 번 돌려 봐. 궁금하다."

"와. 정말 멋지게 돌아간다. 얘들아, 택민이가 만든 팽이인데 정말 멋져."

"아, 나도 택민이처럼 팽이를 한 번 만들어볼게. 택민아, 내가 팽이 만들면 같이 돌려보자. 준민아, 너도 만들어볼래?"

"준민이는 어떻게 만들까 궁금하다. 난 우선 택민이랑 똑같이 만들어봐야겠다."

"어? 준민이도 만드네. 와, 우리 다 만들면 셋이서 돌릴 수 있겠다."

"다 만들어서 같이 해보자. 어때?"

활동성이 높은 지속성 기질

하고 싶은 걸 끝까지 요구하는 아이들

부모 "자기가 하고 싶은 건 끝까지 요구하는 아이예요."

아이 "내가 하고 싶은 건 해야지 직성이 풀려요."

◈ 활동성이 높은 지속성 기질 아이의 그래프

◆ 높은 기질 요소
지속성, 활동성, 반응강도

◆ 낮은 기질 요소
규칙성, 자극민감성

규칙성
주의력
활동성
기분의 질
적응성
접근성
자극민감성
반응강도
지속성

활동성이 높은 지속성 기질의 아이들은 호락호락하지 않습니다. 원하는 욕구가 매우 분명하고 이를 지속하려는 성향이 강한 아이들이기 때문입니다. 단순히 고집하는 것이 아니라 의지를 굽히지 않는 것이 특징이며, 머리로는 안 된다는 것이 이해되었다고 해도 마음에서 하고자 하는 불씨가 꺼지지 않습니다. 그래서 부모가 무섭게 엄포를 놓는다거나 압박한다고 해서 자신의 욕구와 지속하려는 의지를 쉽게 꺾지 않습니다. 반면 이 기질의 아이들은 욕구의 충족과 목적의 달성에 있어서 의지와 투지를 갖고 있기 때문에 무엇인가를 결국 해내는 능력을 강점으로 발휘합니다. 그러므로 아이의 욕구가 건강한 방향으로 흐르도록 안내하는 동시에 자기중심적인 사고와 주장하는 행동에 대해서 세심한 지도를 해야 합니다.

이 기질의 아이들은 한다면 끝까지 하는 아이들이기에 아이의 마음을 움직이기 위해서는 합리적인 이해와 지혜가 요구됩니다. 그래서 정서성이 높은 민감성 기질의 부모, 혹은 융통성이 빈약한 순응성 기질의 부모와 이 기질의 아이들이 만나면 갈등 상황이 조율되지 않아 강렬한 감정적인 갈등을 겪을 수 있습니다.

💬 사례

홍민이는 자신이 하고 싶은 것은 해야 직성이 풀리는 일곱 살 남자아이입니다. 잘 놀다가도 원하는 것을 못하게 하면 뒤로 주저앉아 울기 일쑤였습니다. 얼굴이 벌게 질 정도로 심하게 우는 바람에 결국 아이가 원하는 대로 허용해주는 일도 많았습니다. 홍민이 엄마는 어릴 적부터 아이의 고집을 꺾어보려고 했지만 혀를 내두르며 포기한 적이 많았습니다. 일곱 살이 되자 그 정도로 울지는 않지만 지금도 원하는 것을 하지 못하면 원하는 것이 될 때까지 얘기하고 또 얘기합니다. 엄마가 혼내도, 다그쳐도 원하는 것을 포기하는 일은 거의 없습니다. 원하는 대로 안되면 오래 토라져 있거나 쏘아보며 신경전을 벌입니다.

활동성이 높은 지속성 기질의 아이들은 원하는 것을 할 수 없다는 것에 대해 이해가 되더라도 마음의 불씨는 꺼지지 않습니다. 예를 들어 오늘이 생일도 아니고, 어린이날도 아니고, 장난감을 사주기로 약속한 적도 없으므로 지금 엄마가 내가 원하는 장난감을 사주지 않는다는 것은 이해합니다. 그러나 그 장난감을 사고 싶다는 마음은 변하지 않고 그대로 있으므로 더 답답하고 화가 나서 우기고 또 우깁니다. 방금 부모가 안된다고 한 말을 못 알아듣은 아이처럼 사고 싶거나 살 거라고 말하기를 반복합니다. 지속성 기질 아이들의 고집스러움은 의지와 같아서 힘이나 공포로 꺾을 수 없습니다. 아이가 자신이 원하는 것을 마음대로 할 수 없어서 기분 조절이 안 되는 것이 아니라, 자기 마음의 의지가 스스로 단념되지 않아서 그러는 것이기 때문입니다. 이러한 의지는 아이의 주체성입니다. 아이의 지속하는 경향을 꺾겠다고 힘으로 제압하거나 공포로 해결하려는 것은 아이의 주체성을 꺾는 것과 마찬가지이므로 아이의 자아 형성 과정에서 치명타가 될 수 있습니다.

때문에 지속성 기질의 아이들은 스스로 고집을 단념할 수 있도록 훈육해야 합니다. 벌을 줄 거라고 협박하는 것이 아니라 아무리 울고 떼를 쓰고 반복해서 요구해도 타협되지 않는 규칙이 있다는 것을 가르치는 것입니다. 아이가 스스로 단념할 때까지 끝까지 인내심을 가지고 견뎌야 합니다. 아이가 한 시간 울면, 부모가 한 시간에서 5분만 더 견디면 됩니다. 아이가 두 시간 울면 거기서 5분만 더 견디면 됩니다.

이것은 사실 말이 쉽지 매우 어려운 일입니다. 그래서 활동성이 높은 지속성 기질의 아이를 훈육하는 것은 '인내와 시간의 싸움'이라고도 표현합니다. 그럴수록 부모는 지속성 기질의 특성을 깊이 이해하고, 이러한 고집이 아이의 강점이 될 수 있다는 긍정적인 인식의 전환이 필요합니다. 그리고 만약 부모가 아이의 지속적인 울음과 말과 행동에 민감해지는 민감성 부모라면, 자신의 감정을 다스릴 수 있는 감정 조절의 방법을 몇 가지 가지고 있어야 합니다.

⬡ 핵심 욕구에 따른 육아 코칭

 "뭔가를 해야 마음이 편해요."

활동성이 높은 지속성 기질의 아이들은 가만히 있는 것을 오히려 힘들어합
니다. 뭔가를 해야 하고, 그것도 몰입해야만 만족스러워합니다. 그래서 무료
할 틈이 없이 계속 뭔가를 하고, 그것을 제대로 하려고 만반의 준비를 합니
다. 이것은 완벽하게 하려는 것보다는 뭔가를 충분히 하고 싶은 만큼 했다
는 주관적인 만족감이나 성취감을 원하는 것에 가깝습니다. 그래서 이 기질
의 아이에게 생리적인 욕구가 높다면 가만히 있는 것 자체를 답답해합니다.

가만히 있어야 하는 상황이라면 앉아서 책을 읽거나, 레고라도 가지고 놀거나, 뭐라도 얘기해야 편안해합니다.

육아 Tip 아이가 몰입할 수 있는 대상을 정해주세요

이 기질의 아이들은 한 번 어떤 것이 허용되면 그것이 가능하다고 생각하기 때문에 그때부터 그것을 하겠다는 의지가 시작됩니다. 예를 들어 핸드폰으로 동영상을 보려고 하거나, 자신이 원하는 노래를 꼭 틀어달라고 고집부리거나, 잠자리에서 간식을 먹겠다고 떼를 쓰는 것도 이미 이것들이 허용되었기 때문입니다. 때문에 지속성 기질의 아이들이 스마트폰이나 TV 영상에 노출되면 다른 기질의 아이들보다 조절이 어렵습니다. 그러므로 지속성 기질의 아이들에게는 조절하기 힘든 자극은 아예 주지 않거나 명확한 한계 설정을 두고 허용해야 합니다. 뭔가를 해야 편안해지는 것이 이 아이들의 기질적인 특성이기에 막연히 차분히 앉아있으라고 하는 것은 효과적이지 않습니다. 아이가 몰입할 수 있는 대상을 조율해서 정함으로써 아이가 자신이 원하는 것을 획득하면서 그 시간을 견딜 수 있도록 도와주는 것이 좋습니다.

"내가 원하는 것을 마음껏 할 수 있는 시간이 있었으면 좋겠어요."

활동성이 높은 지속성 기질의 아이들에게 안전이란 자신이 원하는 것을 충분히 마음껏 할 수 있는 시간입니다. 이 아이들은 늘 자신이 원하는 것을 마

음껏 할 수 있는 세상을 꿈꾸기 때문입니다. 그런데 실상은 매일 해야 할 과제들이 있고, 하루는 짧고, 하고 싶은 것은 많습니다. 그래서 유치원에서 돌아와 현관문에 들어서자마자 놀려하고, 아침에 일어나자마자 장난감부터 꺼내고, 저녁이 되어서도 잠을 자긴커녕 원하는 장난감을 계속 가지고 놀고 싶어 합니다. 자신이 하기 싫은 것을 하면서 받았던 불편함들을 자신이 원하는 놀이를 실컷 하면서 없애고 싶기 때문입니다. 따라서 이 기질의 아이에게 안전의 욕구가 높다면 아이만의 자유시간을 충분히 보장해주어야 합니다.

> **육아 Tip** 아이와 조율하여 하원 후 충분한 자유 시간을 주세요
>
> 일상 과제를 원활히 하려면 자신의 욕구부터 충족되어야 하는 아이들이므로 하루에 있어 가장 중요한 시간이 하원 후입니다. 이 아이들에게 교육기관에서의 활동은 자신을 조절해야 하는 상황이기 때문에 많은 에너지를 소진하게 됩니다. 그래서 하원 후에는 에너지를 충전하기 위해 원하는 놀이에 몰입하고 싶어 합니다. 이 에너지가 충족되어야 씻고, 책을 읽고, 학습지를 하고, 장난감을 정리하는 등의 일상 과제에 순조롭게 순응합니다.
>
> 그러므로 아이가 유치원에서 돌아오면 마음껏 놀 수 있는 충분한 시간을 주고, 정리를 함께 도와주세요. 정리가 너무 힘들면 자신만의 놀이시간을 통해 쌓은 에너지가 다시 소진됩니다. 아이가 할 부분과 부모님이 도와줄 부분을 나누어 함께 하고, 시간을 잘 지키는 것에 대해 칭찬해주세요. 일상 과제를 하는데 점점 습관이 들고 편안함이 생기면 그때 스스로 책임지도록 지도하면 됩니다.

"나는 ~게 하고 싶어."

이 아이들에게 있어 애정 및 소속의 욕구는 관계지향적이면서도 독립적입니다. 이 아이들이 함께하고자 하는 욕구를 표현하는 방법은 마치 자신의 의견을 주장하는 것과 같습니다. 자신의 의사가 매우 분명한 아이들이기 때문에 관계 욕구가 높더라도 아이가 표현하고 있는 행동은 "나는 이렇게 하고 싶어."입니다. 그래서 '지속성'과 '활동성'이 높으면서 '적응성'까지 높으면 또래집단에서의 '리더형'이라고 말합니다. 다만 '규칙성'이 다소 낮기 때문에 어른들이 인정하는 리더가 아니라 또래들이 좋아하는 리더입니다. 친구들에게 이걸 하자고 주장하고 리드하는 것을 매우 좋아하고, 친구들이 무리 지어 따르도록 하는 능력도 있으며, 그럴 때 비로소 애정과 소속의 욕구가 충족됩니다.

육아 Tip 아이의 주도성에 관심을 듬뿍 보여줄 수 있는 기회를 찾아보세요

이 기질의 아이들이 애정과 소속의 욕구가 높다면 집단에서 자기주도적으로 주장하고 이끌며 리드하고 싶어 하고, 이러한 자신의 욕구에 다른 사람들이 기쁘게 반응해주기를 원합니다. 즉, 자신의 주도성을 기뻐해주는 타인의 반응을 기대합니다. 그러나 무조건 이 아이들의 리드를 허용하고 방청객처럼 기뻐해주는 것은 아이에게 독이나 마찬가지입니다. 실제 상황에서 친구들은 객관적으로 인정할 수 있고, 정서적으로 서로 교감할 수 있을 때 진정한 관심을 보여줄 것이기 때문입니다. 아이의 애정과 관심에 대한 욕구를 부모가 섣불리 채워주다 보면 아

이는 실제 사회적 상황에서 주변의 관심을 이끌어내는 데 실패할 수밖에 없습니다. 그러므로 아이가 실제로 객관적으로 잘하는 것으로 리드할 수 있는 기회와 환경을 마련해주어야 합니다. 예를 들어, 아이가 만화책을 보면서 스스로 한자를 터득했거나 알고 있다면 아이에게 한자 퀴즈를 내보라고 제안하고 아이가 주도하여 문제를 내는 것을 기뻐하며 칭찬해주세요. 아이가 춤추는 것을 좋아한다면 음악을 크게 틀어주고 춤추는 아이의 모습을 동영상으로 찍어주거나 아이를 따라 춤추며 신나게 놀아주세요. 이렇게 자연스러운 상황에서 아이들에게 자신이 주도하는 기쁨을 주는 것입니다.

육아 Tip 아이가 원하는 것이 아니더라도 즐거울 수 있다는 경험이 필요합니다
자신이 원하는 것을 내려놓고 친구의 의견을 따르거나 수용하는 것이 잘 안 되는 아이들입니다. 친구의 의견을 수용하는 듯 보이지만 결국 속으로는 내 말이 맞고, 내가 말한 것이 더 좋다고 생각하다가 끝내 자신이 원하는 대로 이끌어가지요. 그래서 자신이 정하는 놀이가 아니라 부모가 리드하는 놀이를 하면서도 충분히 재밌는 시간을 보낼 수 있다는 것을 경험해야 합니다. 내가 하고 싶은 놀이는 공놀이였는데, 아빠가 원하는 방식대로 공놀이를 하니까 더 재밌다는 것을 경험한다면 다른 사람의 생각과 의견에 좀 더 수용적이 될 수 있습니다.

자존의 욕구

"난 이게 좋아."

이 기질의 아이에게 자존의 욕구가 높으면 어른들은 "거 참 똘똘하네. 총명하네. 아주 패기가 있네."라는 긍정적인 피드백을 하기도 하고, "주장이 엄청 세네. 어린 데도 아주 고집이 세네. 강하네." 하며 다소 부정적인 피드백을 하기도 합니다.

주체적인 욕구가 높아 독립적인 성향이 강한 아이가 자존의 욕구까지 높으면, 유아라고 하더라도 자신의 의견을 확실하게 주장하고 환경과 상황에 별로 흔들리거나 불안해하지 않습니다.

이 기질의 아이가 밥을 잘 안 먹어서 "너 그럴 거면 밥 먹지 마!" 하고 말하면 정말 밥을 먹지 않습니다. 게다가 보통 그러면 불안해하기 마련인데 태연합니다. 엄마에게 대든 것이 아니라, 엄마의 말대로 따른 것이기 때문입니다. 그래서 이 기질의 아이를 양육하는 부모가 관계지향적 부모라면 아이의 강한 독립적인 기질과 합리적인 판단이 너무 이기적으로 보여 더욱 야단치게 되는 경향이 있습니다.

육아 Tip 타협되지 않는 규칙과 타협이 가능한 규율 확실하게 구분하기

규칙이라는 것은 상황에 따라서, 또는 아이의 행동과 컨디션에 따라 변할 수 있는 것이 아닙니다. 규칙은 일관적으로 지켜야 하고 지켜져야 하는 행동 지시입니다. 반면 규율은 서로가 질서를 유지하기 위한 행동 약속입니다. 그래서 상황에 따라 다시 규율을 정하는 조율의 과정이 필요합니다.

예를 들어 아이에게 장난감을 사주는 날을 어린이날, 생일, 크리스마스로 정했다면 그 외에는 장난감 선물이 없는 것은 규칙입니다. 그러나 아이가 스스로 자신

을 조절하는 긍정적인 행동을 했을 때 칭찬 스티커를 모으고 이것이 모아졌을 때 그에 해당하는 보상인 선물을 받는 것은 규칙과 병행될 수 있는 규율입니다. 이때 규율을 시행할 긍정적인 행동에 대해서는 아이와 함께 정하고, 기간과 보상에 대해서는 조율하는 것이 좋습니다.

5세 이하의 유아에게는 간식이나 함께 노는 기회, 예를 들어 놀이동산 놀러 가기, 수영장 가기 등을 보상으로 정하는 것이 좋으며, 6세 이상 아이들에게는 용돈을 모으는 것으로 보상하여 기준에 도달했을 때 모은 돈으로 자신이 살 수 있는 것을 사게 하는 것도 좋습니다. 이때 노력이 가상하다고 돈을 보태 주거나 부모가 금액을 속이고 좋은 것을 사주게 되면 아이는 자신의 노력에 대한 대가가 부모의 마음과 생각에 의해 좌지우지된다는 것을 느끼게 되면서 긍정적인 행동 강화를 통한 노력이 부모의 통제로 전락해버리게 됩니다. 이것은 열심히 노력한 아이에게 물을 끼얹는 것과 같으므로 절대 금해야 합니다.

육아 Tip 명확한 선택권을 주고 그 선택에 대해서 존중해주세요

이 기질 아이들의 부모는 때로 아이들을 시험합니다. '이렇게 협박하면 말을 듣겠지.', 또는 '강하게 말하면 듣겠지.' 하는 생각으로 말이죠. 그러나 이런 테스트는 이 기질의 아이들에게 절대 통하지 않고 실패로 끝나고 맙니다. 되려 아이들로 하여금 '끝까지 고집부리면 내 뜻대로 되는구나.'라는 것을 확신하게 만듭니다. 여섯 살부터 1년에 한두 번씩 심리치료를 하며 만나왔던 지속성 기질의 6학년 남자아이가 제게 이렇게 말한 적이 있습니다. "엄마는 결국 내가 강하게 나가면 해줘요." 하고 말입니다.

이 아이에게 있어 고집은 고집이 아니라 의지인데, 엄마는 아이의 고집을 지혜롭게 이기고 조율하기보다는 결국 아이의 지속성에 져서 허용과 폭발을 반복했습니다. 차차 서로의 접점을 찾아나가야 할 학령기임에도 불구하고 이제는 게임 시간과 핸드폰 사용 시간, 공부 시간 등의 규칙과 규율을 구분하지 못하고 논쟁이 계속되고 있는 것입니다. 그래서 이 기질의 아이를 키우는 부모는 지혜로워야 합니다. 똑똑하게 이겨야 하는 아이들이기 때문입니다.

육아 Tip 부모의 감정 다스리기

이 기질의 아이를 키우는 부모라면 자신의 감정을 다스리는 방법에 익숙해져야 합니다. 예를 들어 화가 폭발하는 단계가 5단계라면, 3단계 정도에서는 화를 진정시켜야 합니다. 감정이 치밀어 오를 때에는 다음의 방법을 따라서 해보세요.

⑴ 5단계 중 3단계가 오면 얼른 안방으로 들어갑니다.

⑵ 문을 걸어 잠근 후 침대 맡에 개어놓은 수건 10장을 꺼내고 있는 힘껏 수건을 던집니다. 이때 소리를 내거나 행동을 보여주면 모방학습이 되므로 주의하세요. 수건을 던지는 것은 화를 꺼내어 진정하려는 것이지 수건에 분풀이를 하려는 것이 아니니까요.

⑶ 화가 진정되면 수건을 이불 아래 넣어놓고 나가서 아이와 의견을 조율합니다.

⑷ 아이가 진정되면 "잘 참았다. 애썼어~." 하고 칭찬해줍니다.

이 외에도 잠시 산책을 하며 조용한 곳에서 감정을 진정하거나 냉수를 한 컵 마시고 심호흡하기, 또는 풍선 천천히 불기도 좋습니다. 가장 좋은 것은 자신의 욕구와 감정을 느끼며 잠시 머물러 보는 것입니다.

활동성이 낮은 지속성 기질

혼자 상상하고 놀기를 즐기는 아이들

부모 "조용하고 얌전한 것처럼 보이는데 고집이 세요."

아이 "내가 하고 싶은 것만 오래 하고 싶어요."

◇ 활동성이 낮은 지속성 기질 아이의 그래프

◆ 높은 기질 요소
지속성

◆ 낮은 기질 요소
활동성, 규칙성, 주의력

지속성
규칙성
주의력
활동성
기분의 질
적응성
접근성
자극민감성
반응강도

활동성이 낮은 지속성 기질의 아이를 둔 부모는 때로 이웃과 주변의 부러움을 삽니다. 정작 부모는 속이 타는데 말입니다.

활동성이 낮은 지속성 기질의 아이들은 자신이 선호하는 관심사에만 몰입하고 그것으로 충분히 즐거워하는 아이들입니다. 그래서 선호하는 특정 관심사에 대한 지식과 상식이 해박합니다. 또한 이 기질의 아이들은 '활동성'이 낮기 때문에 조용히 자신이 할 것을 하지, 어떤 상황과 환경에서 두드러진 행동을 하지 않으므로 얌전하고 침착하면서도 자신이 하고 싶은 것에 몰두하는 똘똘하고 착한 아이라는 느낌을 줍니다. 그러면서도 자신이 아는 것을 친구들과 공유하려고 하는 '적응성'과 '접근성'도 보통 수준으로 가지고 있어 두루두루 어울리는 순한 아이 같은 인상을 줍니다.

그러나 이 기질의 아이들은 자신이 선호하는 것이 아닌 다른 것에 대해서는 주의를 오래 기울이지 못합니다. 관심이 없는 것에 주의를 유지하는 것이 어렵기 때문입니다. 그래서 자신이 좋아하는 상식의 책과 활동, 그리고 그것을 친구들과 공유하는 데에는 적극적이나 그 외에는 아예 관심이 없습니다. 부모가 옆에서 다른 것도 해보자고 설득해도 거의 동요하지 않고 자신의 것을 조용히 주장하거나, 부모의 회유와 개입에 반응을 하지 않는 것으로 자신의 의지를 주장합니다. 그래서 부모는 아이와 큰 갈등을 겪지는 않더라도 아이로 하여금 새로운 것을 경험하게 할 때 애를 먹는 경우가 많습니다.

🗨 사례

일곱 살 정훈이는 조용하지만 강한 아이입니다. 부모는 아이에게 부모의 말을 듣게 하는 게 너무 힘들다고 하소연합니다. 정훈이의 유치원 선생님은 아이의 반응이 매우 느리고, 뭔가를 하라고 할 때 '끝까지 못 들은 척하는 것인지, 안 하는 것인지', 계속 얘기해도 잘 듣지 않는다고 말합니다. 그래서 결국 엄마도, 선생님도, '아예 내버려두고 관심을 끄면 알아서 하겠지.'라고 생각했다고 합니다. 그러나 결과는 똑같았습니다. 어떻게 얘기해도 듣지 않는 아이가 너무 답답하고, 아이가 왜 그러는지 모르겠다며 고민을 상담해 왔습니다.

활동성이 낮은 지속성 기질 아이들의 특징은 느리지만 하고 싶은 대로 하는 강한 고집이 있다는 것입니다. 이 아이들은 다른 사람의 지시와 상황에 적응할 수 있는 '규칙성'과 '주의력'이 낮습니다. 사실 '활동성'이 낮기 때문에 자신이 하고 싶은 것 외에는 거의 관심이 없어서 주변을 살피거나 상황과 정황을 파악하려는 의지가 별로 없습니다. 그래서 주변에 대한 '주의력'이 약한 것입니다. 따라서 이 아이들이 부모와 선생님의 지시를 잘 못 알아듣는다면, 이는 지시를 듣고도 무시한 것이 아니라, 실제로 못 듣는 것일 수 있습니다. 자신이 하는 것에 몰입하고 있어서 주변에서 호명하거나 지시하는 말이 단지 그냥 소리로 들릴 수 있기 때문입니다. 그래서 이 기질의 아이들을 양육할 때는 '반응속도'와 함께 인지와 행동적인 처리속도를 촉진하는 것이 관건입니다.

📝 **진단**

☑ 활동성이 낮은 지속성 기질의 아이는 하고 싶은 것이 제한적이고 이것을 반복해서 하며, 하고 싶은 것을 하고 있을 때는 지시를 잘 듣지 않습니다.

☑ 활동성이 낮은 지속성 기질의 아이는 행동이 느리고 상황에 따르거나 지시에 따르는 속도와 행동이 둔합니다.

☑ 활동성이 낮은 지속성 기질의 아이는 하고 싶은 것을 못하게 제한하면 심술 부리는 식의 공격적인 행동을 보입니다.

☑ 활동성이 낮은 지속성 기질의 아이들은 전반적으로 주의력이 낮아 교육 활동과 지시를 따르는 데 문제 행동을 보입니다.

⬡ 핵심 욕구에 따른 육아 코칭

 생리적 욕구   "난 안 느껴지는데…"

이 기질의 아이들은 생리적인 욕구에 둔감하며 감각적인 자극에 대한 반응이 느립니다. 그래서 청각적이고 시각적인 '주의력'이 낮습니다. 예를 들어 자신이 좋아하는 것을 하고 있을 때에는 주변에 다른 장난감과 재미있을만한 것이 있더라도 그것을 잘 보지 못하는 것입니다. 장난감이 많은 체험전에 가더라도 자신이 좋아하는 자석 놀잇감을 보자마자 그것에 몰입하여 주변에 있는 다른 수많은 재미있는 장난감들은 보지도 못하고, 관심도 갖지 않습니다. 또한 무언가에 몰입되어 있으면 지시를 듣지 못하는 일이 잦습니다. 옆에서 불러도 잘 들리지 않는 것이지요. 그래서 이 기질의 아이들을 호명하거나 지시해야 할 때는 번거롭지만 곁으로 다가가서 부드럽게 아이의 어깨를 잡거나 손을 살며시 포개어 누르면서 감각적인 자극을 먼저 준 뒤에 호명하거나 지시하는 것이 좋습니다.

> **육아 Tip**   접촉 먼저, 그다음 아이가 쳐다보면 지시하기
>
> 이 기질의 아이들에게 지시를 할 때는 접촉을 먼저 하는 것이 좋습니다. 바로 주의를 기울이기에는 청각적인 신호와 시각적인 신호에 대한 주의력이 낮기 때문입니다. 이러한 점을 고려하지 않고 지시를 하면 여러 번 지시를 해야 하기 때문에 오히려 부모나 교사의 에너지가 소진됩니다. 불편한 접촉은 오히려 지시에 대

한 저항을 불러일으킬 수 있기 때문에 여기에서 필요한 접촉은 부드럽지만 아이를 환기시킬 수 있는 약간의 압력이 있는 접촉이어야 합니다. 손바닥으로 등을 살며시 눌러 쓸어내리거나, 어깨를 지그시 누르듯 잡거나, 악수하듯 손을 살며시 잡는 등의 접촉이 좋습니다.

 "나를 내버려 둬요."

이 기질의 아이들은 가만히 있고 싶어 하고, 하고 싶은 것을 하면서도 약간 멍 때리는 것 같은 조용한 상황을 선호합니다. 특히 어떤 상황에서 에너지를 소진했거나 스트레스를 받았다면 더욱이 집에 돌아와서 가만히 한 가지 활동을 하면서 멍한 모습을 보입니다. 이런 모습은 안전의 욕구가 높은 아이들이 자신의 욕구를 가정에서 충족하는 방법입니다. 아이가 받았던 스트레스를 안전의 욕구를 통해 해소하는 것이지요.

이 아이들은 어린이집이나 유치원에서도 자신이 하고 싶은 간단한 활동을 할 뿐 다른 것을 하는데 관심이 적으며 귀찮아하는 경향이 있습니다. 그래서 이 기질의 아이가 4세가 되었음에도 불구하고 간단한 블록 쌓아 올리기만 반복하거나, 제한된 장난감만 가지고 놀면서 주변 친구나 선생님에게 주의를 기울이지 않고 모방하지 않는다면 주의를 기울여야 합니다. 사회적인 관심과 '주의력'이 낮고 '활동성'이 제한된 경우, 자폐 기질일 수 있기 때문입니다.

이 기질의 아이가 어릴 때 하나를 가지고도 오래 잘 놀이하는 모습을 순하다고 여기고 간과하는 일이 많습니다. 그러나 이 기질은 '활동성'이 낮고, 제한된 관심사를 고집하기 때문에 지속적으로 즐거운 개입이 없으면 자칫 발달 지연이 초래될 수도 있습니다. 5세가 되어도 언어가 느리거나, 친구들이 블록으로 뭔가를 만들고, 사람 그림을 그리고, 율동을 따라 할 때 그것들을 거의 하지 못하고, 하려고도 안 한다면 될 수 있는 대로 빨리 치료를 시작하는 게 좋습니다. 따라서 이 기질의 아이들이 영아기부터 다음의 행동을 보였다면 바로 상담을 받기를 권합니다.

- 걸음마를 12개월 이후에 시작했다.
- 아이를 불러도 별 반응이 없다.
- 지나치게 한 가지만 가지고 놀이한다.
- 한 가지를 오래 가지고 놀며 탐색하고, 다른 장난감을 찾지 않는다.
- 기본적인 기분 변화가 별로 없고 멍한 표정을 자주 보인다.

육아 Tip 아이의 행동을 반영하며 천천히 관계의 문을 열고 들어가세요

타인에 대한 관심도 별로 없고, 갑작스럽게 개입하여 곁에서 많은 말을 하는 것을 귀찮아하며 좋아하지 않는 아이들입니다. 그러나 이 기질의 아이들에게는 좀 더 다양한 활동과 자극을 경험하고 함께 해보는 즐거운 경험이 필요합니다. 따라서 아이가 활동성이 낮은 지속성 기질이라면 온돌방에 불을 지피듯 곁에서 슬며시 접근하는 것이 좋습니다. 조용한 목소리로 아이의 행동과 놀이를 읊어주

면서 아이가 자연스럽게 부모나 교사에게 주의를 기울이도록 하는 것입니다. 그러다가 아이가 함께하는 순간을 편하게 느끼면 조금씩 적극적으로 놀이에 개입하여 아이를 이끄는 것이 좋습니다.

"정훈이가 블록을 나란히 놓고 있네."
"정훈이는 길게 뭔가를 만들고 있구나."
"정훈이가 만든 게 뭘까 궁금하네."
"기차야."
"그렇구나. 그럼 이 기차에는 누가 타는 거야?"
"사람들이 타는 거야."
"그럼 엄마가 손님 해도 될까?"
"응."

 "나랑 맞는 친구가 있을까?"

활동성이 낮은 지속성 기질의 아이들은 기본적으로 욕구가 낮기 때문에 친구들과 어울려서 놀이하고 싶은 욕구나, 소속되고자 하는 욕구가 별로 높지 않습니다. 그래서 그에 대한 기대가 낮은 편입니다. 게다가 자신이 좋아하는 관심사도 제한되어 있기 때문에 놀이하면서 뜻이 잘 맞는 친구를 찾기도 쉽지 않고, 아이 스스로도 적극적으로 찾지 않습니다. 그래서 막연히 나랑 잘 맞는 친구에 대한 기대를 하지 않습니다.

그럼에도 불구하고 애정 및 소속에 대한 욕구가 있는 아이는 막연히 '편안하게 원하는 것을 함께할 수 있는 누군가가 있지 않을까' 하며 바랍니다. 그러나 사회적인 상황에서 딱히 주의를 기울여 친구를 찾거나 접근하지는 않기 때문에, 이 기질 아이들의 놀이 파트너는 대부분 부모가 됩니다.

육아 Tip 놀이 주제가 비슷한 놀이 파트너와 즐거운 경험을 하도록 도와주세요

제한된 관심사를 갖는 이 기질의 아이들이 유아기에 비슷한 놀이 주제와 놀이성을 갖는 친구를 만나기란 그리 쉽지 않습니다. 그래서 대부분 부모와 놀거나 혼자 놀면서 뭔가를 하려는 욕구 수준이 낮은 채로 오래 머물기도 합니다.

사회성 발달이 시작되어 또래 관계에 대한 소속의 욕구가 있는 아이들에게 부모와의 놀이로는 한계가 있습니다. 그래서 이 기질의 아이들에게는 꼭 친구가 아니더라도 형, 오빠나 누나, 언니, 놀이 시터와 같은 놀이 파트너와 함께 놀면서 자신의 활동성을 각성시키고 활발하게 작동시킬 수 있는 경험이 지속적으로 필요합니다.

자존의 욕구

"난 그냥 괜찮은데…."

활동성이 낮은 지속성 기질의 아이들은 별다른 것을 하지 않아도 '난 그냥 괜찮은데…'라는 느긋한 태도를 가지고 있습니다. 자신이 자주 하면서 숙

달되었거나 좋아하는 관심사로도 충분히 기분 좋은 만족감을 느끼기 때문입니다. 게다가 자존의 욕구까지 높다면 자신이 뭔가를 더 도전하지 않아도 막연히 '난 괜찮은 사람'이라는 생각을 하는 경향이 있습니다. 이러한 아이의 긍정적인 자기 인식은 지지해주는 것이 좋습니다. 다만 아이의 자기 인식이 실제 모습이 될 수 있도록 보다 현실적인 도전을 지원하고 지지하여 아이가 원하는 자신의 모습을 적극적으로 발현하고, 도전을 반복하여 숙달될 수 있도록 도와주어야 합니다.

육아 Tip 아이가 숙달감을 느끼도록 도와주세요

숙달감은 발달의 핵심입니다. 자존감의 세 요소 중 '객관적인 자기평가'는 아이가 자신이 가진 강점을 발휘할 수 있는 '자기효능감'의 중심입니다. 그러므로 어떤 것을 반복해서 경험함으로써 '내가 이것을 실제로 잘하는구나'라는 경험적 숙달감을 가지는 것이 중요합니다. 활동성이 낮은 지속성 기질의 아이들은 이런 숙달감이 제한된 것에만 한정되는 경향이 있습니다. 예를 들어 일곱 살 아이가 레고는 무척 잘 만들지만, 물병 뚜껑을 아예 못 열거나, 열고 싶어 하지 않아 하는 것이 그런 경우입니다. 경험의 빈약함으로 인한 발달의 미숙함이 자주 발생되는 기질이므로 부모가 지속적으로 새로운 기회와 도전을 제공하고, 지지해주는 것이 좋습니다.

사회성이 높은 지속성 기질

관계를 주도하려는 아이들

부모 "자기와 맞는 친구 하고만 놀려고 해요."

아이 "내가 좋아하는 걸로 친구와 놀고 싶어요."

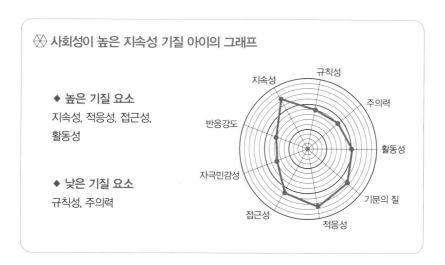

⬡ 사회성이 높은 지속성 기질 아이의 그래프

◆ 높은 기질 요소
지속성, 적응성, 접근성,
활동성

◆ 낮은 기질 요소
규칙성, 주의력

규칙성
주의력
활동성
기분의 질
적응성
접근성
자극민감성
반응강도
지속성

사회성이 높은 지속성 기질의 아이들은 자신이 하고자 하는 방향을 가지고 있고, 이를 타협하려고 하지 않습니다. 즉, 자신이 하고 싶은 놀이는 정해져 있고, 이를 같이 하고 싶어 하는 친구를 필요로 합니다. 친구들이 다른 놀이를 하고 싶어 하더라도 결국 친구들을 설득해서 자신의 방향으로 이끌어가므로, 자신이 놀고 싶은 것과 통하거나 이끌려 와주는 친구들을 좋아합니다.

또한 사회성이 높아서 말이 없는 친구들에게는 매력을 느끼지 않습니다. 그래서 자신의 놀이와 말에 반응하는 친구에게 접근하여 자신이 선호하는 방향으로 이끌어 함께 놀이하려 하며, 이와 같은 욕구가 서로 통하면 친구에게 친절한 말과 행동을 보입니다. 그러나 잘 놀다가도 친구가 자신의 방향과 틀어지거나 조율되지 않으면 금세 불편감을 느끼고 갈등이 생기기도 합니다. 그래서 잘 놀면서도 자주 싸우는 일이 생깁니다.

이 아이들에게는 자신의 욕구를 주장할 수 있는 것과 주장할 수 없는 것, 즉 친구와 서로 타협하고 조율해야 하는 경계를 논리적으로 가르쳐야 합니다. 늘 자신의 주장과 타협 사이에서 스스로 수긍하지 않아 감정적인 갈등을 경험하기 때문입니다.

🗩 사례

여섯 살 태현이는 친구를 정말 좋아합니다. 특히 새로운 장난감을 샀거나 친구가 새로운 장난감을 샀다고 하면, 하루 종일 그 장난감만 가지고 놀려고 합니다. 태현이에게 남자아이들 사이에서 유행하는 팽이를 사주었더니, 친구와 주말에 만나서 팽이놀이를 함께하기로 약속했다며 주중 내내 얘기를 했습니다.

결국 그 친구를 초대해서 집에서 노는데 아침에 만나서 늦은 오후가 되도록 하루 종일 팽이를 돌리며 배틀을 했습니다. 어떻게 팽이 하나로 하루 종일 노는지, 엄마에게는 그 모습이 신기할 따름이었습니다.

그렇게 친구와 놀기를 좋아하는 태현이지만, 놀이하려는 게 친구와 맞지 않으면 친구를 초대해놓고도 혼자서 하고 싶은 것을 하는 모습을 보입니다. 그래서 엄마는 아이가 친구를 좋아하는 건지, 그 장난감을 좋아하는 건지 헷갈리기도 합니다.

이 기질의 아이들은 지속성 기질을 강하게 가지고 있어 자신의 관심사가 분명 하나, 이를 관계적인 사회적 상황에서 함께 즐기고자 하는 아이들입니다. 자신이 선호하는 놀이로 친구들과 놀려하는 경향이 분명하기 때문에 같이 놀 친구를 찾지만 놀이 코드가 맞지 않으면 혼자 놀이하는 모습이 나타납니다. 그래도 친구들을 좋아해서 그런지 혼자 놀다가도 자꾸 친구들에게 다가가서 자신이 놀고 싶은 것을 함께하자고 제안하고 재촉합니다. 계속 쫓아다니면서 같이 놀자고 재촉하기 때문에 친구들이 다시 그 놀이를 하기도 하지만, 그 놀이를 그만한다고 하면 싫어하는 모습을 드러내어 싸움이 벌어지기도 합니다.

📝 **진단**

☑ 사회성이 높은 지속성 기질의 아이는 하고자 하는 놀이가 분명합니다.

☑ 사회성이 높은 지속성 기질의 아이는 자신이 좋아하는 놀이로 친구들과 놀이하기를 매우 좋아하고, 오랜 시간 몰입합니다.

☑ 사회성이 높은 지속성 기질의 아이는 친구들에게 자신이 하고 싶은 것을 말하고 재촉하며 반복적으로 주장합니다. 자신이 원하는 것을 할 수 없을 때는 혼자 놀기도 하지만, 이내 다시 친구들에게 다가가서 자신이 원하는 것을 하자고 제안합니다.

☑ 사회성이 높은 지속성 기질의 아이들은 기본적으로 소속에 대한 욕구가 높습니다.

⊗ 핵심 욕구에 따른 육아 코칭

 "이거 먹자."

사회성이 높은 지속성 기질의 아이들은 선호하는 것이 분명하고, 그것을 정확하게 주장합니다. 이 기질의 아이가 생리적인 욕구가 높다면 자신이 먹고 싶은 것을 먹겠다고 계속 떼를 쓰는 경우가 많습니다. 부모가 다른 저녁 메뉴를 제안해도 수긍하지 않고, 마트에 가서 간식을 고르라고 하면 무조건 처음 자신이 고른 것을 사려고 하지 부모와 거의 타협하지 않습니다. 그래서 이 기질의 아이들에게 무엇을 선택하라고 할 때는 분명한 가이드라인을 줘야 합니다.

> **육아 Tip** 명확한 가이드라인을 제시한 다음 선택권을 주세요
>
> 마트에 가서 먹고 싶은 간식을 고르라고 말해놓고서는 아이가 고른 간식에 대해 "이렇게 장난감이 들어있는 건 안 돼.", "초콜릿은 아까 먹어서 안 돼.", "이 과자는 너무 짜서 안 돼." 하고 얘기한다면 이 기질의 아이들은 설사 머리로는 이해했다고 해도 절대 그 자리에서 수용하지 않고 엄마에게 계속 자신이 원하는 간식을 사달라고 요구할 것입니다. 사회성이 높기 때문에 엄마에게 살살 애교를 부리며 사주기를 간청할 수도 있습니다.
>
> 이 기질의 아이들은 자신의 의견이 분명하며 이를 지속적으로 관철시키려는 아이들이므로 명확한 가이드라인을 안내해준 다음 선택권을 줘야 합니다.

"오늘은 요구르트, 치즈, 음료수 중에서 간식을 살 거야. 그중 하나를 골라봐."

"오늘 저녁은 나가서 먹을 건데 자장면, 갈비탕, 칼국수 중에서 하나로 할 거야.

어떤 걸 먹고 싶니?"

 "친구들이 없으면 외톨이가 된 것 같아요."

이 기질의 아이에게 있어 안전한 곳은 친구와 함께 있는 환경입니다. 그래서 친구들과 함께 연결되어있다는 느낌이 들지 않는 곳이 불안한 곳이 됩니다. 5세 이전의 아이에게는 부모와의 관계가 연결되어 있다는 느낌이 들지 않고 소원하면 불안이 올라옵니다. 그래서 부모의 컨디션이 좋지 않고, 정서적인 자원이 빈약하거나, 부모 스스로 내적인 갈등이나 부부간의 갈등이 많아서 공허하다면 이 기질의 아이들은 관계의 공허함 속에서 불안을 느끼므로 수시로 엄마를 찾고, 옆에 있어주기를 원하고, 같이 잠들기를 원하고, 늘 함께 있기를 원합니다. 그리고 같이 있어주지 않는 것에 대해 불만을 토로하기도 합니다. 이 기질 아이들에게 있어 관계는 애정의 욕구라기보다는 나를 안전하게 해주는 울타리와 같습니다.

육아 Tip 부모나 친구와 함께하는 시간을 정하고 이를 지켜주세요

자신이 원하는 것을 하면서 함께하는 관계 속에서 안전한 애착을 경험하는 아이들입니다. 그래서 아이들의 끝없는 이야기를 듣는 게 지겹거나 뭔가를 같이 하

자고 할 때 몸이 힘들다고 대강 참여하면, 이 기질의 아이들은 그러한 순간에 관계의 공허함을 느낍니다.

그러나 아이가 지속적으로 자신이 하고 싶은 이야기만 하거나 제한된 놀이를 반복하자고 하면 부모도 친구들도 힘들 것입니다. 이때 필요한 것이 한계 설정입니다. 아이의 욕구에 대해서 인정하고 수용해주되 가능한 시간을 미리 정해두는 것입니다. 명확한 지점이 있어야 만족에 도달할 수 있습니다. 그러므로 아이와 함께하는 시간이나 이야기를 들어줄 수 있는 시간을 미리 정해놓고 그 시간만큼은 집중하여 함께 해주는 것이 좋습니다.

 애정 및 소속의 욕구 "친구들이 날 안 좋아하는 것 같아."

사회성이 높은 지속성 기질의 아이는 자신이 원하는 것을 공유하고자 지속적으로 친구들과의 관계를 원합니다. 그러다 보니 친구들과의 관계에서 자의적으로나 타의적으로나 거절을 경험하기 쉽습니다. 유아기 아이들은 보통 같은 놀이를 반복하기보다는 놀이가 변화하고 확장하면서 다이내믹하게 노는 것을 좋아합니다. 또한 '주의력'이 길지 않기 때문에 하나를 지속하는 것이 어렵기도 합니다. 그런데 이 기질의 아이는 자신이 좋아하는 것만을 주장하고 의지를 굽히지 않기 때문에 친구들과 두루두루 어울리고, 친구들과의 놀이시간을 지속하는 데 어려움이 있는 것입니다. 내가 원하는 대로 하고는 싶고, 친구들이 하자는 놀이는 하고 싶지 않아서 그냥 혼자 놀이를 선택하기도 합니다.

이 기질의 아이들은 친구들이 자신을 좋아하지 않는다거나, 아무도 나랑은 안 놀아주려고 한다는 말을 종종 합니다. 실상을 잘 들여다보면 자신이 정한 놀이를 타협하거나 단념하지 않으면서도 같이 놀려고 하는 경향 때문에 생기는 갈등이 다반사입니다. 따라서 이 기질의 아이가 특히 애정 및 소속의 욕구가 높다면 다른 사람과 조율하고 타협하는 것에 대한 문제 해결 능력을 잘 가르쳐주어야 합니다.

육아 Tip 부모가 놀고 싶은 것 – 아이가 놀고 싶은 것 순으로 놀이하세요

아이가 함께하는 놀이시간을 통해 문제 해결 능력을 길러주세요. 부모가 선호하는 놀이를 먼저 하고, 아이가 선호하는 놀이를 같이 하는 것처럼 순서를 정해 놀거나, 둘의 놀이를 합쳐서 놀이할 때 더 재밌는 경험을 할 수 있도록 도와주는 것입니다. 이러한 조율 과정은 아이의 문제 해결 능력이 되어 친구와의 놀이에서 친구의 놀이를 수용하는 능력이 계발되고, 서로의 놀이를 통합해서 함께할 수 있는 융합적인 문제 해결 능력도 키워줍니다.

아이가 5세 이전이라면 부모가 정한 놀이를 먼저 하고 나서 아이가 정한 놀이를 하는 것이 좋습니다. 그러면서 자신이 하고 싶은 놀이의 만족을 지연하는 능력을 키우는 것입니다. 이때 부모가 기억해야 할 것은 아이가 자신이 하고 싶은 것을 지연하며 부모가 선호하는 놀이를 했을 때는 그 놀이가 충분히 즐거워야 한다는 것입니다. 아이를 가르치려는 생각으로 형식적으로 놀거나, 학습적인 놀이를 한다면 아이는 내 놀이를 뒤로 미루면서까지 부모와 놀이하는 것을 좋아하지

않을 것입니다. 그래서 결국 혼자 놀이하고 싶어 하거나 부모와는 놀이로 교감

되지 않는다고 느낄 수 있습니다.

 "내가 하고 싶은 대로 할 거야."

사회성이 높은 지속성 기질 아이에게 자존의 욕구는 관계 속에서 자기주

장으로 더욱 강하게 드러납니다. 사회적인 관계 안에 있으려고 하는 동시에

그 안에서 자신의 가치와 존재를 확인하고자 하기 때문입니다. 그래서 자신

이 원하는 것을 독립적으로 하면서도 끝까지 친구들 곁에서 자신의 요구를

주장하고 알리거나 내세우는 모습을 보입니다.

특히 자신이 잘하고 선호하는 관심사에 있어서만큼은 자신의 능력을 돋보

이고자 합니다. 이는 인정을 받으려고 한다기보다는 자신의 능력을 스스

로 보이며 자기만족을 하려는 마음에 가깝습니다. 그런데 이러한 아이의

능력을 친구들이 알아차려주지 않거나 무심하게 반응한다면 아이는 자신

의 능력에 대해서 충분히 기분 좋게 만족하지 못하고 의기소침해지는 모습

을 보입니다.

육아 Tip 아이만의 강점은 확실히 인정해주세요

이 기질의 아이들은 자신의 강점과 역량을 확실하게 존중받기를 원합니다. 자기

스스로 자신의 능력을 독립적으로 촉진하고 몰입하여 발휘하지만 기본적으로

사회적인 관계 욕구가 높은 아이들이기 때문에 타인의 피드백 속에서 자신의 능력을 증명하는 과정에서 만족감을 느낍니다. 그래서 아이가 무엇인가를 잘한다고 부모에게 자랑하거나 얘기한다면 그것이 아이가 가진 제한된 관심사라 할지라도 객관적으로 살펴보고 확실하게 피드백해주는 것이 좋습니다.

"태현이는 카드놀이를 열심히 하더니 정말 카드놀이만큼은 실력이 엄청나네. 인정해~."
"태현이가 공룡 이름과 특징을 자세히 알고 있구나. 네가 자신 있을 만하다."
"태현이가 이 게임은 마스터했구나. 진짜 실력이 뛰어나네."

사회성이 낮은 지속성 기질

자신만의 세상에 몰입하는 아이들

지속성 기질

12

부모 "똑똑한 것 같기도 하고, 독특한 것 같기도 해요."

아이 "내가 하고 싶어 하는 걸 다 안 좋아하는 것 같아요."

⬡ 사회성이 낮은 지속성 기질 아이의 그래프

◆ 높은 기질 요소
지속성, 반응강도

◆ 낮은 기질 요소
적응성, 접근성, 규칙성,
주의력

사회성이 낮은 지속성 기질의 아이들은 자신이 하고 싶은 것을 하려는 마음에 몰입되어 있으면서 주변 환경과 다른 것에 대한 관심이 매우 낮은 아이들입니다. 자신의 제한된 관심사에만 몰두할 뿐 주변에서 무슨 일이 일어나고 있는지, 다른 사람들은 무엇을 하는지에 별다른 관심을 보이지 않기 때문에 폐쇄적인 욕구를 가졌다는 느낌을 줍니다.

또한 주변의 상황과 흐름을 살피고 알아차리지 못해 바뀌는 상황에 유연하게 적응하는 것이 어렵습니다. 자신이 하고 싶은 것을 하고 있는데 시간이 다 되었거나, 장소를 이동해야 하는 상황의 변화가 생기면 매우 당황해하고, 하던 것을 멈추거나 조율하거나 기다려야 하는 상황을 이해하지 못합니다. 그래서 자신은 억울하다고 하면서 떼를 쓰는 경우가 많습니다.

자신이 하려고 하는 것을 지속하려는 '지속성'이 너무 강한 반면, 사회적인 흐름과 변화를 알아차리지 못하면서 발생되는 갈등이라서 상황을 설명해도 이해하지 못하거나 갑작스럽다고만 느끼는 것입니다. 그러므로 이 기질의 아이들은 무엇보다 사회적 환경에 대해 주의를 기울이도록 하고, 시간과 상황이 어떻게 흐르고 진행되고 있는지 파악하는 감각을 키워주어야 합니다.

💬 사례

일곱 살 시우는 조용하고 순해 보이는 남자아이입니다. 그런데 아이의 행동이나 친구들과 놀이하는 상황을 자세히 지켜보면 조용한 고집스러움이 있습니다. 엄마는 아이를 키우는 게 아주 힘들지는 않았지만 지치는 경우가 많았다고 합니다. 예를 들어 놀다가 이제 잘 시간이라고 하거나, 그만 놀아야 한다고 얘기하면 계속 징징대면서 "왜?"라고 묻고, 그래도 하고 싶다는 말을 반복한다고 합니다. 그렇게 한 시간이 넘게 징징대니 지칠 수밖에요. 아이가 좋아하는 놀이나 만화가 있으면 "이제 그만 얘기하자."라고 얘기해도 슬며시 눈치를 보면서 자신이 하고 싶은 이야기를 계속하는데, 아이가 엄마의 말을 알아듣지 못하는 건지 걱정된다고 합니다.

친구들과 놀이할 때는 걱정이 더 큽니다. 친구들과 거의 못 어울려서 주변을 맴돌거나 쳐다보기만 할 뿐 먼저 다가가서 말을 하지는 않는다고 합니다. 공통 관심사도 별로 없고, 눈치가 없어서 친구들이 자신의 얘기를 더 듣기 싫어하는 것도 모르고 자신이 좋아하는 것에 대해서만 떠들다가 친구들이 떠나가곤 합니다.

사회성이 낮은 지속성 기질의 아이들의 어려움은 자신이 원하는 것에 너무 몰입되어 있고, 이러한 것을 타인과 교감하고 상호작용하려고 하지 않는 것입니다. 설령 교감을 시도하더라도 '적응성'과 '접근성'이 낮기 때문에 친구들보다는 부모, 선생님이나 이야기를 잘 들어주는 어른들에게 다가가서 자신의 관심사만을 강조하며 얘기합니다.

이 기질의 아이가 내향적인 에너지를 가지고 있다면 자신이 좋아하는 지식에 몰두하거나 혼자 탐색하면서 사회적인 상황에 대해 거의 관심을 가지지 않습니다. 그래서 친구들에게 관심이 적은 대신 책이나 영상 등을 통해 지식을 확장하는 것을 좋아하며, 이렇게 얻은 지식을 부모에게 지속적으로 설명하거나 반복해서 말하려고 하는 경향이 있습니다.

📝 진단

☑ 사회성이 낮은 지속성 기질의 아이는 자신만의 제한된 관심사에 몰입되어 있고 이를 지속합니다.

☑ 사회성이 낮은 지속성 기질의 아이는 친구들이나 사회적인 집단 활동에 관심이 적습니다.

☑ 사회성이 낮은 지속성 기질의 아이는 또래들과 어울리는 데 적응이 어렵고 겉도는 모습을 보입니다.

☑ 사회성이 낮은 지속성 기질의 아이는 자신이 선호하는 것이 아닌 것에 주의력이 낮아서 여럿이 하는 수업에 집중하지 못하는 모습을 보입니다.

⊗ 핵심 욕구에 따른 육아 코칭

생리적 욕구

"왜 크게 부르고 그래."

사회성이 낮은 지속성 기질의 아이들은 사회적인 상황에서 특히 시각과 청각 자극에 둔감합니다. 자신이 하고 싶은 것에 몰입할뿐더러 '주의력'이 약하기 때문입니다. 그래서 부모와 주변 사람들은 이 아이를 부를 때면 여러 번 부르다가 결국 큰 소리를 내거나 아이를 다그치게 됩니다. 감각적으로 둔감한 아이인 이 아이 입장에서는 갑작스러운 자극이 오는 셈인지라 되려 왜 큰 소리로 부르냐고 짜증을 내는 일이 생깁니다. 게다가 사회적 '적응성'이 낮기 때문에 가정보다는 친구들 사이에서 더욱 제한적인 관심사에 빠져들고, 친구들의 부르는 소리나 행동에 민감하게 반응합니다.

> **육아 Tip** 상황의 전환과 행동 순서 알려주기

이 기질의 아이들은 사회적인 상황에 관심이 적어서 둔감합니다. 그래서 주의를 기울이지 않았다가 활동을 쫓아가지 못하거나 참여하는 데 문제가 생길 수 있습니다. 사회적인 상황에 대한 적응이 어려워서 자기가 하고 싶은 것을 하다가 감각적인 자극에 더욱 둔감해지는 경우가 많으므로, 상황이 전환되거나 이동해야 할 때 미리 알려주는 것이 좋습니다. 예를 들어 아이 친구들과 체험전에 놀러 갔을 때 아이들이 함께 놀다가 다른 곳으로 이동하려는 모습을 보이면 이동하기 전에 아이에게 다가가서 "시우야, 다음에는 친구들이랑 자동차 타러 갈 거야. 그러

니까 슬라이드 한 번만 더 타고 일어나자."하고 말해주는 것입니다.

이 아이들에게는 유치원에서 전이 활동이 적응하기 어려운 시간입니다. 그래서 교사가 "시우야, 지금 색칠하는 거 다 하고 나서 우리 매트 위에 모일 거야. 모여서 노래 한 번 부르고 그다음엔 바깥놀이 나갈 거니 초록색만 다 칠하고 일어나."하고 상황에 대해 가이드를 해주면 아이가 행동을 좀 더 빨리 하는 데 도움이 됩니다.

안전의 욕구

"난 집에서 내가 싶은 것만 하고 싶어."

사회성이 낮은 지속성 기질의 아이들은 안전한 집에서 좋아하는 것에 몰두하여 계속하는 것을 좋아합니다. 하루 종일 좋아하는 책이나 게임, 장난감을 가지고 노는 것이 가장 행복한 천국 같은 느낌일 것입니다.

이 아이들은 사회에 대한 '적응성'과 '접근성'이 모두 낮기 때문에 교육기관에서의 활동시간 자체가 스트레스가 되거나 매우 힘든 시간입니다. 자신이 하고 싶은 것을 조절하는 것이 잘 안 되는 기질인 데다가 사회 적응력이 빈약하기 때문에 하고 싶지 않은 활동에는 참여하지 않고 주변을 맴돌거나, 잘 앉아있지 않고 흐느적거리며 힘들다는 걸 온몸으로 표현하고 있을 수도 있습니다. 그렇기 때문에 아침에 등원하자고 하면 최대한 느리게 움직이며 시간을 끌기도 합니다. 이 아이들에게 가장 안전한 곳인 집을 떠나기 싫기 때문입니다.

안전한 환경인 집으로 한 명의 친구를 초대해주세요

이 기질의 아이에게 안전에 대한 욕구가 있다면 집에서 가장 편안함을 느끼고 안전감이 충족될 것입니다. 그러나 아이의 빈약한 사회성 발달을 위해서는 친구와 함께 놀면서 상호작용을 해보고, 점차 다른 환경에 접근해보는 기회를 늘려야 합니다. 안전의 욕구가 있는 아이를 집 밖에 데리고 나가면 불안함을 느낄 수 있으므로, 편하게 느끼는 친구를 집으로 한 명씩 초대하여 안전 욕구가 충족된 상태에서 친구와 있는 것도 편안할 수 있다는 것을 경험시켜주세요. 이 기질의 아이들은 익숙해지는 데 시간이 필요하기 때문에 한 명의 아이와 충분히 편해지기를 기다린 다음, 더 많은 친구들을 초대하는 것이 좋습니다.

"엄마랑 노는 게 좋아."

사회성이 낮은 지속성 기질의 아이들에게 가장 편안한 놀이 파트너는 엄마일 경우가 많습니다. 자신의 관심사를 공유해주고, 소통해주고, 수용해주기 때문입니다. 따라서 애정 및 소속에 대한 욕구를 가정에서 엄마와 해결하려고 하는 모습이 강하게 나타납니다. 엄마에게 늘 같은 놀이를 해달라고 조르는 것이지요. 그러나 엄마라는 고정된 타인과 자신이 선호하는 놀이를 반복하는 것은 매우 제한된 사회적 경험만 하는 것이기 때문에 자칫 우물 안 개구리가 되어버릴 수 있습니다.

엄마와의 놀이에서나마 자신의 놀이를 공유하고 관계에 대한 욕구를 충족하므로 엄마와의 놀이시간은 매우 중요합니다. 그러나 5세 이후의 아이가 이렇게 엄마, 혹은 아빠와 제한된 놀이만 하게 되면 아이의 놀이는 일방향적이거나 자기중심적인 경향을 띄게 됩니다. 또는 부모에게 지나치게 의존하면서 사회정서 발달이 미숙해질 수 있습니다.

그러므로 부모는 아이와 충실히 놀아주되, 사실 아이의 마음속에 친구들과 재미있게 놀고 싶은 마음이 있다는 것을 알아차려주어야 합니다. 동시에 친구들에게 접근하여 놀 수 있도록 사회적인 대화의 기술을 가르쳐주는 것이 좋습니다.

육아 Tip 부모와 역할놀이를 하면서 친구들과 함께 놀고 싶은 마음 알도록 하기

부모가 먼저 아이에게 친구 놀이를 하자고 제안하고 이끌어가면서 친구들도 사실 아이가 좋아하는 공룡놀이를 좋아하고 관심이 있다는 것을 알려주세요.

부모(친구 역할) : "시우는 정말 공룡을 좋아해. 사실 나도 좋아하는데."

"난 프테라노돈이 제일 좋은데, 시우는 뭘 좋아하지?"

"(속삭이며) 시우야, 친구가 넌 어떤 공룡을 좋아하는지 궁금한대. 사실 준식이도 공룡을 좋아하나 봐."

아이 : "난 스피노사우르스가 제일 좋아."

부모 : "그래? 난 꼬리에 방망이 있는 것도 좋아. 어…, 뭐더라?"

아이 : "유오플로케팔루스."

부모 : "우아! 그걸 알다니. 대단하다."

"근데 너는 공룡놀이로 뭐 하는 거 좋아해? 나는 사냥놀이를 좋아해."

아이 : "어….”

부모 : "(속삭이며) 시우야, 친구가 공룡놀이를 같이 하고 싶나 보다. 친구랑 우리 뭐한다고 할까?"

아이 : "사냥놀이?"

부모 : "좋아. 그럼 네가 사냥놀이하자고 얘기해. 준식이가 좋아할 거야.”

이처럼 놀이가 상상이지만 현실세계라고 믿는 유아에게 놀이를 통해 친구들과의 공통 관심사를 갖고, 공감할 때의 즐거움을 느끼도록 해주고, 친구들과 함께 이야기해보고 놀이해보는 간접경험의 기회를 주는 것입니다.

부모가 친구의 속마음을 대신 얘기할 때는 아이의 놀이 흐름을 방해하지 않도록 속삭이는 것이 좋습니다. 그래야 아이는 엄마가 하는 준식이라는 친구 역할을 진짜처럼 생각하면서 친구와의 상호작용을 연습해볼 수 있습니다. 이러한 연습이 어느 정도 되었다면 실제 친구를 초대해서 놀 수 있는 기회를 제공하고 엄마가 적당히 개입하여 잘 어울릴 수 있도록 중간다리 역할을 해주는 것이 좋습니다.

자존의 욕구

"내가 하고 싶은 것만 할래.”

사회성이 낮은 지속성 기질의 아이들은 사회적인 상황에서 자신이 하고 싶은 것을 유난히도 고집하는 경향이 있습니다. 함께 어울리는 것이 불편하여 회피하는 경향도 있지만, 자신이 하고자 하는 것을 포기하고 다른 것을 따라가며 어울리는 것에 대한 동기가 잘 발현되지 않기 때문입니다.

그래서 어린이집이나 유치원 교사들은 이 기질의 아이들을 활동에 참여시키는 데 매우 애를 먹습니다. 하고 싶지 않은 이유가 불안하거나 두려워서라면 불안한 마음을 알아차려주고 진정시키면서 활동을 유도하면 되지만, 아예 어울리려는 의지가 없거나 약하다면 참여시키는 것이 쉽지 않기 때문입니다.

이것은 부모도 마찬가지일 것입니다. 부모가 친구들과 어울렸으면 좋겠어서 아무리 이것저것으로 주의를 전환하거나 관심을 끌려고 해도 잘 통하지 않습니다. 이 기질의 아이들은 쉽게 설득되거나 보상에 혹해서 마음을 돌리지 않기 때문입니다.

육아 Tip 하고 싶은 것을 표현하는 방법과 친구에게 접근하는 기술을 가르쳐 주세요

자신이 원하는 것을 포기하지 않는 아이들에게 친구와 같이 어울려서 놀이하라는 것은 너무 어려운 과제입니다. 그렇기 때문에 이 아이들에게는 자신의 것을 친구들에게 표현해보고 제안해보자고 하면서 친구들에게 접근하는 친사회적 기술을 가르쳐주어야 합니다.

"시우야, 네가 좋아하는 바다 동물을 찬우에게도 알려주면 좋아할 것 같아. 찬우가 해마를 좋아할까? 바다코끼리를 좋아할까?"

"시우가 좋아하는 제트기를 찬우도 똑같이 가지고 있다고 하네. 시우는 제트기로 엄마랑 빨리 날아가는 시합도 하는데, 찬우는 해봤을까 궁금하다. 한 번 물어볼까?"

민감성 기질 13

활동성이 높은 민감성 기질

열정적으로 원하는 것을 추구하는 아이들

부모 "원하는 걸 못하면 온갖 짜증을 다 내요."

아이 "나도 그러고 싶진 않지만 짜증이 나는 이유가 있어요."

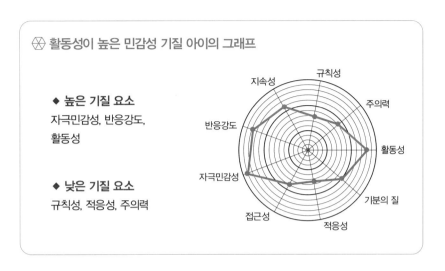

◈ 활동성이 높은 민감성 기질 아이의 그래프

◆ **높은 기질 요소**
자극민감성, 반응강도, 활동성

◆ **낮은 기질 요소**
규칙성, 적응성, 주의력

활동성이 높은 민감성 기질의 아이들은 스스로 무엇인가를 해보고자 하는 욕구는 높지만, 작은 자극에도 민감해져서 자신의 욕구를 긍정적으로 성취하는 것이 어렵습니다. 이 기질의 아이들은 스스로 해결하기 힘든 감정의 소용돌이에 있는 것과 마찬가지입니다. 하고 싶은 것은 많지만 뭐든 수월하지 않고, 불편하고 마음에 안 드는 게 많아서 기분 좋게 뭔가를 끝내는 것이 어렵기 때문입니다. 이 기질의 아이들은 매우 높은 '자극민감성'으로 인해 사회적인 상황에서의 '적응성'과 '접근성'이 낮아집니다. 소소한 상황에서 감각적으로 쉽게 예민해지고, 정서적인 변화에 감정이 쉽게 출렁이며, 상황의 변화를 유연하게 받아들이는 것이 안 되기 때문입니다. 그래서 이 기질의 아이들은 늘 짜증이 나는 데 이유가 있고, 상황이 있다고 주장합니다. 실제로 이 아이들에게는 주관적으로 불편한 이유가 있고, 그래서 자신이 하고 싶은 것을 못했다고 말하는 것이 맞습니다. 모든 불편한 자극을 자신이 원하는 식대로 해결할 수 없다는 것에 다시 부정적인 감정이 올라와서 짜증감이 사라지지 않기 때문입니다.

게다가 '활동성'이 높아서 자신이 원하는 것이 편안하게 충족될 때는 매우 즐겁고 유쾌하지만, 반대로 자신이 원하는 것이 되지 않으면 감정적으로 강한 표출을 하며 뒹굴기도 합니다. 따라서 아이가 활동성이 높은 민감성 기질인 경우, 부모는 아이의 강력한 감정 폭발을 잠재우거나 일어나지 않도록 지나치게 허용적이 되거나 아이의 뜻대로 타협하게 되는 경향이 있습니다.

🗨 사례

여섯 살 주원이는 어릴 때부터 다루기 힘든 아이였습니다. 엄마는 주원이가 늘 우는 아이였다고 합니다. 특히 걷기 시작하면서부터는 마음대로 안 되면 막무가내로 뒤로 넘어가듯 울었고, 장난감이 원하는 대로 움직이지 않으면 내던지는 것은 흔한 일이었습니다. 밥을 먹고 양치질하고 씻기는 일상도 늘 전쟁이었습니다.

이런 어려움들은 연령이 올라가면서 점차 줄어들긴 했지만 여섯 살이 된 지금도 여전히 마음대로 안 되면 소리부터 지르고 물건을 던지는 행동을 간혹 보입니다. 편식도 심하고, 아침에 일어날 때부터 짜증을 내니 씻기고 옷 입히기도 쉽지 않습니다.

주원이가 상담 센터에 오게 된 것은 유치원에서 친구들과의 갈등 상황이 잦고, 갈등 상황에서 말보다 손이 먼저 나가면서 친구를 때리거나 소리를 지르는 일이 잦아져서입니다.

활동성이 높은 민감성 기질 아이들의 특징은 감각적 자극과 환경적 자극, 정서적 자극 모두에 민감하며, 이러한 민감성이 올라올 때 감정을 표현하는 반응강도가 매우 세다는 것입니다. 그리고 이러한 강한 반응은 외현적인 행동인 소리 지르기, 발 구르기, 물건 던지기 등의 과격한 행동으로 나타납니다.

민감성 기질의 아이는 자신이 원하는 욕구를 획득하는 과정에서 뜻대로 되지 않을 때 감정적인 조절이 어려운 것이 특징입니다. 또한 순응성을 나타내는 규칙성과 적응성이 낮아서 일상생활습관을 지키거나 사회적인 상황에서 질서를 지켜야 하는 상황에서 늘 갈등이 생기고 감정적인 문제가 나타납니다.

주원이처럼 어릴 때부터 먹는 것, 자는 것, 입는 것 등의 모든 감각적인 자극에 민감하고, 원하는 것이 분명한 아이는 뭐든 하나라도 뜻대로 되지 않으면 이에 대한 부정적인 감정이 바로 폭발적인 강한 감정으로 표출됩니다. 유치원에서는 특히 줄을 서야 하거나, 놀이가 끝나고 장난감을 정리해야 하거나, 원하지 않아도 수업의 지시에 따라야 하는 상황에서도 민감해집니다.

이 기질의 아이들은 규칙성이 낮기 때문에 지시에 순응하는 것 자체에 대한 불편감이 있는 상황에서 줄을 서있는 동안 좁은 간격이 지속되면 민감성이 답답함으로 올라옵니다. 그렇게 올라온 민감성은 앞이나 뒤에 있는 아이를 밀거나 건들지 말라고 소리를 지르는 행동으로 드러나게 됩니다. 또 놀이를 마쳐야 하는 시간에 자신이 원하는 것을 충분히 완성하지 못해 조바심이 나거나 신경질 나는 감정들이 올라올 때 선생님의 지시적인 말투나 친구의 "치우라고 하잖아." 하는 지적, 혹은 친구가 대신 치워주겠다며 장난감에 손을 대는 순간이 방아쇠가 되어 감정이 갑작스럽게 올라오기도 합니다.

이 기질의 아이들은 상황에 대한 적응성이 빈약하면서도 자신이 원하는 대로 하고 싶은 욕구는 크기 때문에 원하는 놀이를 하지 못하거나 친구와 같은 장난감을 원할 때도 여지없이 갈등이 생깁니다.

높은 활동성이 외향적인 방향으로 흐르고 있다면 목소리와 움직임이 크기 때문에 더 거칠어 보이는 느낌이 있습니다. 실제로 순응성 기질이나 억제성 기질의 아이들은 이렇게 외현적으로 크게 드러나는 감정과 행동에 위압감을 느끼기도 합니다. 따라서 아이가 민감성 기질이라면 사회적인 상황과 스트레스 상황에서 취약한 자기 조절 능력을 길러주는 데 부모의 끊임없는 인내와 노력이 필요합니다. 어떤 기질의 아이들보다 부모의 역할이 요구되는 기질 유형입니다.

 진단

☑ 활동성이 높은 민감성 기질의 아이는 환경 및 정서적인 민감성 수준이 높고, 이에 대한 감정적인 반응강도가 외현적으로 세게 표현됩니다.

☑ 활동성이 높은 민감성 기질의 아이는 자신이 하고 싶은 것을 하고 싶을 때 하지 못하는 상황과 거절에 대한 부정적인 감정에 압도되어 크게 흥분합니다.

☑ 활동성이 높은 민감성 기질의 아이는 사회적인 상황에 유연하게 적응하며 타인과 조율하는 것이 어렵고, 규칙과 질서를 지키는 데 어려움이 있습니다.

☑ 활동성이 높은 민감성 기질 아이들은 정서 조절의 어려움이 많이 나타납니다.

⬡ 핵심 욕구에 따른 육아 코칭

생리적 욕구 **"이건 절대 안 먹어! 내가 달라는 걸 달라고!"**

활동성이 높은 민감성 기질의 아이들은 감각적으로 민감한 아이로, 미각에 대한 민감성 또한 높은 편입니다. 그래서 좋아하는 음식을 원하고, 그것이 아니면 안 먹겠다고 저항을 하면서 실랑이를 하는 모습이 나타납니다. 한 마디로 편식이 심합니다.

이 아이들의 감정과 행동을 잘 들여다보면, 그 핵심은 선호하는 음식이 아니라 내가 원하는 대로 되었으면 좋겠다는 감정에 초점이 맞춰진 경우가 많습니다. 내가 원하는 대로 상황을 통제하며 만족감을 얻으려고 하는 아이들이기 때문에 꼭 그 음식을 주지 않아도 다른 좋아하는 음식을 주면 주의를 전환하여 진정되기도 합니다. 그래서 이 기질의 아이와 식사에 대한 갈등이 있을 때 기억해야 할 것은 '선호하는 음식이냐 아니냐'에 대한 문제가 아니라, '아이의 말과 의지, 아이의 방식을 수용해주는지에 대한 정서적인 분위기'가 방아쇠라는 것입니다.

예를 들어 이 기질의 아이들은 아침에 아이를 깨울 때 엄마의 목소리에 신경질이 묻어 있거나, 아이를 흔드는 손길에서 불편한 힘이 느껴지면 금세 민감성이 올라옵니다. 더 이상 늦장 부리며 누워있다가는 야단을 맞거나 지각하게 되는 것을 알고 있어서 몸을 일으키긴 하지만, 누르고 있던 불편감이 아침 식사 시 반찬이나 음식이 마음에 안든다는 트집으로 터져 나오는 경우가 많습니다. 그럴 때마다 아이가 좋아하는 음식을 주면서 아이의 입맛을 맞춰주고 마음을 얼러주다 보면 결국 아이는 이렇게 원하는 대로 흘러가는 상황에 의해 마음이 진정되는 것이 습관화될 수 있습니다. 즉, 실제로 아이가 민감해진 부분은 아침에 일어날 때 엄마로부터 느낀 불편한 정서적, 청각적인 자극이었는데, 이것을 음식으로 해결하게 된다는 것입니다. 민감성이 쉽게 올라오는 아이들은 왜, 어디서 민감성이 올라오는지를 인식할 수 있어야 이를 표현하고 해결하는 자기 조절 방법을 배울 수 있습니다. 부모 역시 마찬가지입니다. 아이가 왜 민감성이 올라오는지를 관찰로 파악해야 조절이 가능해집니다.

육아 Tip 아이의 감정이 터지는 순간을 관찰하고 패턴을 기억해보세요

아이가 감각적인 민감성을 나타낼 때 당장 그것을 해결하려 하기보다는 관찰하세요. 어떤 자극으로 인해 감정이 촉발되는지를 보고 방아쇠가 되는 자극을 찾아내는 것입니다. 관찰을 통해 직관적으로 느껴지는 것들이 있다면 그것을 기억하면서 아이의 행동을 관찰해야 합니다.

예를 들어 아침마다 밥 먹을 때 짜증을 내는 주원이는 식탁에 앉자마자 음식을 보지도 않고 갑작스레 "이거 말고 빵 먹을 거야."부터 시작해서 주스를 주면 우유를 달라고 하고, 우유를 주면 주스를 달라고 하는 모습을 보였습니다. 관찰하는 시선으로 보니 아이에게 있어 음식은 짜증을 내는 수단이었던 것입니다.

그래서 아이가 식탁에 앉기 전까지, 아이에게 불편했을 순간들을 떠올려보았습니다. 첫 번째는 아이가 잘 일어나지 않아 이불을 확 걷으며 잔소리를 하는 순간,

두 번째는 미적거리는 아이를 화장실로 데려가 "소변 뉘, 세수해. 빨리 해."하고 재촉하는 순간, 세 번째는 아이가 옷을 입을 때 바지는 잘 입지만 양말을 쉽게 신지 못해서 낑낑대다가 신경질을 한 번씩 부리는 것이 떠올랐습니다.

그래서 그다음 날부터 엄마는 엄마의 행동을 교정해보았습니다. 먼저 아침에 일어날 때 기분의 질을 좋게 해주기 위해 전날보다 일찍 아이의 팔다리를 가볍게 주물러주며 깨웠습니다. 이렇게 시간의 여유를 가지고 깨우자 한결 여유가 생겼습니다. 소변을 누고 세수를 할 때도 빨리 하라고 재촉하는 말 대신 "혼자서도 잘하고 있네?"하고 아이의 행동을 지지해주면서 지켜봐주었습니다. 그리고 마지막으로 양말을 신을 때는 도움을 주었습니다. 이렇게 부드러운 접촉과 부드러운 말, 그리고 따뜻한 보살핌으로 아이를 깨우니 이후의 일과는 좀 더 순조롭게 흘러갔습니다.

주원이의 민감성을 터뜨리는 방아쇠는 아침 식사였지만, 아이의 민감성이 촉발된 진짜 이유는 급하게 재촉하는 엄마의 말과 행동 때문이었습니다. 이렇게 아이가 보이는 민감성에는 나름대로의 이유와 기능이 있습니다. 그것을 관찰하여 찾아내는 것이 아이의 민감성을 자극하는 근본적인 이유를 찾아서 조절하도록 도와주는 방법입니다.

안전의 욕구
"내가 원하는 것을 할 수 없는 곳은 다 불편해."

이 기질의 아이들은 내 마음대로 할 수 없는 통제적인 환경을 가장 불편해합니다. 특정한 것을 좋아한다기보다는 '내가 지금 원하는 것을 할 수 있는지, 없는지'에 의해 민감해지기 때문입니다. 그래서 자신에게 수용적이거나 자신의 높은 욕구와 민감성을 유연하게 조율해줄 수 있는 사람이 있는 환경을 가장 안전하다고 느낍니다.

이 기질의 아이들은 높은 수준의 욕구와 민감성을 다 가지고 있기 때문에 부모와 교사에게 아이의 감정에 같이 각성되지 않는 유연성과 아이의 욕구와 민감성의 핵심을 찾아내는 지혜, 원하는 대로 하려는 기분을 질서 안에서 진정시킬 수 있는 탁월한 문제 해결력을 요구합니다.

어떤 기질의 아이보다 아이를 양육하는 것이 힘들고 지칠 수 있지만, 이러한 문제 해결 과정을 반복하다 보면, 그리고 그 과정에서 갈등이 적다면 아이는 많은 경험을 통해 스스로 문제 해결력을 키워나갈 수 있습니다.

육아 Tip 아이가 듣고 싶어 하는 말을 먼저 해주세요

강렬한 감정적인 갈등이 예상되는 활동성이 높은 민감성 기질의 아이들과 문제를 해결하기 위한 대화를 할 때는 아이가 듣고 싶어 하는 말을 먼저 해주고 그것을 할 수 있는 방법을 안내해주는 것이 포인트입니다. 이것은 활동성이 높은 기질의 아이들에게 모두 효과적인 방법입니다.

욕구가 높은 아이들의 핵심은 내가 원하는 것을 할 수 있는지, 없는지입니다. 할 수 없다는 말이 나오자마자 불편감이 올라오는 아이들이므로, 먼저 할 수 있다는 말로 아이를 진정시키고, 아이가 하고 싶어 하는 마음을 알아차려 되짚어 말해주면서 아이에게 이후 부모의 말을 들을 수 있는 준비를 시키는 것입니다. 그

런 다음, 아이가 원하는 것을 할 수 있는 방법을 안내해주세요.

이때 많은 부모가 아이가 원하는 것을 해주겠다고 말해놓고, 바로 '그렇지만 이 것 때문에 할 수 없는 거야.'라고 설명하려고 합니다. 이는 '병 주고 약 주는' 것 밖에 되지 않습니다. 방법을 안내한다는 것은 최대한 아이가 원하는 것을 할 수 있는 상황과 대안을 함께 고민하여 알려주는 것이지, 엄마의 기준을 설명하기 위 한 사탕발림이 아닙니다.

"(유치원에서 하원하고 나오자마자) 나 놀이터 갈 거야!"

"놀이터에 가고 싶구나."

"응, 놀이터 가~."

"그래. 그럼 우리 놀이터에 가서 과자를 조금 먹은 다음 집에서 저녁을 먹자."

"이야, 신난다."

"주원이는 어떤 과자를 사서 놀이터에 가고 싶어?"

"초콜릿~."

"좋아. 그러면 먼저 엄마랑 집에 가서 가방을 놓고 마트에 초콜릿을 사러 가자."

이 대화에서 엄마는 아이의 마음을 빨리 알아차려주고, 아이가 하고자 하는 것 을 할 수 있다는 대답을 해주며 아이를 진정시킵니다. 그러면서 엄마는 시간을 법니다. 엄마는 사실 지금 집에 들러 가방을 둔 다음 저녁 반찬거리를 사러 가야 합니다. 그래서 엄마는 간식으로 주의를 전환하여 대안을 주었습니다. 아이는 자 신이 원하는 놀이터에 갈 수 있다는 말에 안정감을 느끼고 집까지 따라오고 마트에 갈 것입니다. 그리고 마트에서 과자를 산 다음 놀이터에 가면서 저녁 먹을 시간을 고려하여 언제까지 놀 수 있는지, 함께 시간을 정하면 됩니다.

이때 실수하기 쉬운 부분이 한 번의 대화에서 놀이터에서 노는 약속 시간까지 모두 정하려고 하는 것입니다. 민감성 기질의 아이들에게는 엉킨 실타래를 풀 듯, 계획과 생각을 하나씩 천천히 풀어내는 여유가 있어야 안정감을 전달해줄 수 있습니다. 그런데 문제 상황을 한 번에 해결하려는 부모는 '아이에게 초콜릿을 사주면 저녁을 제대로 안 먹지는 않을까?' 하고 걱정하고, '너무 오래 논다고 고집을 부리면 어떡하지?' 하고 미리 걱정하면서 전전긍긍 아이와 대화합니다. 이러한 부모의 초조함과 불안정감은 민감한 아이에게 압박감을 주어 저항하도록 만듭니다.

또한 융통성 없이 합리적으로만 사고하는 부모는 아이의 주의를 다른 데로 전환한 다음 약속한 말을 지키지 않고 유인해서 집으로 들어가려고 합니다. 이것은 활동성이 높은 민감성 기질의 아이에게 가장 안 좋은 양육 방식입니다.

반대로 융통성만 발휘하여 아이가 원하는 대로 모두 따라주다 보면, 아이는 문제 해결 능력을 배우지 못하고, 단기적으로 자기의 감정을 충족하는 경험만 하게 되어 문제의 핵심을 이해하고 해결하는 데 필요한 주의력이 계발되지 못합니다.

애정 및 소속의 욕구

"계속 놀아줘~."

활동성이 높은 민감성 기질의 아이에게 애정 및 소속의 욕구가 높다면 늘 놀아달라고 따라다닐 것입니다. 만족스럽게 놀고는 싶은데 혼자 놀면 이것 저것 잘 안 될 때마다 신경질이 나니 혼자 하는 놀이를 참지 못합니다. 그래서 늘 놀아달라고 떼를 쓰고, 안 놀아준다고 투정을 부리고, 같이 놀아주다가 끝내려고 하면 더 놀고 싶다고 웁니다.

이렇게 활동성이 높은 민감성 기질의 아이에게 애정 및 소속의 욕구가 높을 때 부모가 살펴봐야 하는 것은 지금 아이가 가지고 있는 욕구가 막연한 욕망인지 아닌지, 또한 '한 번만 더 해요.'라는 아이의 요구에 끌려 다니고 있는 것은 아닌지 입니다.

'계속 엄마랑 놀고 싶어.'라는 막연한 욕망은 결코 채워질 수 없는 욕망입니다. 활동성이 높은 민감성 기질의 아이들은 하고자 하는 욕구 수준이 높기 때문에 욕구를 충족할 수 있는 지점이 어디인지를 분명히 해두어야 합니다. 어떤 때는 허용해주고, 어떤 때는 조절하라고 하다 보면 엄마를 향한 아이의 애정 욕구는 절절해집니다.

이 기질의 아이에게 애정 욕구를 충족해줬다가 다시 조절하라고 거절하는 양육 태도를 비 일관적으로 반복하다 보면 저항적인 애착이 형성되는 경우가 많습니다. '불안정 저항 애착'은 부모가 사랑을 적극적으로 표현하고 애정을 높은 수준으로 충족해줬다가 부모의 컨디션이나 상황에 따라 갑작스럽게 거절하거나 그 충족의 양을 낮출 때 생깁니다. 늘 사탕 세 개를 먹던 아이에게 갑자기 한 개만 먹으라고 하면, 그건 조절이 아니라 갑자기 사탕을 안주는 것과 같기 때문에 두 개를 줄이는 엄마가 미워집니다. 그리고 그건 엄마의 잘못이고, 날 사랑하지 않기 때문에 늘 세 개 주었던 사탕을 주지 않고 줄인다고 생각합니다. 그래서 더욱 강렬하게 저항하고 떼를 써서 두 개를 더 받아냅니다. 그러면서 아이는 확인합니다. 내가 힘들다고 저항하고 격렬하게 반응하면 엄마는 원래의 사랑을 채워준다고 말이죠. 동시에 마음 한쪽에는 엄마는 줄 수 있는 걸 왜 안 줬는지 원망스러운 마음도 생깁니다. 이것이 바로 '불안정 저항 애착'입니다.

그런데 민감성 기질의 아이들을 키우다 보면 아이가 원하는 대로 놀아주며 애정을 주다가 너무 힘들어져서 '그렇게 놀아줬으면 너도 엄마를 좀 생각해 줘야지.'라는 생각이 들어 냉담해지기 쉽습니다. '불안정 저항 애착'을 형성 하기 좋은 상황이 반복되는 것입니다.

육아 Tip 특별한 놀이시간을 가지되, 정확하게 끝내세요

활동성이 높은 민감성 기질 아이와의 놀이에서 가장 중요한 것은 정확한 약속 을 시행하는 것입니다. 아이의 기질 자체도 기분과 컨디션에 따라 변화가 많고 정서가 엎치락뒤치락하는 조절의 어려움이 있기 때문에 부모가 해야 하는 가장 중요한 것은 정확한 시작과 끝입니다. 따라서 아이와의 놀이 시간은 정확하게 지 킬 수 있는 만큼만 약속하고 그것을 지킴으로써 원칙이 있다는 것을 아이가 알 게 해야 합니다. 이를 반복함으로써 자연스럽게 아이가 자신의 감정을 조절하는 법을 배우게 하는 것입니다.

이때 아이가 안쓰러워서, 내가 더 놀아주고 싶어서, 아이가 예뻐서 등의 이유로 조금 더 놀아주는 관대함은 아이에게 전혀 도움이 되지 않습니다. 놀이가 끝나 야 하는 시간에는 반드시 놀이를 끝내야 합니다. 놀이 시간이 끝나기 전에 미

리 안내해주고, 혼자 더 놀도록 시간을 주거나 놀잇감을 같이 정리해주는 것은 좋습니다. 그러나 함께 놀이하는 시간은 망설임을 보이지 않고 끝내야 합니다. 이때 우리가 삼가야 할 것은 말로 아이를 설득하거나, 놀이가 끝난 서운함에 우는 아이를 이해시키거나 달래려는 말을 하지 않는 것입니다. 이것은 아이에게 울음을 더욱 강화하는 자극이 되기 때문입니다.

부모는 단지 "오늘 놀이시간이 다 됐네. 내일 이 시간이 되면 또 놀자.", 또는 "아쉽지? 내일 또 놀 수 있어." 하고 얘기한 뒤에 아이들 곁에 머물러 주면 됩니다. 민감성 기질의 아이들을 진정시키는 과정에서 절대 하지 않아야 하는 것은 우는 아이를 두고 자리를 떠나는 것입니다. 민감성 기질 아이들의 감정적인 문제를 훈육할 때는 끝까지 곁에 머물러야 합니다. 아이의 울음을 보다 못한 부모가 일어나서 나가버리거나, "울음이 그치면 말하자."와 같이 냉담하게 얘기하는 것은 가뜩이나 높은 아이의 민감성을 더욱 강하게 자극하며, 이러한 감정은 아이에게 스스로 걷잡을 수 없는 분노와 불안을 일으키기도 합니다.

 "난 멋진 영웅, 공주가 되고 싶어."

활동성이 높은 민감성 기질 남자아이들에게 자존의 욕구가 높으면 영웅이, 활동성이 높은 민감성 기질 여자아이들에게 자존의 욕구가 높으면 공주가 되려고 하는 경우가 많습니다. 높은 욕구를 지닌 대부분의 아이들이 영웅과 여왕, 공주, 선생님 등을 꿈꾸기 때문입니다.

그런데 민감성 기질의 아이들이 영웅이나 공주를 꿈꿀 때는 자신을 유능하고 근사한 존재로 느끼기 원하는 자존의 욕구 뒤에 쉽게 근사해지고 싶은 마음이 숨겨져 있습니다. 그래서 이 기질의 아이에게 자존의 욕구가 높다면 적어도 놀이에서 만큼은 쉽게, 그러나 멋지게 문제를 해결하는 영웅이나, 뭐든지 다 잘하는 공주를 흉내 내는 것입니다.

육아 Tip 인내와 노력을 통한 성취감을 경험시켜주세요

아이가 힘들어하는 것을 굳이 시킬 필요는 없지만, 자신의 노력이 능력이 된다는 것을 경험해보는 성취감은 매우 중요합니다. 특히 이 기질의 아이들은 인내심이 부족하기 때문에, 할 수 있는 능력과 자원이 있음에도 불구하고 감정을 다스리지 못해 결국 포기하거나 일을 그르치는 경우가 많습니다. 그래서 이 기질의 아이들을 지도하는 부모와 교사에게는 정서적인 유연성과 인내심이 무엇보다 중요합니다. 끝까지 같이 견디고, 아이가 할 수 있음을 믿어주고, 아이가 마음을 조절하여 다시 시도할 수 있도록, 끊임없이 지지하고 보살펴주어야 하기 때문입니다. 그래서 저는 이 기질의 아이들이 인내와 노력을 통한 성취감을 경험할 수 있는 좋은 방법으로 부모가 함께 무언가를 배워보는 것을 권합니다. 함께하는 배움은 가족의 문화가 되고, 아이와 함께하는 시간이 되며, 아이로 하여금 부모의 노력하는 모습을 보면서 자연스럽게 인내와 노력을 좀 더 기울일 수 있게 하기 때문입니다.

부모의 시간과 노력을 어떻게 사용하는지에 따라 아이가 가진 능력과 자원이 얼마나 빛을 발할 수 있을지가 달라집니다. 그러므로 아이와 함께 무언가를 배우

는 데 시간을 투자하세요. 도자기 만들기처럼 숙련도와 상관없이 작품이 만들어

지는 활동도 좋고, 검도와 같이 부모에게도 낯선 운동도 좋습니다. 텃밭 가꾸기

와 같이 부모와 아이가 함께하는 노력을 통해 아이에게 수확의 기쁨을 맛볼 수

있게 하는 활동도 좋습니다.

활동성이 낮은 민감성 기질

감정이 섬세하고 풍부한 아이들

부모 "예민한 편인데 좀 답답하게 행동해요."

아이 "내가 편안한 것만 하고 싶은데 다 하라고 하니까 좀 힘들어요."

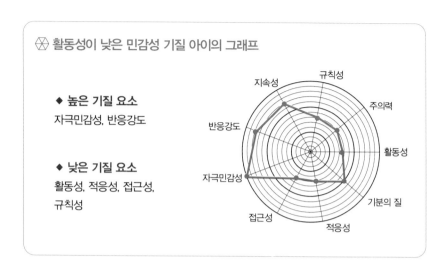

◈ 활동성이 낮은 민감성 기질 아이의 그래프

◆ 높은 기질 요소
자극민감성, 반응강도

◆ 낮은 기질 요소
활동성, 적응성, 접근성,
규칙성

활동성이 낮은 민감성 기질의 아이들은 부모에게 특히 어려운 기질 중 한 유형입니다. 뚜렷하게 뭔가를 하고자 하는 욕구는 낮지만 작은 자극에도 예민하게 반응하는 아이들이라, 불편함을 느끼면서도 자신이 무엇이 불편한지 표현하기 어려워하기 때문입니다. 그래서 부모가 아이의 정서적 상태와 욕구를 알아차리고 도와주려 해도 그러기가 어렵습니다.

이 기질의 아이들은 소소한 불편감이 지속되어 '기분의 질'이 부정적인 정서에 치우쳐 있으며, 늘 짜증감이 올라와 있습니다. 그러나 아이 스스로도 자신의 상태를 조절하기가 어렵습니다. 무엇이라도 하고 싶은 것이 있다면 욕구를 성취하면서 긍정적인 기분을 얻을 수 있지만, 이러한 욕구 수준이 낮기 때문에 기분 전환이 거의 되지 않습니다. 그래서 부정적인 기분 상태에 오래 머물러있게 되고, 아이 스스로도 지치고 소진되어 있는 경우가 많습니다. 부모의 세심한 배려와 도움이 많이 요구되는 기질의 아이들입니다.

다섯 살 예지는 정서적으로 민감한 아이입니다. 아기 때부터 겁이 많아서 낯가림을 4개월부터 시작했고, 걸음마는 15개월에야 겨우 시작했습니다. 처음 어린이집에 갔을 때도 울지 않고 교실에 들어가는 데만 6개월이 걸렸는데 여전히 어린이집에 가기를 싫어해서 아침마다 느긋하게 일어나 딴짓을 하면서 시간을 끌기도 하고, 나오지 않으려고 버티기도 합니다.

엄마가 더 걱정인 것은 어린이집에서도 너무 소극적으로 지내고, 작은 하나하나가 다 힘들다고 하는 겁니다. 아이가 어린이집에서 힘들어하니 하원 후에라도 신나게 놀거나 뭔가를 하면서 시간을 보내게 해주고 싶은데 집에 돌아와서도 그냥 쉬려고만 하고, TV만 보려고 합니다. 아이가 어릴 때는 수시로 울고 보챘는데 그때마다 안아줘야만 울음을 그쳤고, 그러다 내려놓고 장난감을 쥐어주며 놀자고 해도 하려 들지 않았습니다.

이처럼 활동성이 낮은 민감성 기질의 아이들은 욕구 수준이 낮기 때문에 뭔가를 하려는 동기 수준이 낮습니다. 반면 주변 자극에는 민감하기 때문에 힘든 것도 많고 마음에 들지 않는 것도 많습니다. 그렇다고 특별히 하고 싶은 것이 있는 것도 아닙니다. 그래서 사실은 아이도, 부모도 답답한 경우입니다. 이 기질의 아이들은 뭔가를 하면서도 소소한 불평과 신경질이 많습니다. 예를 들어 씻자고 하면 왜 지금 씻어야 하는지부터 불평을 늘어놓습니다. 물이 차가워서 싫고, 뜨거워서 싫고, 추워서 싫고, 몸을 움직이기가 피곤하다고 내내 불평하는 것입니다. 그렇다고 아이가 뭔가를 하다가 멈춘 거라 짜증이 난 것도 아닙니다.

이 기질의 아이들은 뭔가를 하는 것 자체가 힘이 들고 에너지가 소진되어 가정에서는 거의 가만히 쉬려고 합니다. 그러니 뭔가를 해야 하는 것 자체가 하기 싫은 자극이 되는 것입니다. 늘 해야 하는 것이고, 해왔던 것이라고 해도 이 불평은 계속되는 경우가 많습니다.

게다가 이 기질의 아이들은 자신이 하고자 하는 욕구라는 분명한 동기가 없기 때문에 자신의 민감성과 부정적인 감정을 조절하고 회복할 수 있는 대안이 없습니다. 그러니 무엇을 하더라도 짜증감이 해결되지 않고 남아 있게 됩니다.

📋 진단

☑ 활동성이 낮은 민감성 기질의 아이는 딱히 하고 싶은 것이 없고 행동이 느린 편입니다.

☑ 활동성이 낮은 민감성 기질의 아이는 잦은 짜증과 사소한 불평들이 많습니다.

☑ 활동성이 낮은 민감성 기질의 아이는 기분의 질이 낮고 불만이 있는 경우가 많고, 즐거운 기분이 고취되어 오래 지속되는 경우가 드뭅니다.

☑ 활동성이 낮은 민감성 기질의 아이는 활동하지 않고 즐거움을 느낄 수 있는 시청각적인 자극을 좋아합니다.

☑ 활동성이 낮은 민감성 기질 아이들은 생리적인 욕구에 치중하는 편입니다.

⊗ 핵심 욕구에 따른 육아 코칭

 "내가 늘 하던 것을 하면 좀 편해져요."

활동성이 낮은 민감성 기질의 아이들은 같은 옷을 입거나, 같은 음식을 먹거나, 특정한 자리에 누워있는 것처럼, 같은 것을 반복함으로써 얻는 안전감을 선호합니다. 동기 수준이 낮으면서도 민감한 아이들이라서 교육 상황에서 가장 느리고 수행을 잘 따르지 못하면서도 스트레스는 높게 받습니다. 교실에서는 멍한 표정이 자주 나타나는데, 생각이나 수행을 빨리 하지 못해서 제대로 완성하는 것이 힘들고, 이러한 상황에서 높은 스트레스를 경험하고 있기 때문입니다.

이 아이들은 자신의 정서를 표현하려고 하지 않고 감각적인 휴식을 원하는 경우가 많습니다. 높은 스트레스를 받는 상황에서 벗어나 집에 돌아오면 생각하고 표현하는 것조차 귀찮아하고 빨리 편안함을 얻으려고 합니다. 그래서 편한 옷으로 갈아입고 편한 자리에 누워서 TV만 보려고 합니다. 가만히 있으면서도 즐거움을 얻을 수 있기 때문입니다. 엄마에게 안아달라고 하고 옆에 있어달라고 하지만 놀이를 요구하지는 않습니다. 대신 누워서 빈둥거리며 낮잠을 자면서 에너지를 얻기도 합니다.

육아 Tip 아이가 편안하게 쉬는 가운데 좋아하는 활동을 찾아주세요

활동성이 낮기 때문에 집에서 별로 뭔가를 하려고 하지 않을 것입니다. 그래서

딱히 하는 것 없이 흐느적거리며 누워서 노는 것을 좋아합니다. 또는 엄마 옆에 누워 있으려고 하거나 가만히 누워 엄마가 책을 읽어주는 소리를 듣는 걸 편안해합니다. 이런 시간들 속에서 부모는 아이가 활동성이 없음에도 불구하고 그중에서 좋아하고 즐거워하는 것이 있는지 살펴봐야 합니다. 아이의 민감성을 이완시켜주는 것이 무엇인지 말입니다. 예를 들어 불평을 하더라도 막상 따뜻한 욕조에 들어가서 목욕을 하면 좋아할 수도 있고, 귀찮아했지만 막상 엄마와 산책을 나가면 좋아할 수도 있고, 가만히 앉아서 엄마가 읽어주는 책을 보면서 천천히 기분이 나아지는 아이들도 있습니다. 이런 활동을 찾아 계속 반복하면서 아이의 기분을 이완하고 회복하는 하나의 활동으로 자리 잡도록 하는 것이 좋습니다.

안전의 욕구 **"혼자 있을 때가 제일 편한 것 같아요."**

활동성이 낮은 민감성 기질인 경우, 집조차 불편해하는 아이들이 많습니다. 마냥 쉬려 하고, 뭔가를 생각하지 않으려 하다 보니, 이를 지켜보는 부모는 자꾸 잔소리를 하게 됩니다. 설령 부모가 잔소리하고 싶은 마음을 꾹 참고 있더라도 민감성 기질이기 때문에 자신의 행동을 썩 좋아하지 않는 부모의 마음을 고스란히 느낍니다. 그러니 이 기질의 아이들은 집에 있으면서도 은연중에 부모의 기분을 살피게 됩니다.
이 기질의 아이들은 6세 이상이 되면 혼자 TV를 보거나 방에 있을 때가 가장 편안하다고 이야기하곤 합니다. 그래도 아직은 어리기 때문에 다시 애착

대상자인 엄마를 찾습니다. 때문에 엄마와 함께하는 시간 동안만큼은 아이가 편안함을 가질 수 있도록 해주는 것이 좋습니다.

육아 Tip 아이가 편히 쉴 수 있는 시간과 환경을 조성해주되, 일과 시간을 정해서 반복함으로써 일과 스케줄이 몸에 익도록 해주세요

이 기질의 아이들은 규칙적인 상황에 순응하고 뭔가를 해야 하는 상황에 적응하고 민첩하게 하는 것에 어려움을 느낍니다. 이러한 약점을 보완해줄 수 있는 것은 바로 일상생활입니다. 일과에서 충분히 쉬고 이완할 수 있는 시간과 안락한 환경을 만들어주되, 이러한 시간을 가진 후에는 이후의 일상 과제를 연결하여하도록 미리 일과 스케줄을 정해두고 이를 반복하는 것입니다. 이렇게 일과를 반복함으로써 쉬는 것과 활동하는 것의 반복되는 흐름에 익숙해지는 것이 좋습니다.

애정 및 소속의 욕구

"내 마음을 알아주는 사람이 있으면 좋겠어요."

이 기질의 아이들이 상담 센터에 오면 자신의 마음을 잘 읽어주는 편안함을 느끼는 순간을 무척 좋아합니다. 자신이 어떤 부분이 민감하고, 왜 그런지를 스스로 인식하는 데 노력을 기울이지 않기 때문에 늘 안 좋은 기분에 사로잡혀 있고, 그것을 해결 못하는 상황이 반복되기 때문입니다. 그래서 아이가 하는 말이나 놀이 행동을 곁에서 지켜보면서 아이의 마음을 읽어 말로 얘기해주면 아이는 "맞아요!" 하고 기분 좋게 말하며 천천히 자신

이 가지고 있는 에너지를 회복하는 모습을 보입니다. 따라서 어떤 기질보다 섬세하게 정서를 읽어주는 것이 중요합니다.

육아 Tip 아이의 정서에 초점을 맞춰 관찰하고 표현해주세요

스스로 자기가 느끼는 기분을 인식하고 해결하려 하지 않는 아이들입니다. 그러나 아이의 마음을 대신 표현해주면 안전감을 느끼며 에너지를 회복하게 됩니다.

"예지가 누워있는 걸 보니, 지금 피곤하구나."

"예지가 대답을 하지 않는 걸 보니, 말하기가 곤란하구나."

"예지의 표정을 보니 많이 서운한 것 같다."

"예지는 친구들과 잡기놀이할 때 잡히는 게 정말 불편하고 싫구나."

자존의 욕구 "내가 하고 싶은 것만 하면 안 되나요?"

이 기질의 아이들은 자신이 원하는 바가 명확하지 않기에 주장을 적극적으로 하지는 않지만 자신이 하고 싶은 것만 하고 싶다는 생각이 있습니다. 이 아이들에게 자존의 욕구가 높을수록 자신이 원하는 것에 집중합니다. 그래서 때로는 정해진 일과를 무시하고 이것저것 다른 일들을 하다가 정작 해야 할 일을 놓치는 경우도 있습니다.

하고 싶다는 동기가 올라오지만 목적이 분명하거나 계획과 판단이 명확하지 않기 때문에 나름 바쁘게 움직이고 있지만 정작 부모가 볼 때는 별다르

게 하는 것이 없다고 생각될 수도 있습니다.

예를 들어 활동성이 낮은 민감성 기질의 일곱 살 동민이는 하원 후에 집에 돌아오면 우선 TV를 보거나 소파에 누워서 로봇 장난감을 가지고 놉니다. 그러다 저녁을 먹고 에너지가 조금 회복되면 그때부터 거실 장난감 서랍에서 변신 로봇을 꺼내어 자동차로 만들었다가, 로봇으로 만들었다가를 반복하면서 시간을 보냅니다. 문득 만화책이 생각나면 소파에 엎드려 만화책을 보다가 다시 로봇을 변신시켜 책꽂이 앞에 세워놓습니다. 엄마가 보기에는 특별한 놀이를 하지 않고 그냥 빈둥빈둥 거리며 시간을 보내는 것 같지만 동민이는 이렇게 말합니다. "로봇을 변신시키면 내가 뭔가 잘하는 것 같아서 기분이 좋아요.", "내가 만화책을 읽으면서 알게 된 거 퀴즈 낼까요?" 하며 한자 퀴즈를 내거나 실험에 대한 퀴즈도 냅니다.

동민이는 낮은 활동성이지만 두 가지 활동을 하면서 자신만의 동기를 가지고 활동한 것입니다. 이때 부모의 역할은 바로 이러한 자발적인 동기를 알아차려주고 지지해주는 것입니다.

육아 Tip 약하지만 자발적으로 나타나는 동기를 알아차려주고 적극적으로 지지해주세요

활동성이 낮은 민감성 기질의 아이들도 분명 자발적인 동기를 가지고 행동하는 것이 있습니다. 그러나 이러한 행동이 뭔가 대단한 도전 같아 보이지는 않을 수 있습니다. 그래서 이 기질의 부모들은 아이의 자발적인 동기가 나타나는 행동이 무엇인지 파악하지 못하고 놓치거나, 오히려 뭘 얼마나 했다고 또 힘들다고 하

냐며 핀잔을 줍니다. 그나마 발현되고 있는 동기의 불조차 꺼버리는 것입니다.

이 기질의 아이들은 자신의 욕구와 적극적인 동기를 잘 발현하지 않고 먼저 올라오는 민감성을 우선 진정시키느라 에너지를 쓰면서, 정작 해야 하는 발달의 과업들을 밀린 숙제처럼 쌓아놓습니다. 그러다가 어느 순간, 어떤 것을 하려는 생각은 있지만 결국 실행이 잘 되지 않아 다시 시동을 걸지 못하면서 학습된 무기력에 빠지기도 합니다. 때문에 이 기질의 부모는 아이의 소소한 도전을 기쁨으로 여기며 적극적으로 지지하는 반응을 보여줘야 합니다.

사회성이 높은 민감성 기질

민감하고 역동적인 아이들

부모 "친구와 잘 놀다가도 꼭 싸워요."

아이 "친구와 노는 건 좋은데 신경질이 날 때가 많아요."

◇ 사회성이 높은 민감성 기질 아이의 그래프

◆ 높은 기질 요소
자극민감성, 반응강도,
접근성, 적응성

◆ 낮은 기질 요소
규칙성, 주의력

지속성　규칙성　주의력　활동성　기분의 질　적응성　접근성　자극민감성　반응강도

사회성이 높은 민감성 기질의 아이들은 기질의 사회적 차원에서 '접근성'이 높고, '적응성'이 보통 수준입니다. 이와 함께 '자극민감성'이 높아 관계 속에 있기를 원하면서도, 쉽게 민감해지는 특성을 보입니다. 그래서 이 기질의 아이들은 친구들과 놀고 싶고, 어울리고 싶어 하지만 승부가 있는 게임을 하거나 자신을 놀리는 등의 상황에서 민감해지는 아이들입니다. 작은 자극에도 민감해지고 이를 강하게 표출하기 때문에 때때로 친구들에게 위협적인 행동을 하기도 합니다. 이러한 태도는 자신을 보호하고 방어하기 위한 수단으로, 거칠게 반응함으로써 자신을 불편하게 하는 친구들을 경계하고 방어하는 것입니다. 그래서 이 기질의 아이들은 민감성 기질이 약점인데도 공격성이 문제가 된다는 오해를 받기도 합니다. 따라서 자신이 느끼는 주관적인 긴장감과 민감성을 좀 더 효과적으로 조절하고 대처할 수 있는 사회적 기술을 익히고, 정서적 이완을 하는 방법을 연습해야 합니다.

길현이는 여섯 살 남자아이입니다. 친구들과 노는 걸 좋아하지만, 놀이터에서 친구들과 놀 때마다 다툼이 생겨서 도중에 길현이를 집에 데리고 온 적도 많고, 잘 놀다가 헤어질 때면 꼭 안 좋게 헤어져서 마음이 불편한 적이 많습니다. 그런데 길현이는 늘 엄마에게 내가 그런 게 아니라 친구가 날 불편하게 했다고 이야기합니다. 그리고 이런 갈등이 생길 때마다 친구에게 소리를 지르고 엄마에게도 성질을 내서 곤욕스러운 적이 많습니다. 엄마는 길현이가 친구들과 어울리려고 하고, 놀려고 하는 건 좋지만, 혹시나 길현이가 친구를 때리거나 무슨 일을 벌일까 봐 늘 노심초사 마음이 놓이지 않는다고 합니다.

길현이의 얘기를 들어보면 친구들과 같이 잡기놀이를 하는데 자신을 너무 세게 잡아당겼고, 놀이터에서 놀다가 갑자기 자기들끼리 마음대로 다른 데로 가버렸고, 놀다가 친구가 자기 머리를 때렸거나 자기를 놀렸다고 합니다. 이런 것들이 자신을 불편하게 해서 친구에게 "하지 마!"하고 소리치거나 엄마에게 와서 이르고 "너랑은 안 놀 거야. 가!"하고 쏘아붙였다는 것입니다.

길현이처럼 사회성이 높은 민감성 기질의 아이들은 '접근성'은 높지만 '적응성'은 다소 빈약하여 사회적 상황에서 마찰이 발생하곤 합니다. 그래서 친구들에게 먼저 다가가서 놀자고는 하지만 사소한 불편함이 생기면 민감해져서 유연하게 어울리는 것을 방해하는 것입니다. 이 기질의 아이들은 '신체적인 민감성'을 가지고 있어서 살짝 스친 것이 때린 것으로 느껴지기도 하고, 손끝으로 건든 접촉이 주먹으로 친 것처럼 느껴지기도 합니다. 그래서 친구들과 잡기놀이를 할 때 잡는 힘의 강도가 세거나 실수로 친구가 발을 밟기라도 하면 바로 예민해져서 "야!" 하고 소리를 치는 것입니다. 또한 자신이 하고 있는 놀이의 규칙을 이해하는 '규칙성'이나 친구들의 말에 대해 주의를 기울이는 '주의력'이 약하기 때문에 정신없이 놀다 보면 간혹 친구들의 말을 놓치고 맙니다. 그러니 친구들이 자기만 빼고 다른 데로 가버렸다고 오해를 하게 됩니다. 게다가 환경의 변화와 정서에 민감하므로 장난기가 많은 친구가 자신을 놀리거나 자극한다면 정말 심하게 흥분하여 그 친구를 향해 발길질을 할 수도 있습니다.

그래서 이 기질의 아이들이 학교에 들어가면 종종 문제 행동을 보이기도 합니다. 서로의 이름을 가지고 놀리는 1학년 아이들의 놀이 패턴에 유연하게 적응하지 못하고 감정이 요동치면서 거칠게 반응하게 되고, 이런 강하고 거친 반응이 친구들에게 위협감을 주는 반면 이것이 자신을 방어할 수 있는 수단이란 걸 알게 되면, 점점 세고 강렬한 정서와 행동을 보이게 되는 것입니다.

이때 부모님께서 관심을 가질 아이의 강점은 관계지향적인 사회적 욕구입니다. 그리고 이 건강한 아이의 욕구를 적절한 방식으로 발현하는 데 방해가 되는 '민감성'을 어떻게 조절할지가 양육의 관건입니다. 이 기질의 아이를 양육할 때는 가정이 아닌 사회적 상황에서 올라오는 '민감성'을 아이가 인식할 수 있도록 돕는 동시에, 가정에서 부모와 자녀 간의 놀이 패턴이 '민감성'을 조절하는 데 문제를 끼치는 건 아닌지 살펴봐야 합니다.

예를 들어 부모가 허용적이어서 거의 모든 규칙을 아이가 원하는 대로 허용해주었다면 아이는 상대의 불편함에 대해 둔감해질 수 있습니다. 또한 아이와 몸놀이를 할 때 부모가 늘 맞아주고 져준다면, 아이는 잡기놀이에서 자신이 질 때 어떻게 대처해야 할지, 그리고 몸놀이를 할 때 적절한 힘 조절의 정도가 뭔지 감을 잡지 못할 것입니다. 자신과 상대의 불편함에 대한 감각적인 인식과 표현을 경험하지 못했기 때문에 나에게 늘 허용적으로 타협해주지 않는 친구들과의 놀이에서 겪게 되는 다양한 불편함에 대해 대처할 수 있는 능력과 대안이 없어서 흥분부터 하게 되는 것입니다.

📝 **진단**

☑ 사회성이 높은 민감성 기질의 아이는 친구들과 쉽게 어울리지만 갈등과 다툼이 있습니다.

☑ 사회성이 높은 민감성 기질의 아이는 친구들과 놀다가 뭔가 불편해지면 소리를 지르거나 강력하게 항의합니다.

☑ 사회성이 높은 민감성 기질의 아이는 친구들과 놀이할 때 자신이 흥분하여 실수한 것에 대해서는 잘 기억하지 못하는 반면, 친구들의 실수와 잘못에 대해서는 그냥 넘어가지 않습니다.

☑ 사회성이 높은 민감성 기질의 아이는 관계지향적인 욕구가 높으나, 갈등에 대한 해결에는 어려움이 많습니다.

"피곤해. 힘들어. 그러니까 하기 싫어."

이 기질의 아이들은 실컷 친구들과 놀고 에너지가 바닥나면 민감성이 올라옵니다. 그래서 신나게 공원에서 친구들과 놀다가 집으로 돌아오기 위해 차를 타면 '덥다, 땀이 나서 가렵다, 졸리다, 다리가 아프다' 등의 말을 계속하면서 칭얼거리고 짜증을 냅니다. 이것은 친구들과 놀면서 관계 욕구가 충족될 때는 민감성이 둔감해졌다가 에너지가 소진되고 관계 욕구가 충족되지 않으면서 민감성이 올라오기 때문입니다. 사실 그 요구를 다 받아준다고 해도 아이는 편안해지지 않을 것입니다. 에너지가 소진되면서 갑자기 밀려올라오는 감각적 민감성은 몸이 피곤해서 생기는 것이기 때문입니다. 아이는 특별한 하나가 힘든 것이 아니라 만사가 귀찮을 정도로 힘든 상태를 얘기하고 있는 것입니다.

육아 Tip 아이의 에너지를 고려하여 친구들과 놀이하는 시간을 조절해주세요

이 기질의 아이들은 친구들과 잘 놀이하고 나서도 괜히 엄마에게 심술을 부려서 엄마를 힘들게 하곤 합니다. 에너지가 소진되면 불편한 감정들이 한꺼번에 밀려올라오기 때문입니다. 그러므로 아이가 가진 에너지 수준을 고려하여, 에너지가 너무 소진되지 않는 선에서 자신의 민감성을 조절할 수 있도록 친구들과 놀이하는 시간을 조정해주는 것이 좋습니다. 또한 놀이 중간에 간식을 주거나 정적인

활동을 하면서 휴식을 취하게 하는 것이 좋습니다. 이러한 부모의 세심한 조율과 환경 조절은 아이로 하여금 자신의 사회적 욕구와 민감성의 균형을 맞출 수 있는 조절력을 키워주는 데 도움을 줄 것입니다.

 "나를 괴롭히지 마."

사회성이 높은 민감성 기질의 아이들은 '접근성'이 높으므로 친구들 속에 있으려고 합니다. 그러면서도 자신을 건들지 말라는 경계태세를 보입니다. '자극민감성'이 높은 아이들이기 때문에 행동이 거칠고 몸집이 큰 친구들이나 깔깔거리며 놀리는 친구들, 자신의 물건이나 몸을 건드리는 친구들에게 특히 민감합니다. 그래서 그런 친구들의 행동에 신경질적인 태도를 보이거나 자신을 방어하기 위해 센 척하면서 "나 건들지 마!"라고 얘기하기도 하고, 옆으로 오면 "저리 가!"라고 쏘아붙이기도 합니다. 그러다가 자신을 불편하게 하거나 갈등이 반복되는 친구가 있으면 그 상황에서 긴장감이 올라와 결국 자리를 박차고 나오거나 안전한 친구들과만 놀려고 할 것입니다. 이런 행동은 사실 긴장하고 불편해서 나타나는 경우가 대부분입니다.

육아 Tip 왜곡되거나 과장된 인식을 정정해주세요

친구의 행동에 지레 긴장하거나 경계하는 이유를 알아보고 상대의 의도와 행동을 왜곡하고 있거나 과도하게 인식하고 있는지 살펴보세요. 그러고 나서 아

이가 적절한 이해와 판단을 할 수 있도록 얘기해주어야 합니다. 아이의 주관적인 불편감은 이해하고 존중하되, 상황은 정확하게 해석하도록 정황을 설명해주는 것이 좋습니다.

"친구가 큰 목소리로 얘기하는 게 소리를 지르는 것 같아서 불편하구나."

"근데 동찬이는 기분이 좋으면 목소리가 커지고, 진짜 하고 싶은 것을 얘기할 때 목소리가 커지는 것 같아. 봐, 지금 기분이 좋으니까 목소리가 또 커졌지?"

"길현이는 친구가 지금 팔을 쳤다고 생각했구나. 네가 아팠나 보다."

"엄마가 봤더니 동찬이가 지금 저 미끄럼틀을 거꾸로 올라가려고 세게 뛰면서 길현이 팔이랑 부딪힌 것 같아. 아팠지."

 "그 친구랑은 안 놀 거야."

사회성이 높은 민감성 기질의 아이들은 친구들을 좋아하지만 민감해서 불편한 자극이 오면 자동적으로 강하게 반응하는 아이들입니다. 이 기질의 아이에게 애정 및 소속의 욕구가 있으면 친구들에게 먼저 다가가서 말을 걸지만 친구의 반응에 따라 선입견이 생기는 경우가 많습니다. 먼저 관심을 가지고 친구에게 다가갔는데, 친구의 반응이 "뭐야! 저리 가!", 혹은 "나는 그거 안 해." 등의 거절이라면 그 친구에 대한 부정적인 인식이 생겨 그 친구와 놀지 않겠다는 식의 말을 하는 것입니다. 민감성 기질 아이라서 친구의 반응으로 인해 정서적으로 민망함이나 섭섭함이 크게 느껴졌기 때문이지만 이렇게 한순간의 일로 선입견이 생겨 지나치게 친구들에게 까칠하게 반응하다 보면 친구를 사귈 기회를 스스로 만들지 못할 수도 있습니다.

육아 Tip 친구의 행동을 살펴본 후에 다가가도록 도와주세요

이 기질의 아이들은 접근성은 있지만 주의력이 빈약하여 친구의 상황이나 기분을 미처 고려하지 않고 접근했다가 친구의 반응에 마음이 상하곤 합니다. 그러므로 부모는 아이가 친구의 반응에 당황스러워하거나 불편해할 때 상대의 상황과 정서를 이해할 수 있도록 이야기해주는 것이 좋습니다. 친구의 행동이나 상황을 묘사하듯 말해주면 아이가 친구의 반응을 이해할 수 있게 되고, 결국 친구의 반응을 수용할 수 있습니다. 반대로 이런 설명이 없다면 아이는 자신이 접근해서 놀자고 했는데 친구가 거절하거나 반응하지 않은 것을 자신을 거절한 것으로 확대 해석할 수 있습니다.

"길현아, 지금 동찬이가 되게 집중하고 있으니 우리가 조심히 다가가자."

"길현이가 동찬이를 보니까 엄청 반갑구나. 지금 동찬이가 민지랑 잡기놀이한다고 막 뛰어다니네. 막 뛰고 있어서 우리가 불러도 안 들리겠다."

자존의 욕구   "난 다 잘해. 맞다니까!"

사회성이 높은 민감성 기질 아이에게 자존의 욕구가 높으면 때때로 나는 다 잘한다고 우기는 모습을 보입니다. 사회적인 관계 속에서 인정받고 싶은 욕

구가 큰데, 친구들의 인정과 지지가 없거나 스스로 인정받을 수 없다고 느끼면, 좌절감이나 부끄러움이 느껴지니 오히려 강하게 반발하며 자신을 방어하곤 합니다. '방귀 뀐 사람이 성낸다'는 속담처럼 자신이 잘 못하는 것이 드러나는 것이 속상해서 괜히 더 우기는 행동을 하는 것입니다.

이런 말속에 담긴 아이의 마음은 친구들이 나의 능력을 좀 알아주고 인정해줬으면 좋겠는데, 그렇게 해주지 않으니까 섭섭하고 속상하다는 것입니다. 그러므로 부모는 아이가 한 말을 수정해주는 것이 아니라 아이의 진짜 마음인 속상한 마음을 알아차려주고 공감해주는 것이 좋습니다.

이때 아이들은 자신의 숨겨진 마음이 들춰지는 것이 힘들어 아니라고 우기기도 합니다. 굳이 시시비비를 따질 필요는 없습니다. 부모가 속마음을 알아차려주는 것을 듣고 자신의 마음을 직면해 본 것만으로 충분합니다. 자존의 욕구가 높은 민감성 기질의 아이에게 굳이 부족한 자신을 인정하고 드러내도록 강요하는 것은 너무 힘든 요구입니다. 부모는 그저 아이의 상한 마음을 위로해주며 인정받고 싶었던 아이의 자존 욕구를 존중해주면 됩니다.

육아 Tip 아이의 말속에 숨겨진 속상한 마음을 알아주세요

속상하면 오히려 친구들 앞에서 괜찮은 척 우기는 아이들입니다. 이는 아이가 자기 자신을 지키는 방어전략이기도 합니다. 방어하고 있는데, 그것이 틀렸다고 하면 더욱 당황하고 부끄러워 화가 나겠죠. 그러니 부모가 그 말속에 담긴 인정받지 못해서 속상한 마음을 알아차려주되, 아이가 존중받고 싶었던 마음을 강조해주는 것이 좋습니다.

사회성이 낮은 민감성 기질

감정에 예민한 아이들

부모 "애 기분 맞추다가 하루가 다 가요."

아이 "내 마음이 편했으면 좋겠는데 항상 불안해요."

사회성이 낮은 민감성 기질 아이의 그래프

◆ **높은 기질 요소**
자극민감성, 반응강도

◆ **낮은 기질 요소**
규칙성, 적응성, 접근성

규칙성 · 주의력 · 활동성 · 기분의 질 · 적응성 · 접근성 · 자극민감성 · 반응강도 · 지속성

사회성이 낮은 민감성 기질의 아이들은 매우 예민한 아이들입니다. 기본적인 '자극민감성'이 높아 여러 자극에 쉽게 반응하고, '반응강도'가 높아 강하게 반응하는 데다가, 사회적인 상황에 대한 '적응성'과 '접근성'까지 빈약하다 보니 매우 불안정한 '기분의 질'을 가지게 됩니다.

이 기질의 아이들은 사회적인 상황에서 매우 경계태세를 보이며 작은 불편감에도 자신을 보호하기 위해 성내는 것처럼 날카로운 감정을 표출합니다. 또한 긴장감을 잔뜩 가지고 있어서 신체적인 몸의 상태도 경직되어 있습니다. 많은 불편한 자극에 동요되고, 사회적 환경에서 오는 긴장감까지 더해서 정말 혼란스럽고 불안정한 상태입니다. 부모가 곁에서 아이를 진정시키려고 해도 쉽게 진정되지 않아서, 부모 역시 아이가 민감해질까 봐 초긴장 상태에 있기도 하고, 이러한 부모의 긴장과 불안이 아이와 엮이며 서로 혼란스러운 상황을 경험하게 되기도 합니다.

사회성이 낮은 민감성 기질의 아이들은 교육기관에 적응하기 어렵고, 새로운 상황에 대한 거부감으로 인해 가족과의 나들이도 거부하곤 합니다. 만약 아이의 높은 불안감이 부모와의 관계에서 이완되고 진정되지 못한다면 조속히 상담 센터에 방문하여 전문적인 치료를 받는 게 좋습니다.

📑 사례

다섯 살 지호는 어린이집 선생님에 의해 치료가 의뢰되었던 아이입니다. 엄마는 지호가 예민하고 칭얼거리는 일이 잦아서 힘들긴 했지만, 그래도 언어와 인지발달이 느리지 않아서 아이의 민감성이나 엄마 말을 듣지 않는 것에는 크게 신경 쓰지 않았습니다. 그런데 어린이집에 다니면서 지호가 친구를 물거나 얼굴을 때리는 일이 자주 발생하면서, 선생님이 먼저 치료를 권하셨다고 합니다.

처음 아이를 만났을 때, 아이는 낯선 장소에서 낯선 사람을 만나는 상황 자체에 이미 예민해져 있었고, 온몸은 긴장되어 경직되고 힘이 들어가 있었습니다. 낯선 상황에 대한 민감성이 올라오니, 상담실에 들어오기 전부터 안가겠다고 하면서 엄마와 작은 전쟁을 치르고 있었습니다.

사회성이 낮은 민감성 기질은 모든 기질 유형 중에서 사회적으로 적응하는데 가장 큰 어려움을 겪는 기질 유형입니다. 기본적인 생체 리듬성이 낮고, 비 일관적이며, 사회적인 질서와 규칙에 순응하는 기질이 낮습니다. 민감성 기질이기에 뭔가를 해야 하는 게 많은 상황에서는 부정적인 정서를 먼저 느낍니다. 규칙을 지켜야 하면 그 규칙 자체가 불편해서 싫고, 적응성이 취약하기 때문에 집단교육상황에 유연하게 적응하는 것이 거의 어렵습니다. 낯선 상황이나 긴장감을 느끼는 순간부터 모든 감각들이 살아나듯 느껴지며 올라옵니다. 그러니 스스로도 정신없이 올라오는 감각들로 인해 혼란스러움과 짜증스러움을 경험하게 됩니다.

그래서 어린이집이나 유치원에 다닐 때도 낯선 환경에 대한 적응의 문제뿐만 아니라 이후 전체적인 흐름을 따라가며 적응해야 하는 모든 순간들이 모두 불편한 자극이 됩니다. 때문에 계속 짜증을 내고, 불안감이 높으며, 작은 자극에 대해서도 감정 조절이 어렵습니다. 또한 자신을 방어하기 위해 거친 행동이나 강한 말을 하는 경우가 많습니다.

📋 진단

☑ 사회성이 낮은 민감성 기질의 아이는 감각, 정서, 사회적 상황에 대한 민감성이 모두 높아 새로운 장소, 환경, 활동에 적응하기가 매우 어렵습니다.

☑ 사회성이 낮은 민감성 기질의 아이는 평상시에도 긴장감과 경직된 모습을 자주 보입니다.

☑ 사회성이 낮은 민감성 기질의 아이는 교육기관에서의 또래 갈등이 잦고, 높은 경계심이나 공격적인 행동을 보입니다.

☑ 사회성이 낮은 민감성 기질의 아이들은 안전에 대한 욕구가 높습니다.

⊗ 핵심 욕구에 따른 육아 코칭

 생리적 욕구   **"만지지 마!", "시끄러워!"**

사회성이 낮은 민감성 기질의 아이들은 감각적인 자극에 매우 민감합니다. 그래서 오감이 모두 예민하고, 사회적인 상황에서 감각의 자극이 조금이라도 불편하게 다가오면 쉽게 흥분하고 회피합니다. 이 기질의 아이들은 사회성이 낮으므로 친구가 옆으로 지나가면서 아주 미세하게 스쳐도, 혹은 스칠 것 같기만 하더라도 민감하게 몸을 피하거나 건들지 말라고 소리치기도 합니다.

이 기질의 아이에게 생리적인 욕구가 높다면 친구들과 교실에서 줄을 서거나 매트 위에 오밀조밀 같이 앉아 있는 순간이 가장 힘들고 괴롭습니다. 밀집된 상황 자체에서 숨 막히는 듯한 불편감을 느끼고 과민해지는 것입니다. 이런 불편한 감각이 물밀듯이 올라오는데, 누군가가 큰 소리라도 내면 시끄럽다고 소리치기도 합니다. 이때 이 기질의 아이가 '규칙성'을 가지고 있다면 이를 스스로 조절하고 참아보려고 괜히 옷소매를 잡아당기거나 물거나 빨면서 진정하려는 행동을 보이기도 합니다.

따라서 이 기질의 아이들이 생리적 욕구가 높다면 이러한 감각적인 자극이 높은 상황에서 좀 더 수월하게 반응할 수 있도록 상황을 조율해주어야 합니다.

이 기질의 아이가 생리적 욕구가 높다면 감각적인 자극에 민감할 것입니다. 이러한 과민성은 갈등의 시작이 되며, 이러한 갈등이 일어나면 아이는 그 문제 해결 과정에서 더 민감해질 수밖에 없습니다. 불편함과 갈등에 취약한 기질의 아이들이기 때문입니다.

게다가 이 아이들은 자신이 감각적으로 불편한 부분을 정확하게 인지하지 못합니다. 그래서 이 아이들은 곁에서 부모나 교사가 아이가 힘들어하는 감각적인 불편함을 알아차리고 말로 반영해주어야 합니다. 이러한 말을 통해 스스로 힘든 부분을 인지하도록 하고, 감각적인 불편감에 대처할 수 있는 방안을 알려줌으로써 감정의 폭발을 예방할 수 있도록 가르쳐야 하는 것입니다.

예를 들어 교실에서 매트 위에 모두 모여 앉아있어야 할 때면 아이에게 가장 끝이나 앞, 넓은 열린 공간에 앉도록 자리를 안내해주어 불편감을 줄이도록 해주는 것이 좋습니다. 아이와 차를 타고 움직일 때면 자신이 느끼는 답답함과 불편함을 조절할 수 있도록 옷을 가볍게 입히고, 시원한 물과 적당한 간식을 챙겨 아이 스스로 자신을 편안하게 할 수 있는 방안을 준비해주는 것이 좋습니다. 그리고 아이가 힘들면 잠깐 쉬어가자고 얘기하라고 미리 일러주어 아이가 민감성 때문에 감정을 폭발하지 않고 스스로 조절할 수 있도록 해야 합니다.

안전의 욕구

"안 들어갈 거야. 여기에만 있을 거야."

이 기질의 아이들은 본래 안전에 대한 욕구가 높습니다. 민감성 기질이면서 사회성이 약하여 사회적인 상황에서 쉽게 불안해지기 때문입니다. 그래서 상대적으로 안전한 환경에 대한 욕구가 강하고, 어떤 장소를 들어가기 전부터 들어가기 싫다는 저항부터 하며, 들어가는 데 많은 시간과 노력을 필요로 합니다.

안전에 대한 욕구를 가진 아이들은 결국 자신이 예측하고 싶어 하고, 알고 싶어 하고, 통제 가능한 곳인지 확인하려고 합니다. 예를 들어 아이에게 갑자기 뭔가를 시키고, 하라고 하면 아이는 매우 불안해집니다. 타인이 아이에게 말을 시키고 진정시키려고 즐겁게 다가가거나 아이에게 접근할수록 아이는 더욱 강렬하게 저항할 것입니다. 누군가가 접근하고 적극적으로 리드하는 것 자체를 불안해하기 때문입니다.

이 기질 아이들의 저항은 꽤 강하고 오래 지속되므로 인내심의 한계를 느낀 부모는 결국 아이를 다그치게 되거나, 강압적이 되거나, 화를 내게 됩니다. 그러나 민감성 기질의 아이들은 무섭게 화를 낸다고 순응하지 못할뿐더러 불안한 마음만 거세집니다. 따라서 이 기질의 아이들에게는 혼란스럽고 요동치는 불안감을 진정시킬 수 있도록 온유하고 부드러운 양육이 필요합니다. 참을성은 필수이고요.

이 기질의 아이가 안전의 욕구를 가지고 있다면 부모와 교사는 권위와 애정이라는 두 가지 수단을 정말 능수능란하게 다뤄야 합니다. 아이의 불안감을 낮추기 위해서는 '권위'라는 성인의 믿음직한 유능함과, 아이를 이완시키는 '온화함'이 모두 필요하기 때문입니다. 마치 고무줄을 당기고 느슨하게 하는 것처럼, 이 두 가지를 감각적으로 활용하면서 아이의 상태에 따라 유연하게 조절하며 리드와 이완을 해줘야 합니다.

여기에 있어 권위는 겉으로 드러난 엄격함이 아니라 어른의 내면에 명확한 생각과 방향을 가지고 있을 때 아이가 느끼는 힘을 말합니다. 불안함을 쉽게 느끼는 아이에게는 아이가 직관적으로 느낄 수 있는 단단하고 안정감 있는 힘이 필요합니다. 아이의 민감성이 올라오는 순간을 명확히 관찰하고, 이를 진정시키는 방법을 제대로 이해한다면, 자신감 있게 아이의 불안함을 진정시켜줄 수 있을 것입니다.

 "엄마, 나랑 같이 놀아줘."

사회성이 낮은 민감성 기질의 아이들은 사회적인 상황에서 민감하고 경직되어 있어 충분히 자신의 욕구를 발현하지 못하고 집으로 돌아옵니다. 그래서 가정에서는 자신이 원하는 놀이와 활동을 꼭 하려고 하는 모습을 보입니다. 그런데 이 기질의 아이가 애정 및 소속의 욕구를 가지고 있다면, 자신이 원하는 놀이를 선생님이나 친구들과 충분히 교감하면서 즐기지 못했을 것이기 때문에 유독 부모에게 매달려 놀아달라고 떼를 쓰는 모습을 보일 수 있습니다. 아이가 내향적인 에너지를 갖고 있다면 크게 떼를 쓰지는 않아도 놀아달라고 징징거리거나 요청하는 모습을 보일 것입니다. 이 기질 아이들의 놀이에 대한 요청은 사회적인 상황에서 적응하는 데 힘들었고, 충분히 타인과 상호작용하지 못한 채 외롭게 혼자 있었던 힘듦에 대한 놀이적 치유일 수 있습니다.

이 아이들의 마음에도 아이답게 놀이하고자 하는 욕구와, 친구와 사귀고 어울리고 싶은 욕구가 있습니다. 다만 이러한 욕구를 표현하고 어울리는 것이 어렵고 민감해지는 여러 이유들이 있어서 잘 되지 않는 것뿐입니다. 이러한 상황은 아이에게 참 힘거운 시간이므로, 가정에서 친근하고 편안한 부모와의 관계를 통해서 충분한 상호작용을 경험하고 싶은 것입니다.

놀이에는 치유의 기능이 있습니다. 특히 사회적 적응에 어려움을 겪는 이 기질의 아이들에게는 부모와의 놀이의 치유적 기능이 중요합니다. 놀이를 통해 친구와 어울리지 못하면서 해결되지 않았던 욕구를 충족해주고, 이러한 놀이를 통해 아이가 친구에게 다가가지 못하고 불편했던 부분들에 대한 해결 방법을 자연스럽게 알려줄 수 있다면, 더없이 좋은 시간이 될 것입니다.

놀이는 아이 스스로 자발적으로 시작하고, 즐거움을 수반하며, 카타르시스와 정서적 정화의 기능을 가지며, 동시에 문제 해결 능력을 키울 수 있는 총체적인 발달의 장입니다.

특히 사회성이 낮은 민감성 기질의 아이들은 자신의 민감한 부분과 사회적인 환경에서의 불편감을 인식하고 표현하고 해결함으로써 보다 적응적인 사회적 기술을 배워야 합니다. 그러므로 부모가 이 기질의 아이와 함께 놀 때는 즐거운 놀이를 통해 아이가 자신의 정서를 인식하고 사회적 기술에 대해 배울 수 있도록 부모가 놀이 치료의 파트너 역할을 해야 합니다.

가장 좋은 방법은 아이가 자발적으로 선택한 놀이를 함께하면서 아이의 의도와 욕구를 말로 읽어주는 반영적인 모습으로 아이의 놀이를 따라가는 것입니다. 그 과정에서 아이의 어려움과 맞물려 생각해볼 수 있는 순간들이 있다면 한두 가지 질문으로 아이의 마음을 정리해주고, 어려움을 같이 해결해보는 것도 좋습니다.

"지호가 기차놀이를 하면서 친구를 많이 태우는구나."

"지호의 마음에는 많은 친구들과 놀고 싶은 마음이 있나 보다. 그렇니?"

"그랬구나. 우리 지호도 친구랑 신나게 놀고 싶었구나."

"그런데 오늘 친구들이랑은 신나게 놀았니?"

"충분히 놀지 못했구나. 왜 충분히 놀지 못했을까?"

"아…, 기차놀이를 같이 할 친구가 없었구나."

"다음에 기차놀이를 한다면 누구에게 같이 하자고 하고 싶니?"

"민호한테? 좋아, 그럼 이제 엄마가 민호를 해볼게. 지호가 한 번 같이 하자고 물어봐."

"자, 이제 엄마가 민호 역할을 한다."

 "내가 할 거야!"

사회성이 낮은 민감성 기질의 아이에게 자존의 욕구가 높다면, 자신이 주도적으로 뭔가를 하려는 모습을 강하게 보입니다. 사회적 상황에서의 적응과 또래집단에서 주도성 발휘에 어려움이 있기 때문에 이러한 결핍된 욕구를 가정에서만큼은 제대로 발휘하려고 강한 주도성을 보이는 것입니다.

그래서 이 기질의 아이에게 동생이 있는 경우, 동생이 자신의 놀잇감을 만지거나, 놀이에 참여하여 훼방을 놓거나, 이끄는 대로 따라와주지 않으면 유독 동생에게 소리를 지르거나 강하게 대처하는 예민한 모습을 보입니다. 동생이 없다면 엄마에게 놀이를 하자고 하면서도 자신이 주도하는 대로 따라와주기를 바라기 때문에 같이 놀이한다기보다는 자신의 놀이를 설명하는 대로 들어주거나, 자신이 놀이를 진행하는 데 필요한 파트너 역할을 해주기를 바라는 모습을 보입니다. 결국 주도할 수 있는 자신의 능력을 발휘해보고 싶은 것입니다.

육아 Tip 아이의 주도성을 인정하되, 서로를 만족시키는 즐거운 놀이를 하도록 도와주세요

사회성이 낮은 민감성 기질의 아이가 자존의 욕구가 높다면, 아이는 자신의 결핍되었던 주도적인 욕구를 해결하기 위해 일방적인 놀이를 하려고 합니다. 그런데 가정에서 자신의 뜻대로 부모를 주도하게 되면 일순간 자존의 욕구가 충족되긴 하지만, 그런 방식의 놀이는 또래들에게는 통하지 않기 때문에 아이의 실제 사회적 상호작용을 키우는 데 도움이 되지 않습니다.

그러므로 아이의 주도하려고 하는 욕구와 표현을 지지하고, 놀이에 대한 의도를 인정하며 기뻐해주되, 함께 놀이할 때는 서로를 배려하고 부모의 의견과 선택을 존중하며 주도하는 방법을 가르쳐주세요. 그것이 주도성을 제대로 기를 수 있는 방법입니다.

주의를 요하는 기질 유형

순응성 기질의 아이가
주의력이 낮다면?

순응성 기질

01

부모 "가만히 있지를 못하고 자꾸 다른 아이들에게 피해를 줘요."

아이 "가만히 있는 게 너무 힘들어요."

높은 기질 요소	규칙성, 적응성
낮은 기질 요소	주의력

주의력 문제를 동반한 활동성이 높은 순응성 기질	주의력 문제를 동반한 활동성이 낮은 순응성 기질	주의력 문제를 동반한 사회성이 높은 순응성 기질	주의력 문제를 동반한 사회성이 낮은 순응성 기질

순응성 기질의 아이들은 '주의력'이 빈약하더라도 기질 특성상 규칙에 대해 순종적인 '규칙성'과 유연한 '적응성'을 가지고 있습니다. 그러나 주의를 기울여야 하는 대상에 대해 주의를 유지하는 능력이 빈약하기 때문에 환경에 따라 '주의력'에 큰 차이가 나타납니다.

그래서 흔히 주의력 문제를 동반한 순응성 기질의 아이들은 1:1의 상황에서는 '주의력'에 문제가 없는 것처럼 보이지만, 집단 상황에서는 '주의력' 문제가 확연히 드러납니다.

예를 들어 확실한 규칙과 가이드가 없는 상황에서는 무엇에 주의를 기울여야 할지 잘 구분하지 못하기 때문에 어수선한 산만함이 나타납니다. 또한 친구들과 놀이할 때나 집단의 분위기가 역동적이고 기분이 각성되어 있다면 주의를 기울이는 것이 더욱 어렵습니다.

⊗ 주의력 문제를 동반한 활동성이 높은 순응성 기질

이 아이들은 '활동성'이 높아서 하고 싶은 것은 많지만, 하나를 선택하여 끝까지 마무리하는 것이 어렵습니다. 이것저것 장난감을 꺼내놓기만 하고 제대로 놀이를 구상하고 실행하며 마무리하는 것이 어려운 것입니다. 그래서 의미 있는 놀이를 하지 못하고 산만하게 탐색만 하다가 끝나버립니다. 이 아이들에게는 다음 세 단계의 가이드를 해주면서 자신의 욕구에 주의를 기울이게 하는 연습이 필요합니다.

👍 Guide

❶ 욕구 표현하기 – "어떤 놀이를 하고 싶니?"

❷ 놀이 구성하기 – "어떤 장난감으로 어떻게 만들고(꾸미고) 싶니?", "어떤 역할을 하고 싶니?"

❸ 마음 정리하기 – "놀이를 하니까 기분이 어떠니?", "왜 이 놀이를 하고 싶었니?"

⚠ Caution 주의해서 관찰할 증세 – 주의력결핍장애

주의력 문제를 동반한 활동성이 높은 순응성 기질의 아이들은 1:1의 상황이나 가이드가 있는 상황에서는 주의력에 문제가 없어 보이지만, 집단 상황에서는 선택적 주의력에 어려움이 있는 경우가 많습니다. 따라서 '주의력결핍문제(ADD, Attention Dificit Disorder)'가 나타나기도 합니다.

⬡ 주의력 문제를 동반한 활동성이 낮은 순응성 기질

이 아이들은 '활동성'이 낮아서 기본적인 동기와 적극성이 빈약한 데다가 '주의력'에 문제가 있기 때문에 멍해 있거나 자신이 생각하고 있었던 것을 쉽게 잊어버리는 모습이 나타납니다. 그래서 옆에서 지속적으로 자극을 주지 않으면 스스로 자신의 생각을 유지하기 어렵고, 의지가 약하기에 매우 단순한 행동만 반복하고 있는 경우가 많습니다.

그로 인해 인지발달의 지연이 초래되는 경우가 생길 수 있으므로 아이가 너무 어렵지 않은 수준에서 약간의 노력을 동반하여 성취하는 경험을 이끌어주는 것이 필요합니다.

👍 Guide

❶ 음식 만들어주는 가게 놀이로 청각주의력 및 기억력 게임하기

❷ 엄마가 블록으로 만드는 것을 따라 만들면서 시각주의력 높이기

❸ 장난감을 색깔 바구니 별로 구분하여 정리하며 주의지속력 늘리기

⚠ Caution   주의해서 관찰할 증세 – 전반적 발달지연

주의력 문제를 동반한 활동성이 낮은 순응성 기질의 아이들은 인지발달을 일으키는 자발적인 동기와 기회 획득이 적어 인지발달에 문제가 생길 수 있습니다. 따라서 아이에게 언어발달이 늦거나 인지발달이 더딘 모습이 보인다면 '발달지연' 유무에 대한 전문가의 소견을 받아볼 필요가 있습니다.

◈ 주의력 문제를 동반한 사회성이 높은 순응성 기질

이 아이들은 '사회성'이 높으면서 '주의력'이 빈약하기 때문에 유난히 행동으로 인한 실수가 잦고 또래 갈등을 자주 일으킵니다. 대부분의 경우, 아이에게 악의적인 의도가 없었더라도 주변을 살피지 못하는 부주의와 과잉활동성이 맞물려 주변의 물건을 건드려서 망가뜨리거나, 타인의 몸을 치거나, 장난감을 만지면서 힘 조절이 되지 않아 파손하는 등의 실수가 잦습니다. 그래서 이 아이들의 경우 집단 활동에서 신체적 자기 조절의 어려움이 두드러지게 나타납니다. 따라서 기본적인 질서와 규칙을 유지하는 노력이 필요합니다.

👍 Guide

❶ 환경 단순하게 하기

– 모든 장난감을 수납장에 정리하고 밖으로 나와 있는 물건 최소화하기

❷ 절대 안 되는 행동에 대해서는 단호한 결과를 보여주고, 칭찬을 구분하기

– 일관적으로 예외 없이 결과 보여주기 ex) 바로 집에 가기

– 노력하는 행동을 보일 때마다 지속적으로 인정하고 지지하고 칭찬하기

⚠ Caution 주의해서 관찰할 증세 – ADHD

주의력 문제를 동반한 사회성이 높은 순응성 기질의 아이들은 자신의 실수를 기억하는 것이 어려워 억울하다고 우기고 호소하며, 부모의 질책에 대해 반항하기도 합니다. 'ADHD' 행동 소견이 있을 시 적절한 치료 교육이 필요합니다.

⬡ 주의력 문제를 동반한 사회성이 낮은 순응성 기질

이 아이들은 '사회성'이 낮으면서 '주의력'이 빈약하기 때문에 특히 사회성과 정서 발달에 어려움이 있습니다. 전반적인 상황에 무던하게 적응하는 것 같아 보이지만, 실제로는 주변에서 일어나는 일에 관심이 없어 주의를 기울이지 않기 때문에, 그냥 보면 한 번 더 지시해야 따르는 조용한 아이로 보이지만 스스로 사회적 참여가 되지 않는 아이일 수 있습니다. 인지발달의 어려움이 초래될 수도 있으므로 아이가 일과에 어려움이 없더라도 같이 놀이했을 때 적절한 반응을 하는지, 놀이의 규칙과 방식을 이해하는지에 대한 부모의 세심한 관찰이 필요합니다.

👍 Guide

❶ 놀이할 때 상황 전개를 이해하고 있는지 관찰하기

ex) 손님이 오면 사장은 어떻게 해야 하지?

❷ 놀이할 때 상대의 기분을 알아차릴 수 있는지 관찰하기

ex) 아기가 주사를 맞고 왜 울까?

⚠ Caution   주의해서 관찰할 증세 – 경계선 지적 기능, 지적발달장애

주의력 문제를 동반한 사회성이 낮은 순응성 기질의 아이들은 일과 적응은 할 수 있으나 사회성 발달과 사회적 의사소통능력에 지연이 있을 수 있습니다. 이 경우 인지발달의 지연과 사회정서발달의 지연을 동반한 '경계선 지적 기능' 어려움이 있을 수 있으므로 발달이 지연되었다면 주의 관찰이 필요합니다.

억제성 기질의 아이가
정서가 과민하다면?

부모 "잘하는데 한 번씩 완벽하게 안 되면 어쩔 줄 몰라해요."

아이 "잘 안되면 답답하고 화가 나서 어떻게 해야 할지 모르겠어요."

높은 기질 요소	자극민감성
낮은 기질 요소	반응강도

과민한 정서 문제를 동반한 활동성이 높은 억제성 기질	과민한 정서 문제를 동반한 활동성이 낮은 억제성 기질	과민한 정서 문제를 동반한 사회성이 높은 억제성 기질	과민한 정서 문제를 동반한 사회성이 낮은 억제성 기질

억제성 기질의 아이들이 정서가 과민하다면, 이 아이들은 억제하는 정서적 압력이 강한 만큼 결국 감정이 터질 때의 폭발도 강합니다. 즉, 자극민감성과 반응강도의 차이가 감정 문제의 핵심입니다. 이 아이들은 일상에서 불편감들을 많이 느끼지만, 이를 억제하고 피하며 조절하려고 무의식 중에 노력합니다. 그러나 불편감이 많은 만큼 의식적으로 억제하는 것들이 높게 쌓이다가 한번 감정이 터지면 스스로 터져 나오는 감정을 어떻게 감당해야 할지 몰라 매우 당황해하면서 쉽게 흥분을 추스르지 못합니다. 자신의 흥분하는 모습과 폭발적인 감정에 놀라 그 감정을 억누르려고 스스로를 자학하기도 합니다. 이때 부모가 무섭게 경고하거나 체벌하면 아이의 감정이 억압되면서 멈추게 됩니다. 그래서 이러한 억압이 아이를 편안하게 해 준 것 같다고 착각하기도 합니다. 그러나 과민한 자극민감성을 억제하여 반응강도를 억지로 낮추는 것은 문제를 제대로 해결하는 방법이 아닙니다.

✣ 과민한 정서 문제를 동반한 활동성이 높은 억제성 기질

활동성이 높은 억제성 기질의 아이들은 '활동성'이 높지만 사회적인 '적응력'과 '접근성'이 약해서 자신이 하고자 하는 욕구를 그만큼 발현하지 못합니다. 이때 과민한 정서 문제를 가지고 있다면, 이와 같이 욕구를 제대로 발현하지 못하는 스스로에게 짜증이 나게 됩니다. 그래서 오히려 자신이 잘할 수 있는 것만큼은 지나치게 완벽하게 하려고 하거나, 높은 성취 욕구를 보입니다. 그러다가 뜻대로 되지 않으면 갑작스럽게 감정이 폭발하듯 터지면서 강하게 감정을 표출합니다. 원하는 바를 말하기보다는 소리를 지르며 힘을 쓰는 행동으로 폭발하는 것이죠. 이러한 기질의 아이들은 안정감을 방해하는 정서적 과민성을 진정시켜주면서 자신의 기분과 감정을 표현해보고 현실적인 욕구를 즐겁게 충족해보는 경험이 필요합니다.

👍 Guide

❶ 감정 단어 구체화 하기(화난다 ⋯⟶ 섭섭하다/아쉽다/실망스럽다)

❷ 내가 하고 싶은 것 구체화하여 성취해보기

⚠ Caution 주의해서 관찰할 증세 – 욕구 조절 및 성취 어려움, 틱

과민한 정서 문제를 동반한 활동성이 높은 억제성 기질 아이들은 지나치게 이상적인 욕구를 가진 것은 아닌지, 자신의 능력에 대한 이상적 혹은 부정적 평가로 인한 상대적 스트레스가 높은 것은 아닌지 살펴봐야 합니다. 높은 욕구와 강력한 억제라는 양극적인 힘은 불안을 야기하기 때문입니다.

⊗ 과민한 정서 문제를 동반한 활동성이 낮은 억제성 기질

이 아이들은 무엇인가를 하고자 하는 '활동성'은 낮고, 정서적인 '민감성'이 높습니다. '활동성'이 낮기 때문에 적극적이거나 외현적으로 자신의 '민감성'을 드러내지는 않지만, 주변 상황과 주관적인 불편감에 민감한 아이들입니다. 그래서 교육기관에서의 집단 활동을 회피하거나 적당히 견디는 정도의 참여를 하는 모습을 보이고, 자신이 마음대로 할 수 있을 때는 혼자 있으려는 경향이 강하게 나타납니다.

이 아이들은 묵묵히 자기 할 것에 집중하고 놀이하기 때문에 또래활동에서 조용히 혼자 노는 아이로 보이지만, 실상은 과민한 정서 문제를 가지고 있는데 이를 억제하는 것이 어렵기 때문에 혼자 놀이하는 것입니다.

👆Guide

❶ 자신의 생각대로 천천히 꾸미고 구성해보는 놀이하기
❷ 긴 시간 동안 천천히 놀이하며 안전감과 편안함 느끼기

⚠ Caution 주의해서 관찰할 증세 – 언어 및 신체 발달 지연

과민한 정서 문제를 동반한 활동성이 낮은 억제성 기질 아이들은 불편하고 힘들수록 스트레스 자극을 피해 조용히 노는 혼자놀이 경향이 뚜렷하게 나타납니다. 자신에게 익숙한 단순한 놀이를 반복하다 보면 도전과 성취 경험을 하지 못될 수도 있으므로 언어발달 및 신체발달이 늦어지지 않도록 지지해주고 도전 기회를 제공하는 것이 중요합니다.

⊗ 과민한 정서 문제를 동반한 사회성이 높은 억제성 기질

이 아이들은 평상시에는 친구들과 잘 노는 것 같지만, 기본적인 억제성 기질로 인해 욕구를 억제했다가 억제된 방아쇠가 풀리면 날개 단 듯 욕구가 솟구쳐 장난과 흥분을 보이는 아이들입니다. 이에 더불어 과민한 정서 문제를 가지고 있어서 시시때때로 위축과 흥분을 왔다 갔다 합니다. 또래 놀이, 혹은 타인과 어울리는 상황에서 소소한 불편감으로 인해 다른 이의 반응을 살폈다가, 그들이 장난치고 유쾌하게 행동하면 바로 흥분하여 깔깔거리는 아이들입니다. 그래서 이 아이들의 기분 상태는 환경에 따라 좌지우지되는 경향이 매우 강합니다. 또한 사회적 상황에서 간혹 불편한 정서를 오랜 시간 억제하다가 터트릴 때는 심한 짜증이나 공격적인 행동을 보이기도 합니다.

👍Guide

❶ 간단하고 명확한 규칙이 있는 놀이하기

❷ 10초 짧은 놀이로 역동성과 조절감각 익히기

⚠ Caution 주의해서 관찰할 증세 – 우울감

과민한 정서 문제를 동반한 사회성이 높은 억제성 기질 아이들은 사회적으로 관계를 맺고 또래들의 인정을 받고자 하는 욕구와 동기가 높은 반면, 정서적인 기민성으로 인해 이러한 욕구와 동기가 친사회적인 방식으로 발현되지 않습니다. 따라서 이상적인 욕구와 현실적 자아상태의 불일치로 인한 우울감이 나타날 수 있습니다. 보통 기분 좋은 흥분과 우울감이 반복적으로 나타납니다.

⬡ 과민한 정서 문제를 동반한 사회성이 낮은 억제성 기질

이 아이들은 사회성이 낮은 억제성 기질에 과민한 정서 문제를 동반하고 있기 때문에 매우 기민한 아이들입니다. 이 기질의 아이들은 자신의 기민성과 사회적인 상황에 대한 높은 불편감을 꾹꾹 참아내느라 그 누구보다 힘듭니다. 억제성 기질이기에 자신의 불편함을 스스로 조절하고 회피하거나 안전한 환경을 찾는 것으로 해결하려고 애쓰지만, 교육기관에서의 사회적 상황은 이 기질 아이들에게 높은 스트레스 환경이 되고, 해결과 직면보다는 회피와 안주를 하려고 하기 때문에 어려움이 잘 해결되지 않습니다. 따라서 타고난 좋은 심리적, 발달적 자원을 제대로 발현하기 어렵습니다.

❶ 승패가 없는 놀이하기

❷ 반복해도 재미있는 놀이하기(물건 숨기고 찾기 놀이)

⚠ Caution 주의해서 관찰할 증세 – 사회불안장애, 선택적 함묵증

과민한 정서 문제를 동반한 사회성이 낮은 억제성 기질 아이들은 대부분의 사회적 자극을 피하고 주변 자극에 대한 경계심이 높습니다. 사회적 자극에 대해 부정적으로 느끼므로 또래집단에서도 거의 말을 하지 않고 관심도 갖지 않습니다. 이로 인해 사회적 상황에서 말을 하지 않는 선택적 함묵증이 발생하거나 사회정서발달에 영향을 주는 사회불안을 경험할 수 있습니다.

지속성 기질의 아이가
주의력이 낮다면?

지속성 기질

03

교사 "늘 딴생각을 하고, 수업에 집중하지 못해요."

엄마 "집에서도 만날 팽이만 하는데…, 걱정이에요."

아이 "만날 이것만 하고 싶어."

높은 기질 요소	지속성
낮은 기질 요소	주의력

주의력 문제를 동반한 활동성이 높은 지속성 기질	주의력 문제를 동반한 활동성이 낮은 지속성 기질	주의력 문제를 동반한 사회성이 높은 지속성 기질	주의력 문제를 동반한 사회성이 낮은 지속성 기질

지속성 기질의 아이들이 '주의력'이 낮다면 사회적인 상황에서의 적절한 사회적 자극과 신호를 읽는 데 어려움이 클 수 있습니다. 지속성 기질 아이들은 자신이 선호하는 자극에 대해 몰입하는 특성이 강한데, '주의력'이 낮다는 것은 '지속성'의 몰입적인 행동 또한 짧고 산발적으로 일어날 수 있다는 뜻입니다. 주로 단순한 자극 위주의 몰입적인 행동이 나타나는데 예를 들어 주의집중을 안 해도 쉽게 즐거움을 획득할 수 있는 단순 놀이나 게임 등의 놀잇감에 몰입하는 행동이 뚜렷한 반면, 주변 상황과 친구들의 의도 파악 및 환경의 변화에는 '주의력'이 떨어지면서, 분위기 파악을 못하고 하고 싶은 것만 고집하는 특성이 나타납니다.

그래서 이 기질 아이들의 경우 '주의력'에 대한 치료와 교육을 병행하여 본 기질의 강점인 '지속성'을 살리고, 주의를 기울여 사고의 확장이 일어나게 하여 성취경험을 할 수 있도록 도와주어야 합니다.

⊗ 주의력 문제를 동반한 활동성이 높은 지속성 기질

이 아이들은 자신이 원하는 것을 지속하려는 성향이 강한 반면, 주의력 결핍으로 인해 감정적 문제가 매우 두드러지게 보이는 경향이 있습니다. 주변 자극에 주의를 뺏겨 산만하고, 이것저것 원하는 것이 쉽게 바뀌며, 충동적인 욕구 표현이 많습니다. 또한 이러한 욕구가 관철되지 않으면 격하게 고집을 부리며 주장하는 모습이 강하게 나타납니다. 그래서 부모 또는 교사와 자주 언쟁을 벌이고 고집을 부립니다. 즉, 원하는 것이 제한되는 상황이 반복되면서 이로 인해 반항적인 태도를 보이게 되는 것입니다.

부모가 허용적이라면 이 기질의 아이를 당해내기 어려워 원하는 것을 허용하게 되므로 적절한 사회적 행동과 도덕적 규범을 익히기 어렵습니다. 반면 권위주의적 부모는 아이의 욕구를 꺾으려고 시도하다가 심한 체벌이나 인격적인 공격과 비난을 하게 되어 관계에 문제가 생기기도 합니다.

👍 Guide

❶ 차별 강화 : 충동적 주장은 무시, 적절한 욕구 몰입과 주장은 칭찬하기

❷ 함께 규칙과 벌(책임지는 방법)에 대해 정하고, 시행하기

⚠ Caution 주의해서 관찰할 증세 – ADHD, 적대적 반항장애

주의력 문제를 동반한 활동성이 높은 지속성 기질의 아이가 충동 조절이 어렵고, 막무가내로 주장하고 떼를 쓰며 사회적인 질서를 지키지 않고, 권위 대상에 대한 분노를 보인다면 보다 면밀히 살펴봐야 합니다.

✧ 주의력 문제를 동반한 활동성이 낮은 지속성 기질

이 아이들은 자신이 선호하는 익숙한 자극에 몰입되어 반복하는 것을 좋아하므로 학습에 문제가 생길 수 있습니다. 수업시간에 수동적이고, 자신이 선호하는 제한된 부분에만 관심을 기울이기에 딴생각을 하는 일이 잦습니다. 그래서 부모와 교사가 새로운 자극을 주어도 금세 멍해지거나 다른 생각을 할 수 있습니다. 감정이 크게 각성되지 않으므로 이 아이들의 동기를 높이는 것은 쉬운 일이 아닙니다. 그러므로 아이들이 선호하는 활동과 몰입할만한 주제를 연결하여 새로운 활동을 지속하도록 개입해야 합니다. 예를 들어 아이가 자석놀이를 좋아한다면, 자석놀이를 할 수 있는 다양한 방법을 알려주기보다는 자석놀이 블록으로 멋진 구조물을 만들 수 있는 방법을 알려주어 하나에 주의를 좀 더 오래 기울이도록 하는 것이 좋습니다.

👍Guide

❶ 시각 자료를 활용한 놀이로 주의력 지속하기(퍼즐, 그림 맞추기)

❷ 엄마가 재미있는 이야기를 해주며 관심의 끈을 붙들고 놀이 지속하기

⚠ Caution　주의해서 관찰할 증세 – 발달의 불균형

주의력 문제를 동반한 활동성이 낮은 지속성 기질 아이들은 제한된 활동 혹은 단순 놀이를 반복하고 새로운 것을 시도하지 않기 때문에 특정 발달 영역에 치우칠 수 있습니다. 그러므로 전반적인 발달이 촉진되도록 주의를 기울여야 합니다.

⊗ 주의력 문제를 동반한 사회성이 높은 지속성 기질

이 아이들은 과도한 행동 문제를 나타내기보다는 산만한 행동이 문제로 드러납니다. 수업에 관심이 적고, 자신이 하고 싶은 놀이에 몰입하므로 교실에서의 수업이 정적일 때 친구들에게 말을 걸고, 키득거리는 행동을 자주 보입니다. 그래서 수업의 방식이 또래들과의 체험과 놀이일 때는 상당히 몰입하고 집중하는 모습을 보여주지만 대그룹 수업시간에 지적을 많이 받습니다. 또한 '주의력'에 문제가 있기에 주제가 정해진 뒤 이를 유지하고 확장하는 집단의사소통 과정을 진행하기 어렵습니다.

그러므로 이 기질의 아이들은 한 가지의 주제를 가지고 주의를 오래 기울여보는 참여식 활동을 통해 주의지속력을 연습하는 것이 필요합니다.

👍 Guide

❶ 놀이 계획 10개 세우고 순서대로 놀기
❷ 번갈아 그림 그리며 한 그림 완성하기

⚠ Caution 주의해서 관찰할 증세 – 주의력결핍장애

주의력 문제를 동반한 사회성이 높은 지속성 기질 아이가 정적인 수업 상황과 집단교육 상황에서 주의를 기울이지 못하거나, 또래들과의 의견 조율 과정을 끝까지 해결하지 못하고 엉뚱한 이야기를 늘어놓는다면, 주의력에 대한 치료와 교육적 개입을 고려해봐야 합니다.

⬡ 주의력 문제를 동반한 사회성이 낮은 지속성 기질

이 아이들은 사회적인 상황에서의 '적응력'과 '접근성'이 빈약하여 주변 상황을 파악하고 새로운 자극과 학습에 접근하려는 동기 수준이 낮습니다. 게다가 '주의력'이 낮기 때문에 또래집단과 모여서 집단놀이를 하거나 함께 수업을 받는 대그룹 시간은 아이의 약점이 가장 드러나는 시간입니다. 흥미와 동기가 낮은데 '주의력'까지 낮으니 수업에 참여하지 않고, 멍하게 혼자만의 생각에 빠져있거나 공상을 하기도 합니다.

이 기질의 아이들은 사회적인 맥락을 이해하는 능력이 빈약할뿐더러 적응과 참여가 어려워 사회성 발달이 부진하게 될 수 있습니다. 따라서 부모, 또는 교사는 아이에게 사회적 상황 전개와 분위기를 말로 설명하여 이해를 높여주고, 아이의 관심사가 상황에 적절하게 연결되도록 도와주어야 합니다.

👉 **Guide**

❶ 한 가지 놀이를 다양한 레퍼토리 만들어서 놀이하기
❷ 새로운 놀이는 익숙해질 때까지 같은 놀이 반복하며 놀기

⚠ **Caution** 주의해서 관찰할 증세 – 주의력결핍장애, 사회적 의사소통장애

주의력 문제를 동반한 사회성이 낮은 지속성 기질 아이들은 사회적 단서를 파악하여 알아차리고 적절하게 해석하는 사회인지 어려움으로 인한 주의력결핍 장애를 겪거나 적절한 사회적 의사소통에 어려움이 있을 수 있습니다.

민감성 기질

04

민감성 기질의 아이가
정서가 과민하다면?

부모 "말도 잘 안 하고 자주 누워있어서 걱정이에요."

아이 "그냥 가만히 내버려둬요, 제발."

높은 기질 요소	자극민감성, 반응강도
낮은 기질 요소	기분의 질

과민한 정서 문제를 동반한 활동성이 높은 민감성 기질	과민한 정서 문제를 동반한 활동성이 낮은 민감성 기질	과민한 정서 문제를 동반한 사회성이 높은 민감성 기질	과민한 정서 문제를 동반한 사회성이 낮은 민감성 기질

민감성 기질은 다른 사람들에 비해 감각적, 사회적, 정서적 자극에 반응하는 더듬이의 수가 많습니다. 그런데 정서가 과민하다는 것은 이 더듬이의 감각이 예민하다는 것입니다. 그래서 기분, 감정, 마음을 포함한 정서 자극에 극심히 예민해집니다. 더듬이 수도 많을뿐더러 촉수도 예민하므로 소소한 정서 자극에도 빨리 반응하고, 자극에 대한 '반응강도'도 큽니다.

이 기질 아이들의 기질 그래프를 보면 '자극민감성'과 '반응강도'의 수치가 최고치에 달하며 '기분의 질'이 낮은 것이 특징이고, 감정조절의 어려움이 나타납니다. 이처럼 과민한 정서 문제를 동반할 때 아이들은 감각적, 사회적, 정서적 자극에 대한 정서적 반응이 매우 거세고 혼란스러워 일촉즉발의 상황을 자주 경험하게 됩니다.

⊗ 과민한 정서 문제를 동반한 활동성이 높은 민감성 기질

뭐든 하고 싶은 것도 많고 불평과 불편이 많은 아이들로, 좋은 기분도 나쁜 기분도 쉽게 각성됩니다. 자신의 안 좋은 기분을 빨리 전환하려고 하지만 그게 안 될 경우 과격하게 흥분하는 경향이 있습니다. TV나 동영상을 보는 것처럼 즐거운 자극으로 자신을 빨리 진정시키면서 욕구를 충족하려는 아이들에게 조용함과 차분함을 강조하면 더욱 저항하기도 합니다.

이 기질의 아이들은 내 뜻대로 안 되어 짜증 나는 상황을 종종 온몸이 모기에 물린 듯 불편하다고 표현하며, 가만히 있는 것은 미칠 듯이 고통스럽다고도 말합니다. 스트레스가 높고, 민감성이 높을수록 가만히 있기를 싫어하고 밖으로 나가 어떻게든 움직이거나 다른 욕구에 집중하려고 합니다. 그러므로 함께 즐거운 활동을 한 다음 아이의 민감성이 진정되었을 때 불편했던 일들에 대해 이야기하는 것이 좋습니다.

👍 Guide

❶ 아이의 감정의 흐름을 내레이션식으로 풀어 알아차려주기

❷ 감정을 조절하는 감정이완법 연습하기(호흡, 숫자 세기, 자기 메시지)

⚠ Caution 주의해서 관찰할 증세 – 파괴적 기분조절 부전장애

과민한 정서 문제를 동반한 활동성이 높은 민감성 기질 아이들은 불편한 기분과 좌절에 대한 인내력이 약한 반면, 반응강도가 강하여 파괴적인 행동으로 기분을 드러내는 경우가 있습니다. 그런 경우에는 적극적인 치료가 필요합니다.

⬡ 과민한 정서 문제를 동반한 활동성이 낮은 민감성 기질

이 아이들은 '활동성'이 낮기 때문에 다소 느리고 편안한 것을 추구합니다. 동시에 과민한 '정서성'을 가지고 있어 편안함이 방해되면 민감해집니다. 따라서 대부분의 사회적 상황에서는 갈등이나 불편한 상황을 굳이 만들고 싶지 않아 불편한 감정을 적당히 견디는 편이지만, 가정에서는 민감성을 드러냅니다. 편안하게 쉬고 싶은 욕구를 마음껏 표출하기 때문입니다.

이때 과민한 정서성으로 인해 집에서 안전하고 편하게 쉬면서도 부모와 작은 부분에서조차 부딪힙니다. 어린이집이나 유치원에 다녀와서 무료하게 있는 것 같아 뭘 하자고 하면 그런 말과 개입 자체에 짜증을 내면서 가만히 두라고 짜증을 내는 것입니다. 그래서 유아기 아이들인데도 사춘기 아이를 키우는 것처럼 부모를 조심스럽게 만듭니다.

👉 Guide

❶ 가만히 앉아서 할 수 있는 소소한 놀이로 즐거움 경험하기

❷ 자연스럽게 다가가고 천천히 개입하며 대화하기

⚠ Caution 주의해서 관찰할 증세 – 우울감, 정서발달문제

과민한 정서 문제를 동반한 활동성이 낮은 민감성 기질 아이들은 자신의 민감한 정서에 압도되어 온종일 부정적인 기분에 머물러 있으며, 우울감이나 정서인식, 표현, 조절에 어려움이 있으므로 주의를 요합니다.

⊗ 과민한 정서 문제를 동반한 사회성이 높은 민감성 기질

이 아이들은 또래관계에 대한 욕구는 높지만 '자극민감성'이 높고, 정서가 예민하기 때문에 또래들과의 관계에서 속상하다고 표현하는 일이 잦습니다. 다른 아이들이 약간 아쉬워하거나 섭섭하게 느낄만한 순간들을 슬픔과 분노의 각성된 정서로 경험하여, 또래와의 작은 부딪침에도 확실한 사과를 받기를 원하거나, 자신이 화가 날 수밖에 없는 상황에 대한 공감을 원합니다. 또한, 이러한 자신의 마음을 헤아려주지 않거나, 흥분된 감정을 빨리 진정시키려고 하거나, 상황에 적절하지 않다고 해결하려 들면 더욱 흥분합니다. 자신의 주관적인 감정에 대해 상대가 알아주지 않으면 억울함을 호소하는 것입니다. 그러므로 이 아이들은 우선 아이의 감정에 공감하여 진정시킨 후 타인의 입장을 생각해보도록 하는 게 좋습니다.

> **👉 Guide**
>
> ❶ 일화를 상황 카드로 그려서 상황 전개 이해하고 말풍선 감정 단어 쓰기
> ❷ 있었던 일에 대한 감정 표현 카드 고르고 그중 핵심 감정 3개 고르기

⚠ Caution 주의해서 관찰할 증세 – 감정 조절 어려움, 낮은 조망 수용 능력

과민한 정서 문제를 동반한 사회성이 높은 민감성 기질 아이들은 감정 조절의 어려움을 가지고 있어서 또래 관계에서 갈등이 잦습니다. 이때 자신의 과민한 정서에 압도되어 상대의 감정보다는 자신의 개인적인 감정에 치우치는 경향이 있습니다. 이로 인해 또래 간 갈등에서 이기적으로 여겨질 수 있으므로 세심한 조언이 필요합니다.

⬨ 과민한 정서 문제를 동반한 사회성이 낮은 민감성 기질

이 아이들은 사회성 측면의 '적응성'과 '접근성'이 모두 낮고 민감하여 타인과의 집단 활동을 불편해하므로, 스스로 혼자 있을 수 있는 공간을 찾고, 그 안에서도 주변을 경계합니다. 그러니 몸을 부딪치며 놀이하는 것을 싫어하고, 옹기종기 모여 노는 것 자체를 불편해합니다. 교육기관에서 많은 아이들이 자유롭게 놀이하는 시간에 자신의 옆에서 누군가가 조금 크게 웃고 놀거나 움직이기만 해도 불편해서 인상을 쓰고, 그러다가 자신을 살짝 건드리기라도 하면 울거나 짜증을 냅니다. 그래서 이 아이들은 또래와 집단이 있는 상황을 회피하고 관찰만 할 뿐, 관심을 가지지 않습니다. 또한 타인과의 상호작용보다는 자신의 무료함을 달래줄 장난감이나 판타지 놀이를 통해 기분을 달래려고 하는 경향을 보일 수 있습니다. 그러므로 부모가 정서적 민감성을 읽어주고 함께 머문다는 느낌을 주는 것이 필요합니다.

👍 Guide

❶ 판타지 이야기나 놀이 주제 속에 감춰진 핵심 욕구 찾기

❷ 판타지를 좀 더 현실적인 역할놀이로 해보기

⚠ Caution 주의해서 관찰할 증세 – 정서 발달 어려움, 자폐 스펙트럼

과민한 정서 문제를 동반한 사회성 낮은 민감성 기질의 아이가 사회적 상황을 강하게 회피하고, 상호작용보다는 놀잇감이나 혼자 상상으로 놀이하는 판타지에 과도하게 몰입한다면 주의 깊은 관찰이 필요합니다.

PART 4

부모의 양육 유형과
아이 기질의 조화

부모의 양육 유형 파악하기

아이는 부모로부터 유전적인 기질의 경향성을 물려받아 부모라는 울타리 안에서 자라는 독립된 존재입니다. 그중 영유아기는 '타율적 도덕성 시기'로, 부모로부터 매우 집중적인 훈습의 과정을 경험하게 됩니다. 이 기간 동안 아이들은 타고난 기질을 바탕으로 하여 양육을 통해 부모가 가진 신념을 배우고 경험하며, 습관을 형성하고 기질을 훈련해나갑니다.

이렇게 아이가 타고난 기질이 부모를 통해 훈련되고, 기본적인 신념과 태도와 원칙들을 배우면서 성장하는 것이 바로 인격 형성의 과정입니다. 그래서 영유아기에 있어 아이 기질과 부모 양육의 조화는 인격 형성의 전부와 마찬가지입니다. 이후 학령기부터는 '자율적 도덕성 시기'로 접어들면서 사회적인 학습과 또래집단을 통해 자신을 규정하는 틀을 만들어 갑니다.

⬡ 부모의 양육 유형 vs 아이 기질의 조화

부모로서 우리는 아이의 기질을 알아야 합니다. 그래야 내 아이의 기질에 적합한 양육 방법으로 올바른 신념, 가치관, 규칙과 규율의 조율, 습관의 형성 등을 가르칠 수 있습니다. 어른이 되었거나 부모가 되었다고 해서 약점이 없는 것은 아닙니다. 그래서 우리는 나의 강점과 약점을 알고, 나의 약점이 아이의 기질에 부정적인 영향을 미치지 않도록 주의하며, 우리 역시 스스로를 성장시켜나가야 합니다.

부모의 양육 유형이 아이의 기질과 어떻게 조화를 이루는지에 따라 문제가 될 수 있는 기질상 약점이 아예 문제가 되지 않기도 하고, 문제의 양상이 전혀 달라질 수도 있습니다. 따라서 이 장에서는 아이의 기질별 문제 상황에 대한 조언을 드리기 전에 부모의 양육 유형을 점검하는 기회를 가지고자 합니다.

부모의 양육 유형은 부모의 기질, 자신의 양육 경험, 자신의 결핍된 욕구, 그리고 양육에 대한 가치관에 따라 영향을 받습니다. 다음에 제시한 간단한 부모 양육 유형 검사를 통해 여러분의 양육 유형이 어떠한지 확인하고, 아이의 기질에 따라 어떤 양육 태도를 보이는 게 좋은지 알아보세요.

TEST 📋

부모 양육 유형 진단지

A부터 D까지, 네 가지 단어 또는 문장 중에서 나를 가장 잘 설명하는 것을 하나만 골라서 체크하세요. 1번부터 10번까지 모두 체크하여 합계를 내면 됩니다.

	A		B	
1	계획적이다.		감성적이다.	
2	책임감이 있다.		이해심이 깊다.	
3	꼼꼼하다.		인간적이다.	
4	희생적이다.		공감적이다.	
5	편안한 일상을 좋아한다.		대화를 좋아한다.	
6	일과를 잘 가르친다.		마음을 잘 알아차린다.	
7	아이를 잘 관찰하여 알아차리는 것에 집중한다.		아이와의 교감에 집중한다.	
8	가정 규칙을 잘 세운다.		공감적 대화를 잘한다.	
9	아이에게 필요한 일정을 정해서 안내한다.		아이와 함께하는 시간에 집중한다.	
10	아이를 챙기는 것에 에너지가 소진되어 힘들다.		아이와 감정적인 갈등을 하는 것이 힘들다.	
합계				

	C		D	
1	적응적이다.		논리적이다.	
2	유연하다.		지적이다.	
3	즉흥적이다.		합리적이다.	
4	즐거움을 추구한다.		내적 성찰을 추구한다.	
5	새로운 경험을 좋아한다.		지적 성장을 좋아한다.	
6	아이와 노는 게 즐겁다.		혼자만의 시간이 좋다.	
7	아이의 즐거움에 집중한다.		아이를 위한 가치관을 고민하며 집중한다.	
8	신나게 놀아주는 걸 잘한다.		아이와 수준 높은 대화를 잘 해준다.	
9	아이와 주말에는 꼭 밖으로 나가 체험활동을 한다.		아이와 의논하여 합리적인 스케줄을 정한다.	
10	아이에게 반복적 습관을 가르치는 게 힘들다.		아이가 이해되지 않는 억지를 부리는 게 힘들다.	
합계				

✦ 네 가지 양육 유형

ABCD 중 가장 높은 점수가 나온 유형이 바로 나의 양육 유형입니다.

A – 관리형 부모	B – 관계지향형 부모
관리형 부모는 차분하고 일관적인 유형입니다. 가정에서의 체계를 잘 잡아주고, 일과 습관을 잘 지도합니다. 아이를 꼼꼼하게 관찰하여 무엇이 필요한지에 대해 빨리 알아차리고 안내해줍니다. 강점 : 일관성, 꼼꼼함, 차분함, 가르침 약점 : 즐거움이 빈약함, 융통성이 적음, 실수에 관대하지 않음	관계지향형 부모는 아이와의 마음의 교감을 중요하게 생각하는 유형입니다. 그래서 아이와 함께하는 시간과 아이의 마음을 알아차려 주는 것에 집중합니다. 아이가 부모와 교감하고 정서적으로 연결된 이상적인 관계를 추구합니다. 강점 : 따뜻함, 공감, 부드러움, 수용적 약점 : 분명한 가르침 부족, 단호하지 못함
C – 경험추구형 부모	D – 사고합리형 부모
경험추구형 부모는 아이가 새로운 것을 경험하며 즐거움을 경험하는 것을 추구하는 유형입니다. 아이와의 시간을 통해 즐거움을 경험하는 추억과 순간을 중요하게 생각합니다. 따라서 아이가 즐거움을 느낄 수 있도록 노력합니다. 강점 : 즐거움, 신남, 재미난 상호작용 약점 : 권위 부족, 일과 지도 부족, 규칙 지도 부족	사고합리형 부모는 지적 추구와 논리적이고 합리적인 것을 중요하게 생각하는 유형입니다. 그래서 아이와 함께하는 시간과 활동보다는 개인적인 지적 추구에 관심이 많으며, 양육 상황에서는 아이의 문제를 이해하기 위해 공부하고, 자신의 가치관이나 양육에 대한 미래에 대해 고민합니다. 강점 : 신중함, 지적임, 논리적임 약점 : 공감력 부족, 융통성 부족, 양육 참여 부족

A – 관리형 부모 아이를 도와주고 필요를 알아차려주며 사랑을 표현하는 보호자 기능이 강한 부모입니다. 안전의 욕구가 높아 예측 가능하고 정돈되어 있는 일상에서의 편안함을 원합니다. 아이의 상태와 일과를 책임지고, 아이의 컨디션을 살피며, 일상생활을 안정적으로 챙겨주려고 노력합니다. 이 양육 유형은 아이들에게 안정감과 편안함을 주지만, 아이의 컨디션을 살피고 일과를 조직적으로 운영하느라 정작 아이의 마음을 알아차리는 데는 관심을 덜 두는 편입니다. 따라서 아이가 민감성 기질이나 억제성 기질인 경우, 아이의 욕구를 알아차리는 데 다소 둔감할 수 있습니다.

B – 관계지향형 부모 아름다운 관계에 대한 이상을 추구하는 이상가적 기질로, 아이와의 온전한 관계에 중점을 두는 부모입니다. 그래서 함께하는 시간을 가지며 사랑을 표현하고 전달하고자 합니다. 부모 스스로 애정 및 소속에 대한 욕구가 높아 아이와 교감하고, 아이가 부모를 좋아해주고 사랑을 표현해주기를 원하는 욕구가 높습니다. 이 유형의 부모는 아이와의 행복한 시간, 교감하는 순간에 가치를 둡니다. 그래서 아이에게 함께하는 행복과 즐거움을 전달해주는 반면 아이에게 무언가를 가르치거나, 아이가 적당한 긴장감을 가지고 도전하여 성취하도록 이끄는 역할을 하는 것이 어렵습니다.

C – 경험추구형 부모 아이와 즐거운 순간을 경험하며 세상을 즐겁게 누리고자 하는 자유로운 기질을 가진 부모입니다. 새로운 것에 대한 관심이 많고

일상의 일에서 벗어나서 즐거움을 추구하고자 하는 욕구를 두드러지게 가지고 있으며, 부모 자신이 규칙과 규율에 대한 자기 조절이 약합니다. 그래서 이 유형의 부모는 아이를 안고 비비는 신체적인 접촉을 적극적으로 하고, 아이가 원하는 것을 충족해줌으로써 사랑을 표현하고 전달합니다. 이 유형의 부모는 아이의 만족감과 즐거움에 초점을 둡니다. 그래서 일상생활에서 아이가 원칙과 질서를 지키도록 일상의 반복되는 일과 습관에 가치를 두고 가르치는 데 다소 소홀합니다. 때문에 아이의 기질이 사회성이 높은 기질이거나 활동성이 높은 기질일 때, 아이에게 욕구를 조절하고 사회적인 상황이 아닌 가정에서의 욕구와 행동에 대한 자기 조절을 가르치는 데 미숙합니다.

D – **사고합리형 부모** 아이에게 스스로 자신이 원하는 것을 알고, 표현하는 주체적인 주도성을 강조하는 부모입니다. 지식 추구에 대한 욕구 외의 다른 것에는 관심이 적고 감정이나 즐거움에 대해 둔감하기 때문에 아이와 감정과 경험을 공유하는 것이 힘듭니다. 사고합리형 부모는 대화를 통해 아이가 스스로 깨닫게 해주고, 아이가 지식과 개인적인 자기 생각을 갖도록 하는 데 중점을 둡니다. 아이를 존중하고 인정해주는 말로 사랑을 표현하고, 아이와 논리적인 대화를 하거나 책을 읽어주려고 노력합니다. 그래서 이 유형의 부모는 아이가 언어적 소통이 원활해지는 5세 이후가 되어야 아이와 좀 더 편안하게 지내는 경향이 있습니다. 만약 아이가 주관적인 감정을 표현하고 나누는 데 둔감한 민감성 기질이거나 억제성 기질일 경우 아이와 교감하는 데 어려움이 있을 수 있습니다.

부모 양육 유형 & 아이 기질 유형의 만남

부모의 양육 유형 속에는 사실 부모의 기질과 욕구가 숨어 있습니다. 이런 욕구는 개인적인 측면에서는 각자의 독특성입니다. 그러나 부모일 때는 다릅니다. 이러한 부모의 욕구가 아이의 기질과 어떻게 조화를 이루는지에 따라 부모의 욕구로 인해 아이의 욕구가 결핍될 수 있고, 부모의 약점으로 인해 아이의 약점이 양육과정 속에서 훈습되기보다 부정적인 영향을 받을 수도 있습니다.

부모는 어른이기에 자신의 욕구에 대한 책임이 따릅니다. 그러므로 자신의 욕구와 부모의 역할은 구분해야 합니다. 자신의 욕구와 독특한 기질을 사랑하고 인정하되, 아이와의 조화를 위해 자신을 먼저 훈련하며 아이와 동행해야 합니다. 다음에 소개한 부모의 양육 유형과 아이의 기질 유형별 장단점을 참고하여 내게 가장 좋은 방법을 찾아나가길 바랍니다.

① 관리형 부모 & 순응성 기질의 아이

😊 Good 관리형 부모와 순응성 기질의 아이가 만나면 질서에 대한 순응성과 '적응성'이 서로 비슷하기 때문에 안정적인 육아가 이루어집니다. 아이를 잘 관찰하고, 아이의 정서를 알아차려주며, 일관적으로 꼼꼼하게 일과를 안내해주는 부모이기에 순응성 기질의 아이들이 자신의 능력을 펼칠 수 있도록 이끌어주는 탁월한 가이드 역할을 합니다.

😣 Bad 둘 다 안정적인 일과를 추구하기 때문에 사회적인 상황에서 융통성 있게 새로운 상황을 경험하고 문제를 해결하는 데 어려움을 겪을 수 있습니다. 예를 들어, 유아기 아이들은 종종 친구들과 다투며 갈등을 경험할 수 있는데, 이러한 갈등을 유연하게 넘기지 못하고 문제 상황에 집중하여 해결하려 들 가능성이 높습니다. 그러다 보면 아이가 자신의 주관적인 감정을 느끼고 스스로 문제 해결을 하는 경험을 충분히 할 수 없습니다.

💬 양육 코칭

부모의 안정성이 아이에게 지나친 제한이 되지 않는지 점검이 필요합니다. 부모가 먼저 안정성을 벗어나 도전을 받아들이는 태도를 가져야 합니다. 부모의 규칙과 울타리가 아이의 연령에 적합한지 점검하면서 울타리를 확장하세요. 문제 상황이 생겼을 땐 진지하게 해결해야 할 것과 그냥 경험으로 넘어갈 것에 대해 잘 분별하셔야 합니다.

❷ 관리형 부모 & 억제성 기질의 아이

[☺ Good] 관리형 부모와 억제성 기질의 아이가 만나면 부모는 아이의 행동을 잘 관찰하여 아이의 필요를 알아차리는 데 강점을 발휘합니다. 그리고 아이에게 필요한 것을 미리 계획하고 안내하여 아이를 이끌어줄 수 있습니다. 또한 체계적인 일과 습관을 잘 가르치는 부모의 강점과 자신의 욕구와 정서를 억제하는 아이의 기질이 만나, 아이는 부모가 안내하는 대로 잘 따르면서 배우게 됩니다.

[☹ Bad] 관리형 부모와 억제성 기질 아이가 만났을 때, 자칫 부모는 아이가 정서를 억제하는 것에 대해 소홀할 수 있습니다. 아이에게 필요한 것을 미리 알아차리고 안내하는 데 신경을 쓰다가 정작 아이의 감정과 정서에 충분히 공감해주는 것에는 충분한 신경을 쓰지 못할 수 있기 때문입니다.

💬 양육 코칭

아이의 기분과 감정, 정서를 살피고 알아차려주세요. 아이의 정서에 반응해줄 때는 부모의 표정 및 말투와 같은 비언어적인 부분에 더욱 신경 써서 입체적으로 반응하는 것이 좋습니다. 즐거운 감성을 보다 자극할 수 있도록 아이와 함께 개인적인 활동을 하는 시간을 가지는 게 좋습니다.

❸ 관리형 부모 & 지속성 기질 아이

[☺ Good] 지속성 기질의 아이는 일과에 대한 순응과 자신의 욕구를 단념하거나 지연하는 것이 매우 어렵습니다. 그래서 아이가 자신이 원하지 않는 일과에 따라야 하거나 일정한 반복이 필요한 학습 및 활동을 배워야 할 때, 일관적으로 꾸준히 반복적인 일과를 이끌어주는 관리형 부모의 강점이 도움됩니다.

[☹ Bad] 관리형 부모의 강점은 일과 지도이지만, 동시에 이러한 일과 지도에 있어 관리형 부모가 아이에게 적절한 수준의 규칙을 제시하지 못하거나, 일방적으로 통제하려고만 한다면 매우 격한 감정적인 갈등을 경험하게 됩니다. 관리형 부모는 정해진 일과를 체계대로 진행하려는 욕구가 높고, 지속성 기질 아이는 자신이 원하는 것을 지속하려는 욕구가 높기 때문에 서로의 의지와 고집 간에 싸움이 일어나기도 하기 때문입니다.

🗨 양육 코칭

부모가 가르치려는 규칙과 규율이 아이의 연령에 적합한지를 살피고, 적절한 주의 전환을 하며 융통성 있는 개입을 시도하세요. 무엇보다 부모가 지시할 때 아이가 그에 따르지 않는다고 화내지 마세요. 지속성 기질의 아이가 부모의 지시에 따르지 않는 것은 권위에 대한 도전이 아니라 아이가 스스로 단념하는 것이 어려운 기질이기 때문입니다.

④ 관리형 부모 & 민감성 기질의 아이

☺ Good 관리형 부모와 민감성 기질의 아이가 만났을 때 좋은 점은 아이가 비 일관적인 감정을 드러내고 까다로운 요구를 했을 때, 일관적으로 분별하여 반응해줄 수 있는 기준과 차분한 단호함이 있다는 것입니다. 이러한 일관적이고 차분한 단호함은 민감성 기질의 아이가 자신의 감정을 조절하는 데 안정적인 도움을 줍니다.

☹ Bad 아이의 까다로운 감정표출이 잦아지면, 갑작스럽고 해결되지 않는 것을 가장 싫어하는 관리형 부모는 높은 스트레스를 경험하게 됩니다. 아이 입장에서는 관리형 부모의 일관적인 태도가 도움이 되기는 하지만, 자신의 민감성을 감정적으로 공감받지 못하기 때문에 늘 애정 욕구가 충족되지 않는다는 느낌을 받기도 합니다.

🗨 양육 코칭

정서적으로 민감한 기질의 아이에게 반응할 때는 정서적인 분위기가 가장 중요합니다. 부모의 정서적인 공감력이 향상될 수 있도록, 아이의 정서를 충분히 반영해주는 대화를 나누세요. 말뿐만 아니라 표정으로도 아이가 충분히 정서적인 공감을 느낄 수 있도록 부모의 정서를 계발시키는 것이 좋습니다.

⑤ 관계지향형 부모 & 순응성 기질의 아이

☺ Good　관계지향형 부모는 순응성 기질 아이의 약점인 주관적인 감정에 대해 충분한 관심을 두므로, 아이의 약점을 잘 보완해줄 수 있습니다. 아이와 함께하는 것과 교감하는 것을 중요하게 생각하기 때문에 아이의 욕구와 감정에 초점을 맞춰 대화함으로써, 아이가 자기표현을 보다 편안하게 할 수 있게 됩니다.

☹ Bad　관계지향형 부모는 간혹 관계에 초점을 맞추느라 순응성 기질의 아이가 가지는 강점인 사회적인 '적응성'을 충분히 발휘할 기회가 적어지기도 합니다. 또한, 순응성 기질의 아이들은 다양한 활동에 대한 '적응성'이 좋고, 계획과 규칙을 중요하게 생각하는 편인데, 부모가 아이와의 교감을 중요하게 생각하느라 정작 아이의 변화하는 역동성과 '규칙성'을 충분히 존중하여 지켜봐주지 못할 수도 있습니다.

🗨 양육 코칭

아이와 함께하는 상황에서 아이와의 관계보다는 아이의 욕구를 살펴주세요. 아이와 함께할 때 단순히 따라가주는 반응자가 아닌, 함께하는 역동적인 파트너가 되어주는 것이 좋습니다. 단, 이때 아이와 함께하는 시간이 과잉되지 않도록 부모의 관계 욕구를 조절하셔야 합니다.

⑥ 관계지향형 부모 & 억제성 기질의 아이

☺ Good 관계지향형 부모와 정서 억제성 기질의 아이가 만나면 부모가 아이의 정서에 집중해주므로, 아이가 부모에게만큼은 자신의 정서를 억제하지 않고 표현하며 편안한 관계를 형성할 수 있습니다. 그래서 부모와 매우 친근하고 가까운 관계가 됩니다.

☹ Bad 이러한 교감적인 관계가 과하게 지속되면 정서 억제성 기질의 아이는 안전하고 편안한 부모와의 교감에 몰입되어 의존적인 경향이 강해질 수 있습니다. 그리고 만약 아이가 욕구 억제성 기질이라면 관계지향형 부모는 아이의 욕구를 해결하고 편안하게 해주는 데 집중하다가, 결국 아이의 욕구에 끌려다니며 허용적인 양육을 하게 되는 경우가 많습니다.

🗩 양육 코칭

적절한 한계 설정이 필요합니다. 아이의 억제했던 마음과 욕구를 알아차려줄 때 먼저 적절한 한계를 설정하고, 아이가 원하는 욕구의 적절성과 적당한 정도를 부모가 먼저 분별하고 수용해주세요. 아이의 억제되었던 욕구 중에는 적절한 조절이 필요한 욕구도 있습니다. 늘 아이에게 지나치게 공감해주다 보면 아이가 정서적으로 부모에게 너무 의존하게 되거나, 자신의 억제성 기질에 대한 피해 의식이 생길 수 있으므로 주의하세요.

❼ 관계지향형 부모 & 지속성 기질의 아이

☺ Good 관계지향형 부모는 지속성 기질의 아이가 가진 끈질긴 고집스러움을 관계적으로 해결해보려는 인내심을 가지고 있는 것이 강점입니다. 그 과정에서 부모가 끝까지 정서적인 안전감을 주면, 아이는 스스로 자신의 욕구를 조절하고 순응하게 되는 자발적인 조절을 경험할 수 있습니다.

☹ Bad 관계지향형 부모는 지속성 기질 아이의 마음을 읽어주는 대화를 하다가 매번 아이의 고집스러운 주장에 넘어가주거나, 반대로 감정적으로 폭발하여 아이를 제압하게 될 수도 있습니다. 관계지향형 부모는 '감정'이, 지속성 기질의 아이는 '사고'가 중심이기에 소통의 방법이 틀립니다. 부모가 감정적인 관계지향적 태도가 강할수록, 또는 부모가 이성적인 원칙을 세우고 합리적인 대화와 조율을 하는 데 미숙할수록 갈등이 심해질 수 있습니다.

💬 양육 코칭

아이의 감정을 읽고 교감하는 대화가 아니라, 논리적인 사고로 명확한 말을 건네는 간단 명료한 대화를 시도하세요. 부모가 세운 기준의 이유에 대해 충분한 논리를 세운 후에 아이와 대화하세요. 짧고 간결하게 얘기할 수 있는 합리적인 말을 연습한 후에 대화를 하는 것도 좋습니다.

8 관계지향형 부모 & 민감성 기질의 아이

☺ **Good** 관계지향형 부모와 민감성 기질의 아이가 만나면 아이가 자신의 민감성을 까다롭게 드러내더라도, 수용적이고 공감적인 부모를 통해 양육과 보살핌을 충분히 받을 수 있습니다. 관계지향형 부모는 아이와의 관계에도 관심이 많기 때문에 아이가 겪는 사회적인 갈등과 그 속에서의 정서적인 어려움에도 공감해주며 아이와 천천히 어려움을 해결할 수 있습니다.

☹ **Bad** 관계지향형 부모는 아이의 민감성에 대해 기본적으로 수용적이고 공감적인 태도를 가지고 있기에 때로 아이의 까다로운 표현이 더욱 강화되기도 합니다. 아이의 까칠한 감정적인 표현에 지나치게 마음을 읽어주거나 아이의 잦은 짜증에 일일이 반응해주는 과잉반응을 하거나 아이의 기분이나 컨디션을 곁에서 밀착해서 챙겨줌으로써 아이의 민감성이 강화되는 것입니다. 이런 경우 민감성 기질의 아이는 스스로 자신의 기분을 인식하고 조절할 수 있는 자기 조절 능력을 배우기가 어렵습니다.

🗨 양육 코칭

아이의 예민함과 잦은 요구에 반응하는 대신, 민감성의 원인을 알아차리고 해결해주세요. 아이에게 반응해야 할 것과 반응하지 않아야 할 것을 분명하게 구분하고, 명확한 행동으로 보여줘야 합니다. 따라서 아이의 요구에 반응하지 않을 수 있는 단호함을 연습하는 것이 좋습니다.

⑨ 경험추구형 부모 & 순응성 기질의 아이

`☺ Good` 순응성 기질의 아이는 질서의 경계 밖으로 나가려는 시도를 잘 하지 않습니다. 그러나 경험추구형 부모가 적극적인 경험과 즐거움을 추구하는 양육을 함으로써 순응성 기질의 아이에게 다양한 경험과 체험을 제공해주고, 질서 밖으로 나가 도전적인 경험을 시도할 수 있도록 지지해줄 수 있습니다. 또한 유연성이 다소 빈약한 순응성 기질의 아이에게 상황에 따라 자유롭게 대처하고 행동할 수 있는 유연성을 알려줄 수 있습니다.

`☹ Bad` 순응성 기질의 아이들은 때때로 경험추구형 부모의 비 일관적인 계획이나 충동적인 행동으로 인해 불편함을 느끼기도 합니다. 기본적인 질서와 체계를 선호하는 아이이기 때문입니다. 따라서 부모의 기분에 따라 소소한 일상이 결정되고, 갑작스러운 외출을 하는 것도 아이에게 불편함을 줄 수 있습니다.

💬 양육 코칭

아이에게 새로운 경험을 시켜주고 싶다면 미리 계획을 세운 다음 아이에게 말해주세요. 만약 즉흥적으로 일과를 변동하게 되면 미리 아이에게 말하고 협의를 구하세요. 평상시에는 가정에서의 일과, 일과 시간 및 규칙에 대한 일관성을 지키도록 노력하는 것이 필요합니다. 이러한 일관성과 유연성을 함께 보여준다면 아이는 새로운 경험을 추구하려는 부모의 유연성을 더욱 유능하게 느끼며 따를 것입니다.

⑩ 경험추구형 부모 & 억제성 기질의 아이

[☺ Good] 욕구 억제성 기질의 아이에게 경험추구형 부모는 아이가 사회적인 상황에 유연하게 적응하지 못함으로써 억제되었던 욕구를 발휘하는 데 좋은 리더가 되어줍니다. 즐거움을 추구하고 변화에 유연한 부모가 아이를 자연스럽게 즐겁고 편안하게 적응하도록 이끌어 주기 때문에, 부모와 함께라면 긴장했거나 자신이 없었던 경험도 신나게 해 보게 됩니다.

[☹ Bad] 즐거움을 추구하는 경험추구형 부모 덕분에 아이는 신나게 욕구를 표출하며 놀았지만, 어느 시점에 놀이를 그만해야 할 때, 부모가 이를 제대로 안내하지 못하면 아이가 떼를 쓰는 상황이 생길 수 있습니다. 경험추구형 부모는 아이의 복잡하고 섬세한 정서를 알아차리고 반응하는 데 어려움이 있습니다. 따라서 아이의 감정을 잘 헤아려 섬세하게 대화하며 진정시켜주기보다는 아무렇지도 않은척 장난을 치다가 아이가 되려 울음을 터뜨리는 경우도 생깁니다.

💬 양육 코칭

부모가 경험시켜주고자 하는 것과 아이가 억제했던 것을 획득하는 것 사이의 공간이 너무 차이 나지 않도록 주의하고, 아이가 즐거운 경험에 대해 스스로 준비할 수 있도록 여유를 가지고 지켜봐주세요. 수용 범위와 한계 지점에 대해 미리 알려주되, '한 번만 더', 혹은 '이번만'처럼 애매한 허용은 삼가셔야 합니다.

⑪ 경험추구형 부모 & 지속성 기질의 아이

[☺ Good] 경험추구형 부모와 지속성 기질의 아이가 만나면, 아이가 제한된 몇 가지 관심에 몰입되어 있더라도 부모가 적극적으로 다양한 경험적 환경으로 이끌어주면서 아이의 관심사를 확장하거나, 보다 구체적이 되도록 도와줄 수 있습니다. 부모의 적극성과 아이의 몰입이 만나면 아이의 관심사가 전문적인 흥미가 되기도 합니다. 또한 부모의 긍정적인 새로운 시도는 지속성 기질 아이에게 역동적인 즐거움을 알려줍니다.

[☹ Bad] 경험추구형 부모와 지속성 기질의 아이가 만나면 부모는 제한된 것에만 몰입해서 다른 무엇을 경험해도 별로 좋아하지 않고, 결국 자신이 좋아하는 것만 하려는 아이 때문에 화가 나기도 합니다. 반대로 아이 입장에서는 자신의 관심을 무시하고 새로운 경험으로만 이끄는 부모의 개입을 불편한 방해로 느끼기도 합니다.

🗨 양육 코칭

아이에게 경험시켜주고자 하는 활동의 목적과 일정을 정확히 알려주세요. 아이가 시도해봤으면 좋겠다는 부모의 기대가 아이의 해볼 만한 정도와 일치하는지를 미리 점검한 다음 새로운 경험을 시도하는 것이 좋기 때문입니다. 아이의 즐거움과 관심을 끄는 것보다는 아이에게 명확한 목적과 분명한 활동을 알리는 안내가 효과적이라는 것을 기억하세요.

⑫ 경험추구형 부모 & 민감성 기질의 아이

[☺ Good] 경험추구형 부모와 민감성 기질 아이가 만나면 아이는 다양하고 반복적인 경험을 통해 자연스럽게 자신이 가지고 있는 민감성이라는 약점에 대해 문제 해결을 하게 됩니다. 자신의 정서를 조절하거나 욕구를 조절하는 것이 힘들긴 하지만, 이러한 상황을 여러 번 경험함으로써 경험을 통해 문제 해결을 하는 것입니다.

[✗ Bad] 경험추구형 부모는 민감성 기질의 아이가 어느 곳을 가더라도 쉽게 적응하지 못하고, 까다로운 요구와 정서 및 행동을 보임으로써 어려움을 겪습니다. 특히 경험추구형 부모는 아이의 관심을 끄는 것에는 강점이 있으나 아이를 진정시키거나 질서를 가르치는 데는 약하기 때문에 임기응변식의 해결을 하게 됩니다. 이러한 방식으로 문제 해결을 반복하다 보면 아이의 민감성이 해결되지 않고 부모와의 갈등이 커질 수 있습니다.

💬 양육 코칭

민감한 아이를 순간순간 달래다가는 아이를 오히려 산만하고 혼란스럽게 할 수 있습니다. 그러니 아이가 천천히 시도할 수 있는 만큼만 새로운 경험을 시도하세요. 아이의 기분이 좋아지는 것과 적응할 수 있는 것은 다른 문제입니다. 항상 섬세하게 계획하고, 차근차근 개입하세요. 아이의 감정을 알아차려주고 공감해주는 게 아이와 친밀해지는 가장 좋은 방법입니다.

⑬ 합리형 부모 & 순응성 기질의 아이

☺ Good 합리형 부모와 순응성 기질의 아이가 만나면 서로 안정감을 느낄 수 있습니다. 합리형 부모는 아이를 잘 키우기 위해 고민하고 가치관에 대해 고민하며 하나씩 하나씩 아이에게 시도하고 접근하는데, 순응성 기질의 아이 역시 자신의 생활을 잘해 나가면서 부모의 개입을 수용하고 적응하기 때문입니다.

☹ Bad 순응성 기질의 아이는 종종 부모의 합리적이고 논리적인 태도와 대화에 주눅 드는 경우가 있습니다. 순응성 기질의 아이들은 비판적인 사고에 대한 경향성이 매우 낮기 때문에, 부모가 자꾸 왜냐고 묻거나 논리적으로 따지고 들면 매우 당황하게 됩니다. 그래서 부모가 다그쳐 물어도 '왜 그런지'가 잘 생각나지 않습니다.

💬 양육 코칭

비판적인 사고가 약한 것이지, 똑똑하지 않은 것이 아니라는 것을 명심하세요. 그러니 아이가 편안하게 사고할 수 있도록, 질문 대신 서술하는 방식으로 얘기하세요. "어떻게 생각해?" 하고 묻는 대신 "어떻게 생각하는지 궁금해."라고 묻는 것입니다. 아이가 스스로 생각해볼 수 있는지가 어느 정도인지 가늠하고, 아이가 편안하게 말할 수 있도록 기다려주세요.

⑭ 합리형 부모 & 억제성 기질의 아이

😊 **Good**　합리형 부모와 억제성 기질의 아이가 만나면 아이가 억제하고 있는 욕구와 정서에 대해 부모와 대화하면서 합리적으로 문제를 해결할 수 있습니다. 합리형 부모는 지적인 통찰력이 있으므로, 아이가 욕구나 정서를 억제할 필요가 없다는 것을 스스로 깨닫게 이끌어줄 수 있기 때문입니다. 따라서 아이는 부모와의 합리적인 대화를 통해 자신의 욕구와 감정을 인식하게 됩니다.

😝 **Bad**　억제성 아이의 약점인 자기표현의 어려움은 합리형 부모에게 매우 답답함을 줍니다. 그래서 외향적인 합리형 부모라면, 억제성 기질 아이의 빈약한 자기표현을 재촉하고 다그치는 경향이 있습니다. 그렇게 되면 아이는 자기표현에 대한 긴장감과 두려움이 더 커지고 스스로 언어 표현의 유창성이 빈약하다고 생각하면서 말하기에 자신감이 떨어질 수 있습니다.

💬 **양육 코칭**

억제성 기질의 아이가 자신의 역량을 발휘하려면 편안함을 주어야 합니다. 냉철하고 합리적인 부모의 딱딱함을 내려놓고, 아이에게 따뜻함을 보여주세요. 아이에게 자꾸 질문하고 답을 끌어내지 말고, 그저 기다리세요. "준비되면 말해줄래?" 하고 안내한 다음, 부모가 할 일을 하면 분위기를 편안하게 만들 수 있습니다. 이렇게 편안한 분위기와 관계가 충분히 조성된 후에 부모가 느끼거나 생각하는 것을 꺼내며 대화를 시작하는 게 좋습니다.

⑮ 합리형 부모 & 지속성 기질의 아이

☺ Good 합리형 부모와 지속성 기질의 아이가 만나면 '무조건 우기기' 작전이 잘 통하지 않습니다. 합리형 부모는 아이가 왜 고집할 수 없는지에 대해 논리적으로 아이를 가르치고 인도하니까요. 그래서 지속성 기질 아이의 약점인 자신이 원하는 것만 고집하려는 특성이 합리적으로 조절될 수 있습니다.

☹ Bad 합리형 부모와 지속성 기질 아이가 만났을 때 아이가 자신의 의지를 의사로 표현할 수 있는 연령이 되지 않았거나, 내향적인 에너지를 가진 지속성 기질의 아이라면, 합리형 부모는 아이의 고집스러움을 해결하는 게 곤혹스러울 것입니다. 합리형 부모는 문제를 합리적으로 해결하기 힘든 상황일 때, 엄포를 놓거나 엄격함으로 치우치는 약점이 있습니다.

💬 양육 코칭

아이의 기분과 감정, 욕구를 알아차릴 수 있도록 합리적 기준 대신 공감인 접근과 시각을 계발하세요. 말로 이기거나 설득하려고 하지 말고, 아이가 스스로 수긍하기를 기다리는 것이 좋습니다. 무엇보다 아이를 다 알고 있다고 생각하여 판단하지 말고 아이의 기분을 알아차려 주고, 아이가 무엇을 원하는지 한 번 더 말하며 알아차려 주세요. 그것만으로도 아이는 부모가 공감해주고 있다고 느낄 것입니다.

⑯ 합리형 부모 & 민감성 기질의 아이

☺ Good 민감성 기질 아이의 까다로운 요구는 합리형 부모에게 통하지 않습니다. 상황에 적절한 요구가 아니면 절대 용납하지 않기 때문입니다. 이런 상황에서 합리형 부모가 감정을 잘 조절한다면, 예민한 감정을 표현하는 문제 행동을 아이 스스로 조절할 수 있을 것입니다.

☹ Bad 합리형 부모와 민감성 기질 아이는 사실상 반대의 기질입니다. 합리형 부모는 '합리적인 사고'가 발달하고, 민감성 기질의 아이는 '자극에 대한 반응성'이 발달한 기질이기 때문입니다. 그래서 합리형 부모는 민감성 기질의 아이를 양육할 때 아이의 민감한 행동을 이해하고 공감하기 어려워 좌절하기 쉽습니다.

🗨 양육 코칭

아이의 행동에서 먼저 아이의 감정을 알아차리셔야 합니다. 아이를 바라보는 시선과 말투에 따뜻함과 부드러움이 드러나도록 노력하세요. 이를 위해 부모는 객관성을 내려놓고 아이의 주관적인 기분과 감정, 그리고 생각을 이해할 수 있는 공간을 만들어야 합니다. 부모의 정서적인 민감성을 향상할 수 있도록 부모 교육을 받는 것도 좋습니다.

PART 5

기질을 발달하고
문제를 해결하는 방법

기질을 발달하는 방법

지금까지 기질이란 무엇인지, 기질을 이루는 9가지 요소는 무엇인지, 기질 요소의 조합으로 이루어지는 기질 유형은 어떠한지, 그리고 같은 기질이더라도 욕구에 따라 어떻게 아이가 달리 드러나는지, 아이의 기질 유형과 부모의 양육 유형이 조화를 이루려면 어떻게 해야 하는지 살펴보았습니다.

기질의 발달이란 자신의 9가지 기질 요소들을 적절히 융합하여 기능하도록 하는 것입니다. 기질 요소를 그래프로 나타내 보았을 때, 그 모양은 아이들마다 다릅니다. 아이마다 각기 다른 독특한 개성을 가졌기 때문에 이는 당연합니다. 기질을 발달한다는 것은 이 그래프의 모양을 바꾸려고 하는 것이 아닙니다. 그 크기와 모양은 제각기 다르나, 자신에게 가장 알맞은 원형의 통합을 만들어 가는 것이 기질을 발달시키는 방법입니다. 이러한 기질의 발달 과정은 단기간에 이루어지지 않습니다. 어찌 보면 그 과정은 부모와 자녀와의 삶의 여정과도 같습니다.

① 기질 그래프의 공간을 원형으로 채우자

기질 검사 결과 가장 높은 점수가 나온 기질 요소를 기점으로 하여 그다음 높은 기질 요소를 연결하여 둥근 모양이 되도록 그래프를 그려보면 아이의 기질 그래프와 둥글게 그린 그래프 사이에 '공간'이 생깁니다. 바로 그 공간이 이제부터 아이가 발달하며 채워 갈 통합의 공간입니다. 이 공간은 부모나 교사와 같은 어른들의 안내와 도움을 받으며 아이가 조금씩 발달시키며 채워야 합니다. 기질의 발달은 함께 채워나가는 것이지 빼는 것이 아닙니다. 아이가 가진 모든 기질 요소들을 잘 융합시켜 조화롭게 사용할 수 있도록 기질 그래프의 모양을 둥글게 채워나가는 것입니다.

⊗ 모든 기질은 강점이 있습니다

모든 기질 유형은 각각의 강점이 있습니다. 기질의 세부 기질 요소 또한 모두 긍정적인 기능을 가지고 있습니다. 우리 아이가 순응성 기질일 때 가장 좋은 점이 많을 것 같지만 꼭 그렇지만은 않습니다. 각각의 기질은 나름대로의 강점을 가지고 있습니다.

기질의 유형으로 강점과 약점의 흐름을 이해하려면 아이의 기질 유형과 함께 9가지 기질 요소 중 아이가 어떤 특성을 높이 가졌는지 파악해야 합니다. 아이가 가진 높은 수준의 기질 요소는 자신의 기질을 넘어설 수 있도록 도와주는 날개가 될 수 있기 때문입니다. 반대로 아이가 낮은 수준의 기질 요소를 가지고 있을 때는 자신이 본래 가진 기질 유형이 자신의 약한 기질 요소를 보완해줄 수 있는 동력이 됩니다. 즉, 아이들은 이미 자신의 기질 유형 안에 자신을 발달하고 성장시킬 수 있는 능력을 가지고 있는 것입니다.

구분	기질 유형	강점	약점
순응성	활동성이 높은 순응성 기질	활동성	순응성
	활동성이 낮은 순응성 기질	순응성	활동성
	사회성이 높은 순응성 기질	사회성	순응성
	사회성이 낮은 순응성 기질	순응성	사회성
억제성	활동성이 높은 억제성 기질	활동성	억제성
	활동성이 낮은 억제성 기질	억제성	활동성
	사회성이 높은 억제성 기질	사회성	억제성
	사회성이 낮은 억제성 기질	억제성	사회성
지속성	활동성이 높은 지속성 기질	활동성	지속성
	활동성이 낮은 지속성 기질	지속성	활동성
	사회성이 높은 지속성 기질	사회성	지속성
	사회성이 낮은 지속성 기질	지속성	사회성
민감성	활동성이 높은 민감성 기질	활동성	민감성
	활동성이 낮은 민감성 기질	민감성	활동성
	사회성이 높은 민감성 기질	사회성	민감성
	사회성이 낮은 민감성 기질	민감성	사회성

❷ 아이의 기질 강점을 제대로 보는 방법

기질 육아가 필요한 이유는 아이의 강점을 찾아내어, 내 아이만의 강점을 통해 아이의 취약한 약점을 보완하기 위함입니다. 그러므로 우리가 자녀의 기질을 이해하고 알게 되었을 때 가장 먼저 시선을 두어야 할 곳은 아이의 기질 약점이 아니라 기질 강점입니다.

그렇다면 어떻게 해야 기질 그래프를 제대로 이해하고, 기질을 발달시킬 수 있을까요? 여섯 살 남자아이의 사례를 예로 들어 구체적인 방법을 살펴보도록 하겠습니다.

유치원에서 의기소침해하고, 대변을 참는 아이가 걱정된다고 한 어머니가 여섯 살 남자아이를 데리고 상담 센터에 방문하셨습니다.

아이는 하고 싶어 하고 관심을 두는 것은 있지만, 조심성이 많아 새로운 것에 바로 접근하기보다는 경계하며 관찰하고, 어떤 대상이나 행동이 충분히 괜찮다는 확신이 들어야 움직인다고 했습니다. 네 살까지는 수줍음이 많아서 그렇다고 생각했다고 했습니다. 그러나 유치원에 다니기 시작하면서 20명이 넘는 집단 속으로 들어가니, 아이의 빈약한 사회성과 억제하는 기질은 수줍음을 넘어 불안으로 이어졌습니다. 아이는 수동적으로 쫓아가는 것만으로도 에너지를 많이 쓰며 긴장했습니다. 그러한 긴장과 불편함이 지속되자, 아이는 대변에 대한 자기 욕구도 표현하지 않았고, 놀이를 하고 싶다는 표현도 별로 하지 않았습니다. 겉으로 보기엔 잘 노는 것으로 보였지만,

대부분의 정서는 즐겁지 않았고, 집에 오면 유독 엄마와 같이 있으려고 했고, 누가 무엇을 하자고 하지 않으면 무엇을 하려 하는 의지도 별로 보이지 않았습니다. 그래서 어머니는 아이의 어려움이 단순한 수줍음이 아니라고 생각하게 되었습니다.

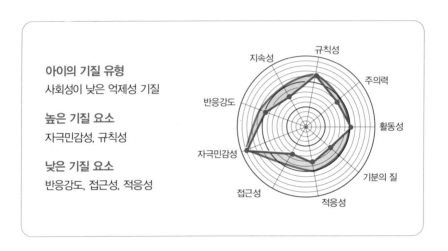

아이의 기질 유형
사회성이 낮은 억제성 기질

높은 기질 요소
자극민감성, 규칙성

낮은 기질 요소
반응강도, 접근성, 적응성

기질 검사 결과, 아이는 사회성이 낮은 억제성 기질로 나타났습니다. 매우 높은 '자극민감성'을 가지고 있는 반면, 이를 표현하는 '반응강도'가 매우 빈약했습니다. '규칙성'이 높아 질서에 순응할 수 있지만 사회적 영역의 '적응성'과 '접근성'이 모두 낮았습니다.

위의 그래프에서 아이의 기질 평가 결과를 나타낸 것은 파란색 선입니다. 그리고 회색 선과 면으로 표시된 영역은 이 아이가 발달할 수 있도록 도와주며 나아갈 방향입니다.

사회성이 낮은 억제성 기질의 아이들은 사회성을 발달시키는 '적응성'과

'접근성'이 빈약합니다. 그래서 많은 아이들이 함께 무엇을 하거나 어울리는 대집단의 상황에서 유연하게 적응하지 못하면서 불편감을 느낍니다. 예를 들어 사회성이 낮은 억제성 기질의 아이들은 늘 다니는 유치원 교실에 익숙해지는 것도 어렵습니다. 사람이 많은 곳으로 들어가서 자신의 가방을 정리하고, 그 공간에서 무엇인가를 스스로 선택하고 해야 한다는 것만으로도 불편감을 느껴 쭈뼛거리게 되기 때문입니다.

이 아이는 '활동성'의 수준이 보통 수준이었기 때문에 뭔가를 아주 좋아하고, 하려고 하는 동기가 크지 않았습니다. 그런데 교실에 들어가서 가만히 있는 건 더 불편했기에 등원 후 오전 자유놀이 시간 동안 고르는 장난감이 늘 쌓기 영역에 있는 블록이었습니다. 블록은 무엇인가를 스스로 생각하고 만들며 자신만의 구성놀이를 할 수 있다는 장점이 있지만, 혼자서 놀이하다가 끝낼 수 있는 폐쇄적 놀잇감이기도 합니다. 여섯 살 이 남자아이에게는 불편한 교실 상황에서 자신을 편안하게 해 줄 수 있는 것이 블록이었던 것입니다.

그런데 등원 시간이 지나면서 아이들이 밀려들어오고, 모여서 이야기를 나누고, 주제에 대한 교육이나 활동을 하고, 다시 자유롭게 놀이하는 놀이시간이 되는 모든 흐름들이 사회성이 낮은 억제성 기질의 아이에게는 감당하기 어려운 빠른 흐름의 변화입니다. '적응성'이 빈약한 데다 '활동성'도 그리 높지 않으니, 무엇인가를 활동해야 하는 상황을 회피하는 것이 주 행동 패턴이었을 것입니다.

⊗ 기질 이름과 그래프에 이미 강점이 있습니다

앞서 말했듯 모든 기질은 강점을 가지고 있으며, 기질 이름과 그래프에 그것이 드러납니다. 낮은 기질 요소가 기질 이름 안에 포함되었을 때는 기질 유형 자체가 자신을 도와주는 '동력'이 됩니다.

사회성이 낮은 억제성 기질인 이 아이는 '자극민감성'이 두드러지게 높았으나, 민감한 감각을 거의 표현하지 않고 있었습니다. '반응강도'가 낮았기 때문이지요. '자극민감성'은 높은데 '반응강도'가 낮은 것은 정서 억제성 기질의 특징입니다. 그렇다면 이 아이의 경우, 바로 '억제성'이라는 기질 유형이 자신을 도와주는 '동력'이 되며, 기질 그래프에서 가장 높게 나타나는 '자극민감성'이 강점이 됩니다.

"사회성이 낮은 반면 민감성이 높은 것이 문제가 되고 있는 건데, 그게 강점이라고요?" 하고 반문할 수도 있겠지만, "네, 그렇습니다."

'자극민감성'은 민감한 감각 능력입니다. 환경과 정서적으로 민감하다는 것은 다른 말로 표현하면 사회적인 상황에서의 흐름과 분위기, 그리고 자신과 타인의 정서를 잘 보고 듣고 느낄 수 있는 능력입니다. 단지 그것을 표현하지 않고 억제하고 있는 것뿐입니다. 이러한 높은 '자극민감성'을 억제할수 있기에 사회적 '적응성'이 낮아도 견디고 적응하려고 노력했을 것입니다. 아이는 유치원이라는 사회적 환경에 적응하기 위해 자신이 가장 잘할 수 있는 '억제성'과 '규칙성'을 사용하였습니다. 다만 억제와 규칙에 에너지를 너무 소진하다 보니 자신이 이미 가지고 있는 '활동성'과 '주의력', '지속성'과 같은 다른 특성들을 발휘하지 못하고 있었습니다.

⬡ 기질을 보는 관점을 바꾸면 강점이 보입니다

우리는 이 아이의 모습을 어떻게 봐야 할까요? "네가 하고 싶은 걸 하면 되지.", "너도 뭐든 한 번 해봐.", "뭐가 그리 어렵다고, 왜 얘기를 못해?" 하는 말은 이 아이가 기질답게 행동한 것에 대한 비난일 뿐입니다. 아이가 '억제성'과 '규칙성'을 사용한 것은 그것이 그 순간에 필요했고, 자신에게 도움이 되었기 때문입니다.

예를 들어 무엇인가를 하기 싫고 불편할 때, 어떤 아이는 버티고 소리를 지를 수도 있지만, 이 아이는 묵묵히 불편한 내 감정을 접어두고 주변을 살피고 내가 지켜야 하는 규칙을 지키며 더 불편한 상황을 만들지 않는 것이 가장 안전하고 편했을 것입니다. 그리고 무엇을 고집하고 주장하는 것보다 내가 갈등 없이 편안하고 자유롭게 놀이하는 것이 그 아이에게는 그 시간 동안 최선을 다하는 방법이었던 것입니다.

모든 아이들이 이러한 결정과 조절을 하는 것은 아닙니다. 이 아이가 한 결정 속에는 회피만 있는 것이 아니라, 자신을 지키기 위한 결정과 조절이 있습니다.

우리가 바라봐야 할 강점은 바로 이것입니다. 그리고 그 억제성을 강점으로 바라봐주면서 자신의 마음을 조금씩 표현할 수 있도록 편안한 장을 만들어주는 것이 강점을 통해 약점을 보완하는 출발입니다.

③ 강점 기질에서 출발하여 시계 방향으로 접근하자

기질의 발달적 접근은 강점 기질에서 출발하여 약점에 도달하는 경로로 아이의 모든 기질 요소에 접근하는 방법입니다. 강점 기질은 기질 그래프에서 가장 높은 점수를 나타내는 기질 요소입니다. 예를 들어 '활동성'이 높거나 '규칙성'이 높은 기질 유형에서는 높은 '활동성'과 '규칙성'이 강점 기질이 됩니다. 강점 기질을 기준으로 시계방향으로 아이 기질의 강점을 지지하고 살리면, 강점을 통해 얻은 자기신뢰감으로 약점을 보완할 수 있습니다. 앞에서 다룬 사회성이 낮은 억제성 기질 아이의 경우, '자극민감성'이 가장 큰 강점이므로 강점 기질을 따라 시계방향으로 다루면 '자극민감성–반응강도–지속성–규칙성–주의력–활동성–기분의 질–적응성–접근성' 순으로 접근하면 됩니다.

☑ 자극민감성 – 높은 민감성을 억제하는 조절 능력이 강점이다

이 아이에게 가장 힘든 것은 사회적인 상황에 적응하고 두렵고 낯선 자극에 접근해서 새로운 것을 경험하고 도전하는 것입니다. 그리고 또 이런 순간에 민감한 정서를 느낍니다. 아이의 '활동성'이 보통 수준 정도이기에 아이는 특별하게 자신이 선호하는 것이 있지 않으면서도 불편해서 회피하는 행동이 강할 것입니다. 이때 아이의 '자극민감성'은 약점처럼 느껴지기 쉽습니다. 그러나 이 아이의 경우 사회적 상황에서 느끼는 수많은 불편한 생각과 정서를 의식적으로 억제하며 조절하고 있습니다. 이러한 경우, '자극민감성'은 겁이 많은 것이 아니라 신중하고 조심성이 있는 조절 능력을 가지고 있는 강점으로 해석해야 합니다.

☑ 반응강도 - 아이의 정서를 지지하고 긍정적으로 바라보자

이 아이는 '반응강도'가 유독 낮습니다. 그런 경우 아이에게 표현을 강요하는 것은 도움이 되지 않습니다. 아이가 편안하게 자신이 두려웠거나 망설였던 생각과 정서를 표현할 수 있도록 억제했던 아이의 정서를 지지하고 긍정적으로 바라봐주어야 합니다. 아이의 예민함을 섬세함과 신중함으로 바라봐 줌으로써 아이가 자신의 생각과 마음을 있는 그대로 표현할 수 있도록 도와주는 것입니다. 이렇게 편견을 버리고 아이의 마음에 다가가면 아이는 자신의 진짜 마음과 생각을 외면하지 않고 드러낼 수 있는 힘이 생깁니다.

☑ 지속성 - 자신만의 해결 방법을 찾도록 이끌어주자

부모의 지지 속에서 아이가 자신의 생각과 마음을 조금씩 표현하기 시작한다면, 그 문제와 상황을 어떻게 풀어가고 싶은지 함께 고민해봅니다.

아이가 부모에게 도움을 요청한다면 해결해주어도 좋습니다. 그러나 그보다는 아이가 스스로 해결 방법을 정하고 자신이 정한 방법대로 실행해보는 것이 매우 중요합니다. 이 기질의 아이들은 자신의 판단과 생각을 스스로 믿고, 좌절을 해도 다시 하면 된다는 자신감이 필요합니다. 그렇기 때문에 자신이 스스로 자신이 할 수 있는 만큼을 결정하고 실행하는 주도적인 경험이 꼭 필요합니다. 그래야만 진정 자신의 능력을 믿고 자신감을 찾을 수 있기 때문입니다.

☑ 규칙성 – 자신이 정한 것을 실행하도록 격려해주자

이 아이는 비교적 높은 '규칙성'을 가지고 있으므로, 자신이 해결 방법을 정했다면 그대로 실행할 힘이 있습니다. 따라서 자신이 나름대로 정한 문제해결 방법을 실행하도록 격려해주면 됩니다. 부모가 옆에서 닦달하는 것이 아니라 아이가 잊지 않도록 한 번씩 상기시켜주며 자신이 정한 방법을 규칙적으로 실행해보도록 지지합니다.

☑ 주의력 – 같이 주의를 기울이자

아이 스스로 문제 해결 방법을 찾아 노력하고는 있지만, 당연히 잘 안 될 것입니다. 인생에 있어 새로운 도전과 자기 계발이 그리 쉬운 것은 아니니까요. 그러니 아이가 자신이 정한 대로 실행하지 못하고 실패로 인해 좌절하는 것도 큰일은 아닙니다. 다만 이 과정에서 아이의 실패와 좌절을 능력 없음으로 본다면 부모와 아이는 모두 좌절할 것이고, 다음부터 아이는 지지적인 환경에서도 아예 문제 해결 도출조차 하지 않으려고 할 것입니다. 계획해놓고 시작도 못 하는 자신을 받아들이는 것은 아무 노력을 하지 않는 것보다 더욱 고통스러운 일이기 때문입니다.

따라서 이때 부모가 해야 할 일은 같이 주의를 기울여 '어떤 것이 생각한 것을 할 수 없도록 방해가 되었는지' 아이와 함께 찾아보는 것입니다.

어른인 우리에게도 잘못된 작은 습관 하나와 두려움을 해결하는 것이 평생 어려운 숙제입니다. 그러면서도 아이에게는 그것이 노력하면 금방 극복될 수 있는 것처럼 잘못된 환상을 불어넣곤 합니다. 그 환상이 깨지는 순간 아이는 더욱 불안해집니다. 그러니 인내해야 합니다. 아이와 함께 부단히 노력하세요. 부모의 인내는 아이의 성장을 낳고, 부모의 믿음은 아이가 자신이 가진 내면의 보물을 발견하도록 힘을 줍니다.

☑ 활동성과 기분의 질 – 자신이 진짜 하고 싶었던 욕구를 찾도록 안내하자

아이가 자신만의 문제 해결을 하는 과정에서 실패한 상황을 잘 들여다보면 아이가 진짜 하고 싶었던 욕구를 찾을 수 있습니다. 예를 들어 친구들에게 "싫어!" 하고 거절하고 싶었는데 하지 못했던 아이의 마음속에는 그 친구와 친해지고 싶은 '소속의 욕구'가 있을 수 있습니다. 친구의 놀이를 같이 하기로 했으나 그러지 못했을 때는 자신의 놀이를 해보고 싶은 '자존의 욕구'가 있을 수 있습니다.

이렇게 아이의 진짜 욕구를 찾아내어 하나씩 충족하게 되면 아이의 자존감은 충분히 높아질 수 있습니다.

☑ 적응성 – 이제 약점인 적응성에 도전하자

자, 이제 아이는 자신만의 문제 해결 방법도 찾아보고 실패를 점검하면서 자신의 진짜 욕구도 찾았습니다. 이제 자신을 믿고, 자신이 이 세상을 주체적으로 살 수 있다는 자신감을 갖춘 것입니다. 지금부터 도전을 시작하면 됩니다. '그래, 그럼 우리 한번 해보자!'라는 마음으로 아이의 욕구에 집중하여 그것을 세상에 발현할 수 있도록 독려해주고 응원해주면 됩니다. 부모인 우리가 할 일은 아이의 긍정적인 행동에 구체적인 칭찬을 해주는 것입니다.

"네가 놀이터에서 친구들이랑 같이 웃으며 뛰어놀더라. 너무 멋졌어."

"네가 친구랑 자동차 놀이를 하는데 친구가 널 너무 좋아하더라. 또 놀자고 하네."

"네가 친구랑 노는 모습이 정말 행복해 보인다. 이게 정말 네가 원하던 거였지."

"잘하고 있어."

☑ 접근성 – 적응력에 대한 기쁨을 나누며, 새로운 것에 접근해보기

자신이 하고 싶은 것을 친구와 함께 어울리고 놀이하며 '적응성'이 안정되면, 함께 어울리면서 안전한 관계를 맺은 친구와 새로운 환경에 접근해보는 것이 좋습니다. 예를 들어 좋아하는 친구와 함께 놀이동산에 가서 함께하는 친구의 힘을 얻어 새로운 놀이기구를 타보는 것입니다. 이때 목표는 접근해보는 것이지, 놀이기구를 많이 타거나 어려운 놀이기구에 도전하는 것이 아닙니다. 이러한 경험이 반복되면 낯선 환경에 대한 '접근성'이 점차 높아집니다. 처음에는 한두 개만 타던 놀이기구의 수가 점차 늘어날 것이고, 반복적으로 가다 보면 놀이동산의 길도 익숙해집니다. 어디서 아이스크림을 파는지 알게 되어 그곳을 지날 때면 엄마에게 아이스크림을 사달라고 요구하게 되고, 표를 산 다음 무엇을 해야 할지도 척척 알아서 할 수 있게 됩니다. 이러한 익숙함과 반복을 통한 학습으로 아이는 해볼 만하다는 자신감과 내가 해보겠다는 주도성이 발달하게 됩니다.

기질 발달의 경로는 이렇게 흐릅니다. 이러한 과정이 하루의 대화나 일주일간의 노력으로 해결될 수 있을 거라는 착각은 버려야 합니다. 스스로를 돌아보고, 집중하고, 어려움을 해결해나가는 것은 삶의 과정이지 한 순간의도전이 아닙니다. 그러니 아이와 함께 천천히 동행해주세요. 이 책에서 제시한 여러 사례를 통해 가야 할 곳을 미리 짐작한다면, 그 과정을 보다 편안하게 인내하며 아이를 믿고 이끌어줄 수 있을 것입니다.

❹ 지지적인 대화의 힘

아래의 대화는 무척 길게 보이지만, 실제로는 앞서 얘기했던 아이와 상담실에서 나누었던 30분이 채 안 되는 대화입니다. 이 아이의 경우 '활동성' 수준이 낮아 말도 길게 하지 않았고, 생기 있는 에너지가 적었습니다. 그렇지만 마음속에는 이미 뭐든 할 수 있는 능력이 있었습니다.

우리가 할 일은 아이에게 이미 있는 능력을 꺼내 주는 것입니다. 시간이 걸리지만 한 단계씩 천천히 개입하다 보면 아이는 병아리가 알을 깨고 나오듯, 스스로 자신의 문제의 시작과 끝을 찾아냅니다. 그렇게 할 때 아이는 이미 자기 안에 자신을 성장시키고 멋진 능력이 있다는 것을 스스로 경험하고 증명할 수 있습니다.

그러한 과정을 알려드리기 위해 대화의 전문을 실었습니다. 다음 대화를 통해서 어떤 식의 대화가 아이의 기질을 발달시킬 수 있는지 확인해보시기 바랍니다.

☑ 아이의 상황 이해하기

"오늘 하루는 즐겁게 보냈니?"

"애들이 총싸움놀이했는데, 나는 안 했어."

"민수는 안 했어. 그랬구나."

"응."

"하고 싶은 건데 하지 않았던 거야, 하기가 싫었던 거야? 궁금하다."

"하기 싫었어."

"아, 하기 싫었구나. 그래서 안 했구나."

"응. 그래서 나는 블록놀이를 그만하고 그냥 종이 접기 했어."

"그래, 민수가 친구들이 총싸움놀이를 할 때 불편했구나. 그래서 너는 블록놀이를 그만두고 종이 접기를 했구나. 블록놀이를 그만두고 나서는 좀 편안해졌니?"

Ⓠ 부모들은 이 대목에서 "그럼 블록놀이를 그만하고 뭐했어?", "하고 싶은 걸 못해서 속상하지는 않았어?" 하고 물어보는 경향이 있습니다. 이러한 질문에는 이미 '자신의 것을 하지 못하고 다른 것을 하는 것은 좋은 선택이 아니야.', '그건 너무 소극적인 거야.' 등의 신념이 들어있습니다. 그리고 이러한 느낌은 아이에게 스며듭니다. 아이는 나름 문제 해결을 한 것인데, 어른들의 질문 속 느낌을 전달받으며 자신이 문제를 해결한 것이 아니라 사실은 굉장히 소심한 행동을 했거나, 피해를 받은 것으로 느끼게 됩니다. 이러한 대화의 흐름 속에서 아이들은 자신의 내향성 기질이나 억제성 기질을 부끄럽게 받아들이고 피해의식이 생길 수 있습니다. 그래서 우리는 우리의 질문에 잘못된 신념이 들어가지 않도록 유의해야 합니다.

"응."

"그랬구나. 그럼 다행이다. 종이 접기로 우리 민수가 뭘 만들었는지 궁금하네."

"응. 가방. 근데 어려웠어."

"그랬구나. 종이 접기가 어려웠어."

☑ 반응강도를 꺼낼 장 조성해주기

"음…. 블록놀이도 하다가 불편해서 다 못했을 텐데 종이 접기도 어려워서 좀 속상했겠다."

"맞아. 속상했어."

"그래. 민수가 속상했겠어."

"응…."

"우리 민수가 어떤 게 속상했을까…. 알고 싶네."

"어. 블록으로 집 만드는 것 하고 싶었는데 다 못하고, 가방 접기도 어려워서 잘 못해서…."

"그랬구나. 그럼 블록으로 더 완성하고 싶었구나."

"응."

"그런데 친구들이 총싸움을 해서 불편해서 나왔던 거구나."

"응."

"거기서 계속 블록을 만들면 어땠을 것 같아?"

"어…, 부서졌을 거야."

"아…, 너는 부서지는 게 걱정됐구나."

"응. 부서지는 건 싫어. 애들이 다른 데로 가면 만들려고 했는데, 놀이시간이 끝났어."

☑ 규칙성 지지하기

"그랬구나. 민수가 놀이시간은 지켜야 하는 거니까 속상하지만 그냥 정리를 했던 거구나."

"응."

"우리 민수가 교실 규칙을 지키는 건 훌륭하다. 속상할 때 정리하는 건 참 어려운 일인데."

☑ 활동성 발현시키기

"그럼 우리 민수는 사실 블록을 완성하고 싶었던 거네."

"맞아."

"그럼 지금이라도 해보고 싶니? 네가 만들고 싶었던 집 말이야."

"응. 근데 지금은 비행기 만들래."

"그거 좋다. 비행기 멋지겠는걸! 그럼 같이 한 번 해볼까?"

☑ 기분의 질 고취하기

"좋아~."

☑ 적응성 기회 주기

"이야~, 우리 민수가 블록으로 비행기를 만들었네! 선생님도 하나 만들어 볼게. 우리 비행기로 날아가는 것 하고 놀자~."

🕛 아이가 적극적으로 놀이할 수 있도록 발동을 걸어주는 것이 좋습니다.

"어! 그럼 여기가 비행기 타는 곳이야."

"좋았어! 손님들, 제주도로 가는 비행기입니다. 타세요~."

"우아, 우리 민수는 정말 비행기로 재미있게 노네. 운전도 멋지게 하고.

이 놀이 진짜 재미있다. 친구들이랑 해도 재미있는 놀이겠어. 친구들과도

한 번 해봐."

"알았어요."

⬡ 기질을 전체적으로 봐야 약점에 침몰되지 않습니다

위와 같은 상황에서 많은 부모들은 아이가 늘 마음껏 놀지 못하고 오거나,

시무룩한 것이 걱정되어 아이와 신나게 놀아주고 생기 있는 모습을 회복하

게 하는 데에만 집중합니다. 아이에게 자기주장을 하는 말을 연습시키기도

하고, 아이의 마음을 위로해주기 위해 밤마다 아이의 속상한 마음을 대신

이야기하며 아이를 안아주고 달래줍니다.

이러한 개입 방법들은 아이의 기질을 전체적으로 보지 않고 아이가 가진 한

가지의 특성에 집중되어 있는 경우입니다. 이렇게 되면 아이도 부모도 모두

한 가지 문제에 고립됩니다. 아이가 가진 기질이 발달하지 못하고 한 곳에

고여 있게 되는 것입니다.

즉, 억제하는 마음에 고여 불행한 마음에 집중하게 되거나, 늘 해결하지 못

했던 욕구에만 집중하다가 정작 사회적인 상황은 늘 아이의 마음과 욕구를

힘들게 하므로 회피해야 하는 대상이 되어버리는 것입니다.

우리가 봐야 할 것은 아이 기질의 역동성입니다. 앞서 기질의 경향성을 흐르는 물에 비유했듯이, 아이가 자신이 흐르기 편한 곳으로 힘차게 흘러가도록 길을 안내해야 합니다. 이 아이의 경우 막힌 곳은 자신의 마음을 표현하는 것이었고, 힘차게 흘러갈 곳은 다른 아이와 몸을 움직이며 역동적으로 노는 사회적인 놀이였습니다. 아이가 가진 강점을 지지해주고, '기분의 질'을 높여 적응할 수 있는 기회를 만들어주면, 아이는 어느새 막힌 곳을 뚫으며 자신의 힘을 스스로 경험하게 됩니다. 신나게 움직이며 적극적으로 놀이하는 자신을 경험하게 되는 것이죠.

아이의 약점은 쉽게 행동으로 드러나 눈으로 보입니다. 그러나 아이의 기질 강점과 욕구는 쉽게 보이지 않습니다. 우리가 아이에게 진정한 관심을 가질 때 아이가 타고난 기질 강점, 욕구, 마음과 같은 보이지 않던 것들이 보이기 시작할 것입니다. 그러면 우리가 과연 무엇부터 도와야 할지를 알게 될 것입니다. 그것이 바로 아이를 자기답게 힘차게 흐르게 하는 부모의 사랑입니다.

문제 행동에 대한 이해

대부분의 아이가 기질적 약점, 또는 욕구의 결핍이나 과잉에 따라 크고 작은 문제를 겪습니다. 그런데 부모가 아이의 상황을 '문제 상황'이라고 느꼈다는 것은 그 문제가 계속 반복되고 있거나, 해결되지 않고 있기 때문일 것입니다. 많은 부모가 힘들어하고 고민하는 아이들의 문제 상황과 행동을 해결하려면 어떻게 해야 할까요? 구체적인 방법을 제시하기 전에, 문제 행동에 대한 개념과 해결의 원리를 알아보도록 하겠습니다.

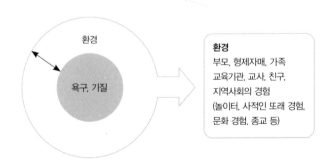

❶ 문제 행동이란?

문제 행동이란 아이들이 문제라는 것이 아니라, 아이들의 행동으로 인해 문제가 발생한다는 것입니다. 그러므로 문제 행동이 드러날 경우, 초점을 아이들의 행동에 맞춰야 합니다.

"아이가 너무 울어요."라는 정서 문제를 예로 들어보겠습니다. 아이들이 우는 이유는 아이마다 다르고, 울음을 통해 얻고자 하는 욕구도 다릅니다. 울음은 섭섭함의 표현일 수도 있고, 화가 나서일 수도 있고, 긴장되어서일 수도 있습니다. 우는 이유가 같다 하더라도 아이의 기질 특성 중 '반응강도'의 차이에 따라 울음의 세기는 다를 것이고, '자극민감성'의 정도에 따라 우는 횟수도 다를 것입니다. 또한 우는 아이를 둘러싼 환경, 즉 부모의 성격특성, 양육방식, 가정의 분위기, 교육기관, 교사, 친구, 지역사회의 경험 등에 따라 울음의 이유와 세기, 횟수는 모두 달라집니다.

그 때문에 내 아이가 우는 문제와 옆집 아이가 우는 문제의 해결 방법은 다를 수밖에 없습니다. 엄마들끼리 담소를 나누며 아이들의 문제 상황과 해결책을 공유할 때, 한 아이에게 효과적이었던 해결 방법이 내 아이에게 맞지 않은 것 역시 너무나도 당연합니다.

문제 행동에 대해 파악하고 싶다면, 다른 아이가 아닌 내 아이의 기질 특성과 내 아이의 욕구, 그리고 내 아이의 환경을 자세히 관찰하며 집중해야 합니다. 내 아이의 기질 강점과 약점, 그리고 욕구의 결합이 아이가 사는 환경 속에서 상호작용하면서 나타나게 되는 것이 '문제 행동'이기 때문입니다.

⊗ 아이들의 문제 행동에는 기능이 있습니다

아이들은 왜 꼭 그렇게 행동할까요? 아이들은 부모나 교사가 어르고 타일러도, 규칙을 반복해서 알려주고, 호되게 꾸중을 해도 문제 행동을 반복합니다. 부모나 교사가 노력했는데도 불구하고 문제 행동을 지속하면 어른들은 아이의 문제 행동의 이유를 찾지 못하여 측은지심도 사라지고, 아이의 행동에 나쁜 의도가 있다고 생각하며 더욱 야단치게 됩니다. 그리고 결국 어쩔 수 없는 아이의 문제로 치부합니다.

그런데 부모나 교사가 아이의 문제 행동을 교정하려 할 때 가장 중요한 것을 놓쳤을 수 있습니다. 문제 행동을 통해 아이들은 얻게 되는 것이 있습니다. 그것을 '기능'이라고 합니다. 아이는 문제 행동을 통해 원하는 것을 획득하기도 하고, 싫어하는 것을 회피할 수 있게도 되고, 두려운 것을 방어할 수 있는 것을 얻었을 것입니다. 예를 들어, 아이가 심하게 울면 그로 인해 엄마가 보다 빨리 자신에게 와서 반응해주기도 하고, 엄마의 보살핌을 더욱 충분히 받을 수도 있습니다. 또는 울음을 통해 자신이 원하는 것을 빨리 해결함으로써, 굳이 말을 하지 않을 수도 있습니다. 이렇게 '울음'이라는 문제 행동을 통해 아이가 얻고자 하는 기능이 충족되기에 아이는 그 행동을 지속하는 것입니다.

그러므로 아이의 문제 상황을 해결하기 위한 솔루션을 얻고자 할 때, 첫 번째로 아이의 기질적 특성과 욕구를 살펴보았다면, 다음은 문제 행동이 갖는 기능이 무엇인지 알아야 합니다.

❷ 아이들의 문제 행동을 강화하는 잘못된 양육 방법

아이들의 문제 행동을 촉진하는 '기능'이 무엇인지 알았다면, 이제 그러한 행동이 기능하도록 한 부모의 양육 방식이 무엇인지 찾아내야 합니다. 아이들의 문제 행동은 결국 이를 강화한 부모의 양육 행동이 있었기 때문에 나타납니다. 예를 들어, 아이가 울음으로 원하는 바를 표현했을 때 엄마가 재빨리 아이에게 반응한 반면, 표정이나 말로 원하는 바를 표현했을 때는 그것을 알아차리지 못했거나 둔감했다면, 아이들은 '울음'이라는 문제 행동을 강화하게 됩니다. 이렇게 아이들의 문제 행동이 더 심해지도록 하는 부모의 양육 방법에는 반응적 태도, 협박, 물질 보상 등이 있습니다.

◆ 반응적 태도
- 좋은 행동에는 둔감하고, 부적절한 행동에만 빠르게 반응하는 태도
- 아이의 행동에 과도하게 반응해주는 밀착형 태도
- 무조건 긍정적인 반응을 해주는 무분별한 태도

웃어주는 것도, 인상을 찌푸리는 것도, 말하는 것도, 야단치는 것도 모두 '반응'입니다. 반응은 아이들에게 중요한 상호성을 촉진하는 자극으로, 발달적으로 매우 중요합니다. 그러나 아이의 행동이 부적절하거나, 결핍 또는 과잉되었을 때 보이는 부모의 반응적 태도는 아이들의 문제 행동을 가장 강화하는 요인이 됩니다.

예를 들어 엄마의 반응에 목말라하는 아이들은 '말을 듣지 않는 행동'으로라도 엄마의 반응을 불러일으키려 합니다. 반대로 엄마의 반응이 늘 과잉이었던 아이는 반응이 없는 상황에서는 스스로 뭔가를 하지 못합니다. 즉, 엄마의 둔감한 반응과 분별되지 않은 반응이 아이들의 문제 행동을 강화하는 것입니다.

◆ 잘못된 무관심
- 부적절한 행동을 하는 아이에게 냉랭하고 쌀쌀맞은 태도
- 부적절한 행동을 하는 아이를 거부하는 척하는 태도
- 부적절한 행동을 하는 아이를 미워하며 거절하는 태도

아이의 잘못된 행동을 무시하라는 것은 '행동에 반응하지 않는 것'이지, 아이를 투명인간 취급하며 '아이를 쳐다보지도 않고 냉랭하게 행동하라'는 것이 아닙니다. 그러나 많은 부모와 교사는 아이가 잘못된 행동을 했을 때 아이에게 아예 관심을 주지 않으면서 아이를 거절하고 거부하는 느낌을 전달합니다. 이러한 거절감은 아이가 자신의 행동을 떠올리며 생각하게 하기보다는 거절받은 기분에 치우쳐 상처 받게 합니다.

◆ 협박
- 장난감을 버릴 거라고 하고는 다시 주는 행동
- 나가라고 하고는 나가지 못하게 하는 행동

- 회초리를 들 거라고 하고는 공포만 조성하는 행동
- 이렇게 하면 못하게 할 거라고 하고는 다시 하게 해주는 행동

아이가 뭔가를 잘못했을 때 "이러면 OOO할 거야!"라고 엄포를 놓는 것은 보통 부모가 아이의 문제 상황을 빨리 해결하고 싶을 때 쓰는 방법입니다. 그런데 협박은 사실 아이의 문제 상황을 강화하는 그릇된 방법입니다.

협박은 처음에는 문제를 빨리 해결해주는 것으로 보이지만, 점차 협박의 강도를 높이지 않으면 말을 듣지 않게 되고, 결국 부드러운 지시에는 둔감한 아이가 되게 합니다. 반대로 부모가 격한 마음에 아이를 협박하고는 곧 후회하며 협박한 것을 이행하지 않고 취소하게 되면, 아이는 부모의 권위와 힘에 대해 저항적이고 공격적인 감정을 강화하게 됩니다.

◆ 물질 보상

- 조건부 통제 : "~ 하면 장난감 사줄게."
- 보상이 아닌 사정 : "이걸 잘해야 장난감 살 수 있어."
- 협박 : "안 하면 칭찬 스티커 못 붙여!"
- 잘못된 초점 : "잘했어. 대단해!"

보상은 아이들의 문제 행동을 교정하기 위해 사용하는 전략 중 하나입니다. 보상의 원리는 '아이 스스로 긍정적인 행동을 위한 노력을 하도록 하는 데' 있습니다. 아이가 자신의 만족을 지연하면, 더 좋은 결과가 올 수 있다

는 것을 경험시키는 것입니다. 행동규칙 수행을 완수함으로써 받는 보상은, 자신에 대한 긍정적인 확신을 높여주기도 합니다.

그런데 이러한 보상의 원리를 제대로 이해하지 못한 채 물질 보상 방법을 시행하다 보면, 자칫 보상이 아이의 행동을 통제하는 수단이 되기도 합니다. "OO 하면 이걸 줄게.", 혹은 "이걸 해야 저걸 받을 수 있어."라는 것이 그 대표적인 예입니다. "A를 하면 B를 준다."는 방식으로 잘못된 보상을 경험한 아이들은, 자신의 긍정적인 행동과 이를 위한 노력에는 늘 보상이 따라야 한다고 착각하게 됩니다. 또는 보상을 받는 이유와 원리를 잘못 이해하게 됩니다.

예를 들어, 종종 친구를 때리는 아이 때문에 속상한 부모가 친구를 때리는 공격성을 조절시키려고 보상을 주었다고 해봅시다. 친구를 때리지 않으면 원하는 간식을 사주는 식으로 보상을 주다 보면 아이는 '마음을 조절하는 것이 자신에게 필요한 것'이라는 자기 조절의 필요성을 배우지 못할뿐더러 자칫 '보상'이 문제 행동에 대한 마음을 참는 것에 대한 위로가 되어버릴 수도 있습니다. 즉, 어떤 것이 잘못되었는지 제대로 이해하지 못하여 친구를 때리지 않는 것은 자신이 잘한 행동이라 여기고, 친구를 때리고 싶은 마음은 그대로 남아 교정이 더 어렵게 될 수도 있습니다.

그래서 보상의 원리와 보상의 과정에 있어서 부모의 말이 매우 중요합니다. "친구를 안 때린 건 잘했어."라는 부모의 칭찬은, '마냥 친구를 때리고 싶은 마음을 참은 것이 잘했다.'는 부적절한 유능감을 주는 말입니다. "친구랑 놀 때 마음대로 되지 않지만, 화를 내지 않으려고 노력했구나(격려). 네가 친구를 때리는 잘못된 행동을 오늘은 참아냈구나(핵심)!" 하고 분명한 격려와 핵심을 전달해야 합니다.

보상은 효과적인 행동 수정 전략입니다. 다만 긴 시간, 혹은 자주 사용하는 것은 피해야 합니다. 보상을 과다하게 사용하다 보면 내적인 동기를 스스로 찾고 실행하는 것이 점점 어려워집니다. 그래서 이러한 보상을 통한 행동 수정 방법은 아이의 기질과 상황을 정교하게 분석하고 섬세하게 접근해야 합니다.

가장 좋은 것은 문제 행동을 고치는 방법으로 보상을 쓰기보다는 오히려 긍정적인 행동을 형성하기 위한 수단으로 사용하는 것입니다. 예를 들어 아이가 처음으로 장난감을 정리하는 것을 배우는 시기, 공부 습관을 들이는 시기에 좋은 행동을 칭찬하고 보상해주는 방법으로 사용하는 것입니다. 또한, 보상을 아무리 좋은 방향으로 사용하더라도 유아에게는 한 달 미만의 단기간만 사용하는 것이 좋습니다.

기질 유형에 따른 문제 행동 해결 방법

Q. 아이가 일곱 살이나 되었는데도 아직도 툭하면 울어요

A. 억제성 기질이거나 민감성 기질인 경우, 감정을 잘 조절하지 못합니다. 억제성 기질이라면 욕구를 표현하도록 하여 욕구를 충족할 방법을 제시해 주시고, 민감성 기질이라면 아이의 기분을 알아차려주고 정서를 명확한 감정 단어로 표현하여 인식하도록 해주세요.

Q. 유치원이나 놀이터에서 도무지 아이들과 어울리질 못해요

A. 사회성이 낮은 기질의 아이입니다. 사회성이 낮은 억제성 기질이거나 사회성이 낮은 민감성 기질일 경우, 또래에게 접근하고 어울리는 데 어려움이 있습니다. 때문에 친구와 어울리는 시작을 같이 도와주고, 천천히 하나씩 시도해보도록 곁에서 지도하고 칭찬하며 익숙해질 때까지 부모와 연습하는 것이 필요합니다.

반면 사회성이 낮은 순응성 기질과 사회성이 낮은 지속성 기질의 아이는 혼자 노는 것이 편하여 또래와 어울리는 것에 큰 관심이 없습니다. 그런 아이에게는 서로 관심사가 맞는 친구를 만나게 해주는 것이 도움이 됩니다.

Q. 아직도 수면 시간이 짧고 밤에 자꾸 깨는데 왜 그런 걸까요?

A. 억제성 기질과 민감성 기질의 아이들은 밤에 깊은 수면이 어려운 경우가 많습니다. 특히 억제성 기질의 아이가 낮에 충분히 자신의 욕구를 발현하고 충족하지 못했다면, 이렇게 결핍된 '활동성'에 대한 욕구가 발버둥 치고 몸부림치는 요란한 잠버릇으로 나타납니다.

민감성 기질의 아이들은 작은 자극에도 민감하여 쉽게 잠을 이루지 못합니다. 그러니 민감성 기질의 아이들은 방 안의 온도와 습도를 맞춰주는 것이 좋습니다. 방 안 공기를 가볍고 차게 유지해주시고, 자기 전에 차가운 물로 몸의 열기를 낮추는 것이 숙면에 도움이 됩니다.

Q. 부모인 제게도 속마음을 제대로 얘기하지 않아요

A. 순응성 기질의 아이들과 억제성 기질의 아이들은 자신의 마음을 잘 얘기하지 않습니다. 순응성 기질의 아이들은 자신의 마음에 주관적인 관심이 많지 않기에 모르겠다고 하고, 억제성 기질의 아이들은 억제하고 회피했던 자신의 감정들을 조직화해서 말하기가 어려워 모르겠다고 합니다. 따라서 순응성 기질 아이에게는 질문을 던지기보다는 "네 기분이 ~하는 게 보여." 하며 아이를 살피고 반영해주는 말로 아이의 속마음을 끌어내는 것이 좋

습니다. 억제성 기질의 아이는 "네가 친구랑 속상했던 일에 관해 얘기하고 싶어.", "구체적으로 이런 내용이 궁금해." 하고 아이에게 궁금한 점을 정리하여 말하고 정리할 시간을 준 뒤에 천천히 대화를 나누는 것이 좋습니다.

Q. 형제 간의 사이가 너무 안 좋아요

A. 유아기는 형제와 늘 잘 지낼 수 없는 시기이긴 하지만 아이들이 지속성 기질이거나 민감성 기질이라면, 갈등 상황에서 유독 거칠게 싸우는 경우가 많습니다. 지속성 기질의 아이는 형제 간의 갈등이 있을 때마다 부모가 합리적인 기준을 세우고, 소유권을 분리하고, 놀이의 질서를 정돈해주는 등 논리적인 훈육이 필요합니다. 민감성 기질의 아이는 자신의 불편함을 말로 표현하고 부탁할 수 있도록 언어로 표현하는 방법을 가르쳐야 합니다. 그래야 갈등이 있기 전에 소통으로 해결할 수 있는 습관을 기를 수 있습니다.

Q. 책 읽기나 연산 문제 푸는 것을 너무 싫어해요

A. 기질 중에서 '주의력'이 낮은 기질의 아이들은 대부분 학습에 집중하는 것이 어렵습니다. 기질 유형으로 보았을 때는 자신이 하기 싫은 것을 인내하거나 좌절을 인내하는 능력이 빈약한 억제성 기질과 민감성 기질이 학습 상황에 집중하기 힘듭니다. 이런 아이들의 경우, 아이가 견딜 수 있을 만큼의 목표를 주고 꾸준히 연습하면서 인내력을 키워야 합니다. 지속성 기질의 경우, 자신의 원하지 않는 것은 기질적으로 싫어하기 마련이므로, 스스로 목표를 설정하도록 유도해야 합니다. 그런 다음 자신이 정한 원칙을 지

킬 수 있도록 끝까지 일관적으로 지도해야 합니다. 부모의 인내력과 단호함이 필요한 기질입니다.

Q. 제게 자꾸 거짓말을 하는 것 같은데 어떡하죠?

A. 순응성 기질과 억제성 기질의 아이들은 종종 거짓말을 하곤 합니다. 순응성 기질의 아이들은 원하는 것을 갖고 싶으나 표현하고 주장하지는 못하다가, 몰래 원하는 것을 갖고서는 이 사실이 밝혀지는 것이 두려워서 거짓말을 합니다. 억제성 기질의 아이들은 발산하지 못하는 높은 욕구를 표현하고 싶어서 과장하거나, 자신의 실수를 감추려고 회피형 거짓말을 합니다. 아이가 거짓말을 했을 때 가장 좋은 양육 방법은 부모는 이미 알고 있음을 얘기하고, 정직하게 대화를 하자고 말함으로써 더는 거짓말을 하지 않도록 지도하는 것입니다.

Q. 아무리 얘기해도 아침에 제대로 일어나지 못해요

A. 기본적으로 기질 특성 중에 '규칙성'이 낮거나, '자극민감성'이 높은 아이들은 아침에 일어나기 어려워합니다. 기질 유형으로 보면, 민감성 기질의 아이들은 컨디션으로 인해 어렵게 일어나고, 지속성 기질의 아이들은 하기 싫은 일과를 해야 한다는 것에 짜증을 냅니다.

아침에 일어나는 것은 결국 습관입니다. 따라서 일관적으로 정해진 시간에 정해진 방식으로 지속해야 합니다. 이때 민감성 기질의 아이에게는 부모의 말투와 태도를 유의하며 여유를 가지고 깨워야 하며, 지속성 기질의 아이에게는 단호하고 담담하게 일과를 지도하면서 아이의 고집에 지지 않는 단단한 지도가 필요합니다.

Q. 조금만 뭐라고 해도 휙 삐져서 풀어지지 않아요

A. 순응성 기질과 억제성 기질의 아이들은 거절과 부정적인 상황에 대한 경험이 부족하여 대처가 미숙합니다. 그렇기 때문에 가정에서 부모가 다른 의견이나 생각을 인정하고, 서로의 다른 점을 인정해보는 경험을 시켜주어야 합니다. 아이가 착한 행동을 하더라도, 그것이 부모가 원하지 않는 방식일 경우에는 아이의 마음을 수용해주더라도 거절하는 것이 아이에겐 외려 좋은 경험이 됩니다.

민감성 기질의 아이들은 매번 잘 토라지니, 마음을 알아주고 곁에 있어 주되, 아이를 달래려는 허용적인 태도는 삼가는 것이 좋습니다. 지속성 기질의 아이들 역시 원하는 것이 안 되면 토라집니다. 만약 그것을 안 하는 것이 원칙이라면, 아이가 토라지더라도 끝까지 원칙을 유지하면서 아이의 마음이 스스로 풀릴 때까지 아이의 행동에 관여하지 않고 기다리는 것이 좋습니다.

Q. 만날 덜렁대면서 뭔가를 잃어버려요

A. 기질 특성 중에서 '규칙성'과 '주의력'이 약한 아이들은 물건을 잘 챙기지 못합니다. 그러므로 아이가 주의를 기울일 수 있도록 원칙을 알려주고, 반복하는 습관 형성 과정이 필요합니다. 사회성이 높은 순응성 기질, 혹은 지속성 기질은 친구들하고 노는 것 외에 다른 것에 관심을 기울이지 않으

므로, 습관이 형성되는 데에도 시간이 오래 걸립니다. 유아기에 있어 습관은 몇 개월 안에 형성되지 않으므로 조급함을 버리고 계속 일깨워주어야 합니다.

Q. 아이가 폭력성이 있는 것 같아요. 친구의 얼굴을 주먹으로 때렸어요

A. 활동성이 높은 민감성 기질이나 사회성이 높은 민감성 기질의 아이들은 자기 뜻대로 되지 않는 상황을 견디지 못하여 감정적으로 공격적인 행동을 보이는 경향이 있습니다. 쉽게 욱해서 소리를 지르거나 때리려고 위협하거나, 장난감을 던지거나, 질문처럼 주먹을 휘두르기도 합니다. 그래서 이 기질의 아이들은 자기의 욕구와 정서를 조절하는 자기 조절 연습이 많이 필요합니다.

공격적인 행동에서 가장 중요한 것은 그 행동이 일어나는 순간을 예방하거나 즉시 제압하여 그 행동이 아이에게 습관화되지 않도록 하는 것입니다. 행동이 반복되면 그 자체가 습관적인 자동반사적 반응으로 나타나기 마련입니다. 때문에 아이가 주먹을 올렸을 때나 물건을 던지려는 급작스런 행동이 발동했을 때는 어른이 바로 주먹을 잡거나, 아이가 던지려고 하던 장난감을 뺏어 던지지 못하도록 잡는 것으로 아이의 행동을 막으며 제압해야 합니다.

아이들은 분노와 화를 표출할 방법이 공격적인 것 말고 없어서 그것밖에 못하기도 합니다. 따라서 아이가 자신의 불편감을 해결할 다른 방도를 알려주고, 가르쳐주는 것이 중요합니다. 예를 들어 너무 화가 났을 때는 던지

고 때리는 것 대신 그 자리를 피해서 다른 곳으로 가서 쿠션을 두드리고, 자신의 기분을 "정말 화가 나서 참을 수가 없어!"라고 표현하라고 말로 가르쳐야 합니다.

반면 사회성이 낮은 억제성 기질과 사회성이 낮은 민감성 기질의 아이들은 사회적인 불안이 느껴질 때 방어적으로 물고 때리는 경우가 있습니다. 이 경우는 또래의 행동을 제어하고 통제하기보다는 자신의 것을 통제할 수 있는 방법을 가르쳐야 합니다. 잡기놀이를 할 때 오는 친구를 막는 것보다 빨리 "얼음!"을 외치라고 알려주거나, 긴장이 되면 긴장감을 조절할 수 있도록 "우리 이것만 하고, 이제 달리기 하자." 하고 다른 놀이로 전환할 수 있는 사회적 기술을 가르치는 것이 더욱 효과적입니다.

Q. 한 번만 더 해달라고 떼를 쓰고, 안 해주면 심하게 울어요

A. 억제성 기질, 지속성 기질, 그리고 민감성 기질의 아이들은 놀이를 끝내야 할 때도 한 번만 더 해달라고 떼를 쓰는 경우가 많습니다. 그러나 억제성 기질의 아이들은 요구를 거절했을 때 징징거리는 울음을 보인다면, 지속성 기질의 아이들은 말로 고집을 부리며 울고, 민감성 기질의 아이들은 몸부림치며 울 것입니다. 이처럼 기질에 따라 울음의 양상에 차이가 있습니다. 그러나 한 번만 더 해달라고 떼를 쓰는 기본적인 이유는 부모가 '한 번만 더'라는 여지를 주었기 때문입니다. 특히 지속성 기질과 민감성 기질의 아이들은 여러 번 단호하게 안 된다고 했다고 하더라도 쉽게 수용하지 않기 때문에 인내심을 가지고 지도해야 합니다.

Q. 자꾸 성기를 만져요. 다른 걸로 주의를 돌려도 계속하는데 어쩌죠?

A. 억제성 기질과 민감성 기질의 아이들은 기본적으로 자극민감성이 높습니다. 이 아이들에게는 감각적인 자극이 자신을 편안하게 해주는 기능을 합니다. 손가락을 빨고, 이불을 만지는 것처럼 놀다가 아이도 모르게 성기가 비벼지거나 건드려지면 좋은 기분이 드는 것이지요. 그래서 긴장되거나 무료할 때 성기를 만지는 것이 혼자 놀이가 되는 경우가 많습니다.

특히 활동성이 높은 억제성 기질과 민감성 기질의 아이들은 심심하고 욕구가 결핍되면 자위로 무료한 시간을 달래기도 합니다. 이때 걱정을 드러내기보다는 아이가 가진 욕구를 충족하도록 도와주며 성기 자극이 반복되지 않도록 곁에 머물러주며 감독해주는 것이 좋습니다. 6세 이상의 아이들에게는 적절하지 않은 장소에서의 자위는 단호하게 제한하는 가르침도 필요합니다.

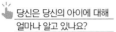
당신은 당신의 아이에 대해
얼마나 알고 있나요?

육아 고민?
기질육아가
답이다!

초판 1쇄 발행 2019년 1월 22일
초판 7쇄 발행 2024년 6월 10일

지은이 | 최은정

펴낸이 | 박현주
디자인 | 인앤아웃
그림 | 김미선
인쇄 | 도담프린팅

펴낸 곳 | ㈜아이씨티컴퍼니
출판 등록 | 제2021-000065호
주소 | 경기도 성남시 수정구 고등로3 현대지식산업센터 830호
전화 | 070-7623-7022
팩스 | 02-6280-7024
이메일 | book@soulhouse.co.kr

ISBN | 979-11-88915-14-9 (03370)

이 책의 저자 인세 전액은 보육원 아동지원 및 교사교육 지원비로 쓰일 예정입니다.